네이비씰
승리의기술

EXTREME OWNERSHIP

네이비씰
승리의 기술

조코 윌링크 · 레이프 바빈 지음

최규민 옮김

메이븐
MAVEN

동틀 무렵 라마디 중남부 어느 건물 옥상에서 브루저 기동대 찰리 소대 저격감시팀이 적 진영을 감시하고 있다. 상공에는 AH-64 아파치 공격 헬기가 떠 있다. 적군은 아파치 공격 헬기에 총알 수천 발을 발사했다.

—

마크 리, 마이크 몬수어, 라이언 잡에게 이 책을 바칩니다.
용감한 전사이며, 자랑스러운 네이비씰 대원이자, 믿음직한 친구이던 이들은
적진 한복판에서 장렬히 싸우다 전사했습니다. 이들의 희생 덕분에
나머지 대원들이 살아 돌아올 수 있었습니다.

—

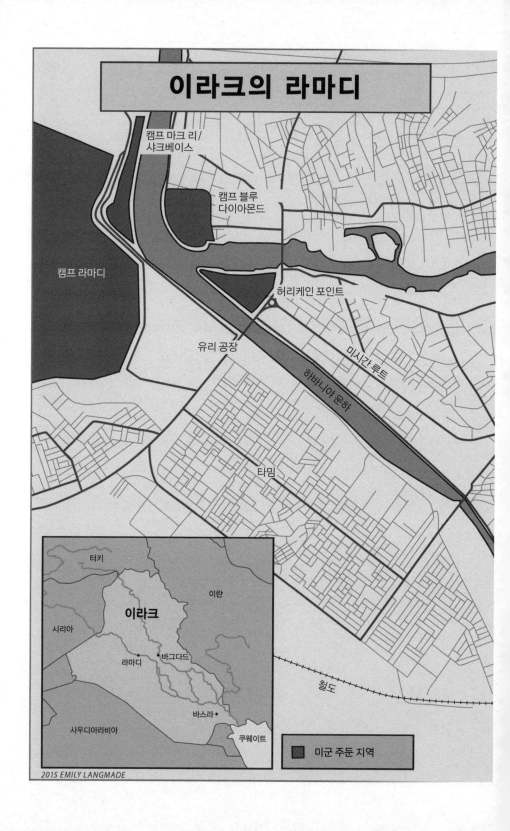

이라크의 라마디

캠프 마크 리/
샤크베이스

캠프 블루
다이아몬드

캠프 라마디

허리케인 포인트

유리 공장

미시간 루트

하바니야 운하

타밈

터키

이란

이라크

시리아

라마디

바그다드

바스라

사우디아라비아

쿠웨이트

철도

미군 주둔 지역

2015 EMILY LANGMADE

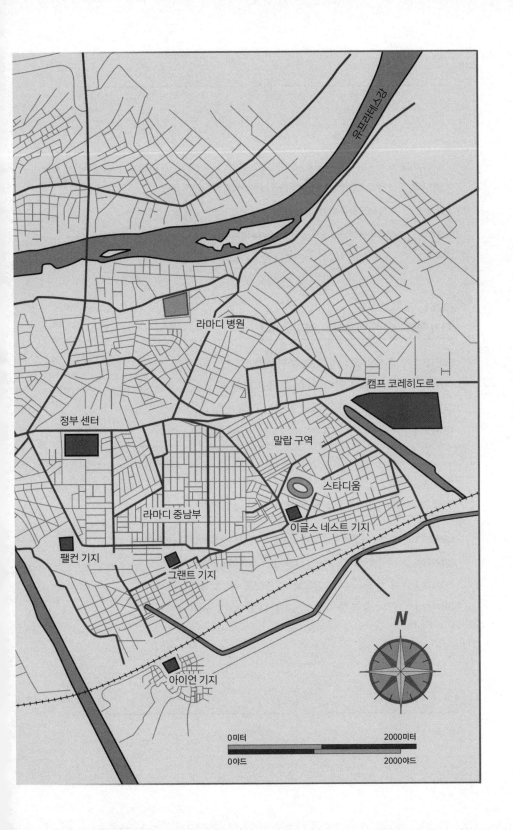

유프라테스강

라마디 병원

캠프 코레히도르

정부 센터

말랍 구역

스타디움

라마디 중남부

이글스 네스트 기지

팰컨 기지

그랜트 기지

아이언 기지

N

0미터   2000미터
0야드   2000야드

차례

PART 1
자기 혁명 : 강한 멘탈이 최고의 무기다

PART 2
전쟁의 기술 : 압도적 승리를 위한 네 가지 세부 전략

PART 3
지속적인 승리 : 계속 승리하기 위해 지켜야 할 것들

부록

전 세계 100만 독자의 삶을 바꾼
네이비씰의 열두 가지 원칙

네이비씰의 탁월한 리더들에게는 한 가지 분명한 공통점이 있다. 자신의 임무뿐만 아니라 임무에 영향을 미치는 모든 것을 자기 책임이라고 생각한다는 점이다. 이들은 어떤 경우에도 다른 팀원을 비난하지 않는다. 누군가의 실수로 임무가 실패로 돌아가도 남을 탓하지 않는다. 변명도 하지 않는다. 위기나 장애물을 만나면 불평하는 대신 대안을 궁리해 문제를 해결한다. 맡은 일을 성공시키기 위해 자신이 가진 모든 자산, 인간관계, 자원을 총동원한다. 그리고 자존심을 억누르고 임무와 부하들을 앞세운다. 우리는 이를 '극한의 오너십'이라고 한다.

군 복무를 마치고 몇 년간 우리는 최고 경영자부터 실무 관리자까지 많은 기업인과 함께 일했다. 금융, 건설, 제조업, IT, 에너지, 소매, 제약, 헬스케어부터 군, 경찰, 소방서, 긴급 구조대까지 분야도 각양각색이었다. 민간 분야에서도 가장 성공한 사람들은 역시 극한의 오너십을 가진 이들이었다. 어느 조직을 막론하고 가장 높은 성과를 보여 주는 팀 역시 마찬가지였다.

이 책을 출간하고 나서 우리는 미국과 전 세계 독자들로부터 많은 연락을 받았다. 독자들은 책에 제시된 원칙들을 적용한 뒤 삶이 얼마나 달라졌는지에 대한 소식을 전해 주었다. 회사원은 생산성이 높아졌고, 사업가는 좋은 성과를 냈으며, 남편과 아내는 배우자와의 관계가 더 돈독해졌고, 부모는 아이들에게 더 헌신하게 되었다는 내용이었다. 변명을 하거나 남을 비난하는 것을 멈추고 삶의 모든 것에 오너십을 갖게 되자 어떻게든 스스로 문제를 풀기 위해 행동에 나섰다. 그들은 이제 더 나은 리더, 더 나은 팔로어, 더 믿음직한 팀원이 됐으며, 임무 완수를 위해 본질적인 일에 집중하는 전문가가 됐다. 그와 동시에 그들은 더 겸손해졌다. 자존심을 잠시 접음으로써 관계를 망치거나 임무에 악영향을 미치는 일을 방지할 수 있게 된 것이다.

우리는 전투 현장의 리더십 원칙을 일상에 적용한 결과, 전에는 불가능하다고 여기던 일들이 이뤄졌다는 경험담을 무수히 들었다. 또 기대 이상의 실적을 거두고, 특별한 인재라는 평판을 얻고, 어떤 목표든 달성할 수 있다는 자신감을 갖는 데도 도움이 됐다는 이야기도 많이 들었다. 물론 우리는 매일 다른 사람, 다른 회사, 다른 산업에 있는 사람들로부터 이야기를 듣는다. 그들의 처한 상황은 모두 다르고, 성향도 제각각이다. 구체적인 내용이나 일이 풀리는 과정도 제각각이다. 하지만 결과는 궁극적으로 같다.

"이 정도로 잘될 줄은 몰랐어요."

원칙은 아주 간단하지만 실행은 쉽지 않다. 특히 실수와 실패를 전적으로 책임지는 일은 정말 어렵다. 하지만 그것이야말로 성공의 원리를 터득하고 문제를 해결하는 지름길이자, 승리의 문을 열어젖힐 열쇠다. 이 원칙을 성공적으로 실천하는 사람들은 늘 앞서 나간다.

책을 읽은 전 세계 수많은 독자는 우리가 전쟁터에서 배운 기본 원칙들을 자신의 삶과 일에 적용했다. 우리가 설립한 리더십 컨설팅 회사 '에셜론 프런트'와 소셜 미디어를 통해 매일 수많은 사람에게서 가지각색의 반응을 얻을 수 있었다.

대부분의 반응은 믿을 수 없을 만큼 열렬했다. 많은 독자가 '인생을 바꾼 책', '내가 읽어 본 리더십 책 중 최고', '내가 읽고 싶던 바로 그 책'이라고 표현했다. 책을 몇 번이나 다시 읽었고, 그때마다 새로운 것을 배운다는 독자도 많았다. 여기저기에 밑줄이 그어져 있고 중요한 페이지를 접어 놓은 사진을 보내는 사람들도 있었다. 우리가 쓴 책이 독자들의 인생과 직장 생활의 지침서로 활용되고 있음을 직접 눈으로 확인하는 것만큼 보람찬 일은 없다. 그런 경험은 우리에게 힘을 준다. 하지만 우리를 더 놀라게 하는 것은 변화가 일으킨 결과들을 목격할 때다.

다수의 군사 지휘관은 챕터 10에 나오는 '위와 아래를 모두 이끌어라'라는 원칙을 활용한 결과 중요한 전투 작전에서 전권을 위임받게 되었다는 소식을 전했다. 세계적인 다국적 기업 CEO들은 '극한의 오너십'을 조직 내에 전파한 뒤 직원들이 의욕적으로 일하게 된 과정을 자세히 묘사해 주었다. 일선 군부대에서 장교들을 훈련시킬 때 혼란하고 위험한 상황에서도 부대를 잘 이끌게 하기 위해 이 책을 활용했다는 이야기도 들었다. 이런 수많은 경험담은 우리가 네이비씰에서 배운 것들이 결국 옳았음을 입증한다. 전장에서 가장 중요한 것은 리더십이며, 좋은 리더십이란 작전의 종류와 작전이 펼쳐지는 환경이 어떤지, 작전에 가담하는 사람들이 누군지에 상관없이 통하는 것임을 다시 한번 확인하게 된 셈이다.

어느 건설사의 한 부서로부터 컨설팅 의뢰를 받은 적이 있다. 그 부서는 잦은 안전사고로 폐쇄 위기에 처해 있었는데, 직원들에게 극한의 오너십을 전파하자 부서의 권한이 강화됐을 뿐 아니라 회사에서 최고의 안전 부서라는 영예를 차지하는 반전을 이뤄 내게 되었다. 우리 컨설팅을 받은 다른 여러 회사는 복잡한 제조 프로세스를 간소화해 납기를 맞추었고, 대규모 프로젝트를 제시간에 마쳤으며, 예산을 절감했다. 의료 분야 전문가들은 직원들에게 이유를 설명하며 간단명료하게 지시를 내리자 팀의 성과가 오르고 수술실에서 많은 생명을 구할 수 있었다는 경험담을 들려줬다. 소방관 훈련 교범으로 이 책을 활용한 한 소방서에서는 챕터 5에서 소개하는 '엄호 이동' 원칙 덕분에 소방관들의 안전과 소방 실적이 비약적으로 개선되었다고 한다. 상당수의 경찰관은 진급의 비결로 이 책을 꼽기도 했다.

한편 우리는 상사와 사이가 나빠 고민인 능력 있고 열정적인 젊은 리더들에게 '변명할 필요도 없고, 남을 비난할 필요도 없다'는 마음가짐을 가지라고 조언했다. 너무 나만 앞세우는 건 아닌지, 오너십이 있는지, 관계 악화의 책임을 남에게 돌리려고만 하는 것은 아닌지 반성해 볼 것을 권한 것이다. 그런데 그 결과 상급자와의 관계가 개선되고 신뢰가 회복되었으며, 놀라운 성과를 냄으로써 동료들을 앞서는 평판을 얻게 됐다는 피드백을 받았다.

많은 교사와 교육자, 운동 코치 역시 이 책이 자신과 제자들의 삶을 개선시켰다고 증언했다. 목사와 선교사들은 이 책으로 인해 몸담은 조직이 더 효율적으로 변모했으며, 그들을 필요로 하는 이들에게 더 큰 영향을 미치게 됐다고 들려줬다.

이 책이 수렁에 빠진 결혼 생활을 구해 주었다는 사람들도 있었다. 배우자를 비난하는 대신 자신을 돌아보게 되고, 문제의 책임을 따지기보다는 자신이 해결할 수 있는 일에 집중함으로써 부부 관계가 다시 좋아졌다는 것이다.

우리가 네이비씰에서 배운 열두 가지의 원칙을 삶에 적용한 결과 인생이 바뀌고 회사가 바뀌었다는 독자들의 피드백은 우리에게 엄청난 의미가 있다. 우리야말로 독자들이 더욱 성공적이고 충만한 삶을 영위하고, 효율적으로 남들과 소통하며, 주변 사람들에게 더 많은 영향을 미치는 리더가 됐으면 하는 바람에서 이 책을 썼기 때문이다. 다른 이들의 삶을 개선시키는 것은 우리와 함께 전장에서 싸우며 모든 것을 바친 전우들을 기리는 일이기도 하다. 그들에게 모든 공을 돌린다.

마지막으로 우리가 제시한 열두 가지의 원칙이 더욱 널리 퍼져 모든 리더와 팔로어, 그리고 궁극적인 목표를 달성하려고 애쓰는 모든 사람에게 도움이 됐으면 좋겠다. 변명하지 말라. 남 탓하지 말라. 그저 극한의 오너십으로 무장하고 승리하라. 꼭 그러길 바란다.

이제 승리할 준비가 되었는가?

"그러니까, 내가 거기서 말이야……."

수많은 전쟁 영웅담은 이렇게 시작된다. 하지만 네이비씰에서는 어설프게 자신을 뽐내다간 놀림감이 되고 만다. 네이비씰에서 익살스러운 농담을 할 때는 대개 이렇게 시작한다.

"그러니까 농담이 아니라, 내가 거기 있었는데 수류탄 핀이 산처럼 쌓여서……."

물론 이 책은 개인의 전쟁 영웅담을 늘어놓고자 쓴 것이 아니다. 네이비씰은 혹독한 훈련과 가장 엄격한 심사 과정을 통과한 다재다능한 인재들이 모이는 곳이다. 그러나 네이비씰에서는 팀이 전부다. 전체는 부분의 총합보다 훨씬 더 위대하다.

우리는 이 책에 직접 참여한 네이비씰의 전투 작전과 훈련 과정, 그리고 그 속에서 얻은 원칙을 기업에 적용한 과정들을 차례로 서술할 텐데, 그 경험담은 우리의 것이 아니다. 그것은 우리가 지휘한 네이비씰 찰리 소대와 브루저 기동대(Task Unit Bruiser : 상남자, 건장한 남자라는 뜻 – 옮긴이), 즉 팀의 것이다.

우리가 그 부대를 지휘할 수 있던 것은 크나큰 행운이었다. 전직 네이비씰 저격수이자 베스트셀러《아메리칸 스나이퍼》의 저자인 크리스 카일도 우리 부대원 중 한 사람이었다. 그는 찰리 소대의 주 저격수이자 브루저 기동대의 척후병으로 놀라운 활약을 펼쳐 당시에도 이미 유명했다. 그의 이야기는 후에 클린트 이스트우드 감독이 영화로 만들어 큰 성공을 거두기도 했다. 그런데 같은 전투에 참여한 다른 부대원 중에는 그 못지 않은 활약을 했음에도 응당한 명성을 얻지 못한 이가 더 많다.

이 책에 나오는 전쟁 이야기 역시 우리의 것이 아니라 함께 싸운 동지와 지휘관 모두의 것이다. 우리가 팀으로서 맞닥뜨린 도전과 이를 극복한 과정에 관한 이야기인 것이다. 어쨌거나 팀이 없다면 리더십도 존재할 수 없다.

베트남 전쟁(1955~1975년)이 끝난 후부터 테러와의 전쟁(2001년~)이 시작되기까지 약 30년이라는 긴 세월 동안 미군은 진짜 전쟁을 경험하지 못했다. 그레나다, 파나마, 쿠웨이트, 소말리아 등지에서 벌어진 일시적 소규모 분쟁에서 실전을 경험한 미군 지휘관도 소수에 지나지 않는다. 네이비씰에서는 이 기간을 '건기(乾期)'라고 부른다. 베트남의 정글에서 치열한 전투를 경험한 전우들이 은퇴하면서 전장의 리더십도 자취를 감췄다.

그러나 2001년 9월 11일, 이날부터 모든 것이 변했다. 끔찍한 테러 공격이 미국 본토를 강타한 후 미국은 다시 지속적 분쟁의 시대에 접어들었다. 이라크와 아프가니스탄에서 10년 이상 이어진 전쟁과 혹독한 전투를 치르며 미국 전투 부대 내에 새로운 세대의 지휘관들이 탄생했다. 그들은 교실에서 배우는 가상훈련과 이론이 아니라, 전쟁의 최전선에서 갈고닦은 실전 경험으로 단련됐다. 리더십 이론은 실제 전투에서 테스트됐고, 가설들은 화염 속에서 검증됐다. 그동안 잊힌 전시 교범이 미군 내 모든 계급에서 피로 다시 쓰였다. 책상 위에서 개발된 일부 리더십 이론은 실제 전투에서는 쓸모없는 것으로 드러났다. 효율적 리더십 기술을 연마하고 비실용적인 것들은 폐기하는 과정을 거치면서, 육군·해군·공군 및 해병대 전군(全軍)과 동맹군 내에 새로운 세대의 전투 지휘관들이 육성됐다. 승리의 영광과 실패의 아픔을 모두 맛본 네이비씰은 그런 리더십 변화의 선봉에 섰다. 가혹한 전투 환경에서 성공하려면 무엇이 필요한지 뼈저리게 절감했기 때문이다.

새로운 세대의 전투 지휘관들은 많은 전쟁 영웅담을 써 나갔다. 오사마 빈라덴 제거 작전 등 중요한 작전들의 성공으로 네이비씰 역시 뜻하지 않게 대중의 관심을 받게 됐다. 비밀로 남아 있어야 할 네이비씰이 집중 조명되기도 했다. 이 책에서 우리는 남아 있는 장막을 거두지 않기 위해 세심한 노력을 기울였다. 기밀 프로그램은 다루지 않았고, 작전과 관련한 기밀 유지 서약도 어기지 않았다.

네이비씰에서의 경험을 담은 회고록은 이미 많이 나와 있다. 그중엔 경험 많고 존경받는 부대원이 네이비씰의 영웅적인 성취를 후대에 남기기 위해 쓴 책도 있다. 하지만 조직에 별로 기여한 것도 없는 이들이 쓴 책도 적지 않다. 다른 많은 네이비씰 대원과 마찬가지로, 우리 역시 네이비씰에 관한 책이 출간되는 것이 별로 달갑지 않았다.

그런데 우리는 왜 결국 책을 쓰기로 마음먹었을까? 전투 지휘관인 우리는 성공과 실패를 통해 엄청나게 가치 있는 것들을 배웠다. 전투 현장에서 무엇이 실제로 작동하고 무엇이 작동하지 않는지를 체득한 것이다.

우리는 그 원칙들을 젊은 네이비씰 장교 후보생들에게 전수했다. 그리고 그들이 우리에게서 배운 원칙들을 활용해 위험한 전투 현장에서 성공을 거두는 모습을 목격했다. 이후 우리는 민간 기업들과도 협업하기 시작했다. 그 과정에서 우리가 전수한 전장의 리더십 원칙이 경영자와 기업을 성공으로 이끄는 모습을 여러 차례 목격했다. 그러는 가운데 함께 일하던 사람들로부터 우리의 가르침을 문서화해 달라는 요청을 자주 받았다. 더 많은 사람에게 구체적이고 실질적인 도움을 줄 수 있을 것이라며 우리를 설득했다.

결국 우리는 전장에서 배운 리더십 원칙들을 미래 세대에 남기기 위해 이 책을 썼다. 이 책에서 말한 열두 가지의 원칙이 기록으로 남는다면 전쟁이 반복될 때마다 피를 흘리며 원칙을 다시 배워야 하는 일은 없을 것이다. 또한 목표를 달성하기 위해 분투하는, 끝내 승리하기를 바라는 모든 개인과 조직에 도움이 되었으면 하는 바람으로 이 책을 썼다.

이 책을 쓴 우리(조코 윌링크와 레이프 바빈)는 누구인가. 리더십에 관한 책을 쓰는 사람은 자신이 모든 유형의 리더에게 모범이 되어야 한다고 생각하는 것 같다. 하지만 우리는 완벽함과는 거리가 멀다. 우리는 리더로서 매일 배우고 성장한다. 자신에게 진정으로 솔직한 다른 리더들과 마찬가지다. 우리가 여러 도전을 통해 소중한 교훈을 얻을 수 있던 건 단지 운이 좋았기 때문이다. 대신 우리는 이 책에 교훈을 진솔하게 담기 위해 최선을 다했다. 높은 곳에서 화려한 영웅담을 늘어놓기보다 낮은 곳에서 실패의 상처를 고스란히 드러낸 이유도 바로 그 때문이다.

우리는 이라크 해방 작전에 참여해 라마디에서 함께 네이비씰 장교로 복무했다. 라마디는 바그다드에서 서쪽으로 120킬로미터 떨어진 도시로 이라크와 요르단, 시리아를 연결하는 전략적 요충지다. 게다가 반미 세력들의 거점 도시로 저항이 가장 거센 곳이었다. 그곳에서 전쟁의 시련을 몸소 체험했다. 팀을 만들고 팀원들을 훈련시켜 엄청난 성과를 올리는 조직으로 성장시키는 행운도 맛봤다. 중무장한 대규모의 적들이 도사리고 있는 곳에서 안주하는 것이 얼마나 위험한지 실감하기도 했다. 패배, 매복에 의한 습격, 퇴각 등의 실패가 무엇을 의미하는지도 정확히 알게 되었다. 또 승리하기 위해서는 임무에 대한 신념과 목적을 향한 집요함이 요구된다는 것도 배웠다. 특히 절대 승리할 수 없을 거라고 생각하는 사람들에게 둘러싸인 상황에서는 더욱 그렇다.

한편 네이비씰 리더로서 우리는 일련의 리더십뿐 아니라 조직 운영과 관리에 대한 '베스트 프랙티스(best practice)'를 개발, 시험, 확인했다. 이후 네이비씰 리더십 훈련 프로그램을 만들고 차세대 리더들을 위한 복무강령 작성에도 참여했다.

우리가 복무한 네이비씰 브루저 기동대, 즉 해군 특수전 부대 브루저 기동대(Naval Special Warfare Task Unit Bruiser)는 '라마디 전투'에 깊이 참여한 핵심 병력이었다. 하지만 전투를 역사적으로 기록하려는 목적으로 이 책을 쓴 것은 아니다. 전장에서 싸우고 피 흘리고 죽어 간 수많은 전우의 희생을 이 책에 온전히 담는 것은 불가능하다. 그리고 미 육군 제28사단 2연대, 제1기갑사단 소속 레디 퍼스트 여단 전우들이 보여 준 용기와 헌신, 프로 의식, 이타심, 희생정신 앞에 한없이 숙연해진다. 혁혁한 공을 세우며 많은 무용담을 만들어 낸 모든 미 육군과 해병대 역시 마찬가지다. 임무와 국가를 향한 그들의 헌신과 영웅담을 담아내려면 아마 여러 권의 책이 필요할 것이다. 그들에게 신의 가호가 있기를 바란다.

우리는 그들과 함께하며 배운 모든 것을 이 책에 쓰고자 한다. 그러나 큰따옴표 속에 담긴 대화는 시간의 흐름과 기억력의 한계 등으로 인해 불완전할 수밖에 없다. 또 이 책에 묘사된 전투 장면은 특정 전략이나 전투 기술, 절차 등의 노출을 막고 특정 작전의 장소나 참여자들을 보호하기 위해 일부 편집 또는 수정했다.

한편 함께 복무한 네이비씰 전우들에게 자칫 피해를 줄 수도 있어 이들의 신원을 보호하기 위해 최선을 다했다. 레디 퍼스트 여단 전우들과 관련해서도 같은 주의를 기울였다. 그래서 그들을 서술할 때는 대부분 계급으로만 지칭했다. 이는 그들의 헌신을 폄하하려는 의도가 결코 아니며, 그들의 프라이버시와 보안을 위해서다. 이 책의 원고는 국방성 보안 심사를 거쳐 관련 규정을 준수했음을 승인받았다는 사실을 미리 일러둔다.

우리가 만든 컨설팅 회사 '에셜론 프런트'의 고객을 보호하는 데에도 마찬가지로 신경을 썼다. 회사 이름을 가급적 노출하지 않았고, 등장인물의 이름은 가명을 썼으며, 간혹 직책을 변경하기도 했다. 우리에게 기밀 유지는 생명과도 같기 때문이다.

이 책은 전투 현장에서 터득한 네이비씰의 성공 비결이 단체나 조직, 기업, 산업, 그리고 더 나아가 인생에도 직접 적용될 수 있다는 깨달음에서 출발했다. 이 비결에는 훈련 방법, 리더 양성, 뛰어난 팀 구성 등이 포함된다. 이 책은 독자들에게 성공을 위해 가장 핵심적인 방정식을 이야기한다. 그것은 바로 네이비씰 지휘관과 부대원들로 하여금 놀라운 성공을 거두게 만든 가장 기본적인 마음가짐과 원칙들이다. 더 나아가 그것을 개인의 삶과 일, 기업 경영에 적용해 승리를 거두는 방법까지 제시하고자 한다. 자, 이제 승리할 준비가 되었는가?

우리가 전쟁터에서 목숨 걸고 싸우며 배운 것들

- 레이프 바빈

조용한 밤, 험비* 행렬이 강변도로에 정차했다. 디젤 엔진의 으르렁대는 소리가 정적을 깨는 가운데 사방으로 펼쳐진 대추야자 농장의 윤곽이 희미하게 보였다. 멀리서 들려오는 개 짖는 소리와 외롭게 깜빡이는 불빛들로 마을이 저 너머에 있음을 짐작할 뿐이었다. 보고된 정보가 정확하다면 마을에는 테러 조직의 고위 지도자와 중무장한 반군들이 은신 중이었다.

하지만 모든 것이 어둠에 덮여 있었기 때문에 그들이 어디에 있는지 알 수 없었다. 다행히 야간 투시경을 사용하자 그들의 움직임이 포착되었다. 우리는 헬멧, 방탄복, 군장을 착용한 채 차량에서 내려 재빨리 정찰 대형으로 섰다. 그리고 폭발물 처리 요원이 앞으로 나아가 강을 가로지르는 다리를 확인했다. 혹시나 반군들이 설치했을지도 모르는 폭발물을 점검하기 위해서였다. 그들이 사용하는 폭발물 중 어떤 것들은 매우 강력했다. 엄청난 화염과 함께 탄두에 들어 있는 뾰족한 금속이 사방으로 날

---

* Humvee : 고기능성 다목적 차량인 HMMWV(High Mobility Multipurpose Wheeled Vehicle)의 애칭. 1980년대부터 사용한 미군의 주력 수송 차량이다.

리면서 차량과 그 안에 타고 있는 사람들을 한 방에 날려 버릴 정도였다. 일단 길은 문제없어 보였다. 우리는 테러리스트들이 은신한 것으로 알려진 건물을 향해 살금살금 나아갔다. 미군과 이라크군, 무고한 민간인을 무차별 살해한 악명 높은 알카에다 지도자가 그 마을에 피신 중이었다. 그러므로 지금은 그가 다음번 공격을 감행하기 전에 생포하거나 사살할 절호의 기회였다.

적을 생포한 순간 위험에 빠지다

"쾅!"

낮은 폭발음이 밤의 정적을 깨고 집 안에 은신 중이던 반군들을 깨웠다.

네이비씰 장교인 나는 현장에서 작전을 지휘하고 있었다. 목표 건물 근처에 정차한 지휘 차량에서 내리는데 갑자기 누군가 소리쳤다.

"저기 도망간다!"

부근에 있던 우리 폭발물 처리 요원이 건물에서 빠져나가는 반군을 발견하고 외치는 소리였다. 분명 목표물인 알카에다 고위 지도자이거나 그의 행방을 아는 사람일 터였다. 도망치게 놔둘 수 없었다.

그런데 그를 따라잡을 만한 거리에 있는 사람은 폭발물 처리 요원과 나밖에 없었다. 우리는 전력을 다해 달려 좁은 골목길과 건물들을 굽이돌아 험비가 주차된 도로 옆길까지 그를 추격했다. 마침내 도망자를 잡고 보니 전통적인 아랍 남성 복장인 디슈다샤를 입은 이라크 중년 남성이었다. 우리는 훈련받은 대로 즉각 그를 바닥에 눕히고 손을 제압했다. 남자의 손에는 무기가 없었다. 하지만 주머니 안에 수류탄이 있을지도 모르고 겉옷 안에 폭탄 조끼를 입었을 수도 있었다. 알카에다 고위 지도자와 관련된 사람은 치명적인 무기를 소지할 가능성이 있으므로 결코 방심할 수 없었다.

우리는 빠르게 몸수색을 시작했다. 그 순간 갑자기 우리가 부대와 동떨어져 세상에 단둘만 남겨졌다는 느낌이 사무쳤다. 다른 대원들은 우리가 어디에 있는지 모를 터였다. 하지만 그들에게 알릴 시간이 없었다. 우리가 아군과 얼마나 떨어져 있는지도 감을 잡을 수 없었다. 어두운 창문과 지붕으로 뒤덮인 수상쩍은 건물들이 우리를 둘러싸고 있었다. 그곳에 잠복해 있던 적군이 언제든 총알을 퍼부을 수도 있었다. 서둘러 본대로 복귀해야만 했다.

남자의 손에 수갑을 채우고 몸수색을 하기도 전에 어떤 기척이 감지됐다. 야간 투시경으로 주위를 살펴보니, 약 35미터 전방 골목 어귀에서 중무장한 반군 전사 7~8명이 빠르게 우리에게 접근하고 있었다. 아니길 바랐지만 확실했다. 그리고 AK-47 소총과 RPG-7 로켓포*, 탄띠 송탄식 기관총이 최소 한 대 이상 있었다. 우리와 악수를 하려고 접근하는 것은 확실히 아니었다.

우리는 심각한 궁지에 몰렸다. 테러리스트일지도 모르는 이라크 남자를 체포했지만 아직 몸수색을 하지 못했다. 그런데 저 앞에선 중무장한 적들이 몰려오고 있었다. 수적으로나 화력으로나 우리가 절대적으로 불리했다. 게다가 나는 현장 지휘관으로서의 역할도 수행해야 했다. 따라서

---

* 어깨에 받치고 발사하는 러시아제 로켓포로, 살상력이 매우 뛰어나다. RPG는 흔히 '로켓 추진 수류탄(Rocket Propelled Grenade)'의 약자로 알고 있지만 'Ruchnoy Protivotankovy Granatamyot'라는 러시아어 약자로, '휴대용 대탱크 유탄 발사기'라는 뜻이다.

포로와 실랑이를 벌이는 것보다 부대 병력과 차량을 통제하고 후방 지원을 요청하는 게 더 중요한 일이었다.

전에도 이라크에 파병된 적이 있지만 이런 상황은 처음이었다. 영화나 비디오 게임에 전투 장면이 자주 등장하지만 실제 상황의 압박감은 차원이 다르다. 중무장한 적들은 우리를 죽이겠다는 결의로 가득했다. 만약 그들에게 산 채로 잡힌다면 끔찍한 고문을 당한 뒤 참수되는 장면이 전 세계에 공개될 터였다. 그들은 우리를 죽이기 위해서라면 그 무엇도 개의치 않을 터였다. 몸속에서 아드레날린이 솟구쳤다. 1만분의 1초마저 중요한 순간이었다. 그런 상황에서는 전투에 숙달된 베테랑들도 얼어붙기 마련이다. 그때 내 상관이자 기동대장인 조코 윌링크 소령의 말이 머릿속에 메아리쳤다. 훈련 기간 1년 내내 들은 말이었다.

"침착해. 주위를 둘러봐. 그리고 지시를 내려."

네이비씰 대원들은 바로 이런 상황에 대비하기 위해 혹독한 훈련을 견뎌 낸다. 나는 다시 한번 조코 소령의 가르침을 떠올렸다. 엄호 이동하라, 단순하게 생각하라, 우선순위를 정하고 실행하라, 지휘권을 분산하라. 교전 수칙은 이런 긴박한 상황을 타개하기 위해 만들어진 것이고, 압도적인 승리를 가능하게 한 열쇠였다. 나는 수칙에 따라 곧바로 행동에 나섰다.

위기 상황에서 가장 먼저 해야 할 일

첫째, 우선순위를 정하라.

당면한 여러 과제 중에서 무엇보다 무장 반군들을 단숨에 처리하는 게 급선무였다. 그러지 않으면 우리가 죽는다. 우리가 죽으면 그들은 공격을 계속해 다른 네이비씰 대원들까지 해칠 수 있다. 그러므로 무장 반군들의 처리가 최우선 과제였다.

둘째, 실행하라.

나는 다가오는 적을 향해 지체 없이 콜트 M4 소총*을 발사했다. 맨 앞줄에서 달려오던 RPG를 든 적군이 가슴에 서너 발을 맞고 쓰러졌다. 그가 쓰러진 것을 확인하고 재빨리 그 옆의 적에게 총구를 돌렸다. 적들은 이런 상황을 예상하지 못했는지 혼란에 빠졌다. 몇몇은 오던 길로 황급히 도망치기 시작했다. 내가 계속 총을 쏘자 일부는 기어서, 일부는 쓰러진 동료를 끌고 길모퉁이로 달아났다. 나는 최소한 3~4명을 쓰러트렸음을 확인했다. 달아난 적들이 곧 공격을 재개해 올 것이었다. 더 많은 병력을 이끌고 올지도 모르는 상황이었다. 포로를 데리고 있는 우리 두 사람이 감당하기란 불가능했다.

이제 움직여야 했다. 다가오는 적병 처리라는 최우선 과제를 해결한 후 다음 과제는 본대에 합류하는 것이었다. 이를 위해 우리는 '엄호 이동'이라는 전술을 활용했다. 폭발물 처리 요원이 나를 엄호할 수 있는 위치로 이동할 때까지 내가 엄호를 맡았다. 그가 이동을 마치면 내가 그의 엄호를 받으며 새로운 위치로 이동했다. 이런 식으로 임무 교대를 반복하며 나아갔다. 내가 골목길 콘크리트 벽 뒤의 몸을 숨길 만한 장소로 이동해 엄호하는 동안 폭발물 처리 요원은 재빨리 포로의 몸을 수색해 무기가 없음을 확인했다. 나머지 대원들이 있는 곳을 향해 개구리 점프하듯 번갈아 이동했다. 우리는 여러 차례의 엄호 이동 끝에 결국 본대에 합류했다.

---

* M16A2 소총의 총열과 개머리판을 줄여 짧고 가볍게 개량한 특수전용 소총. M16A2 소총과 부품의 80퍼센트가 같다. 작고 가벼워 기동성과 휴대성을 강화한 형태의 소총을 '카빈총'이라고 한다.—옮긴이

그다음 임무는 현장 지휘관 역할을 재개하는 것이었다. 나는 이라크 남자를 즉시 포로 처리반으로 넘기고, 운전병에게 지시를 내려 M2 브라우닝 기관총(미군이 제2차 세계 대전 이전부터 사용해 온 대표적인 중기관총 – 옮긴이)이 장착된 험비를 적 방향으로 돌리도록 했다. 그런 다음 통신병에게 몇 킬로미터 떨어진 곳에 있는 작전 통제실에 공중 지원을 요청하라고 지시했다.

이후 약 30분 동안 적군은 우리 진영으로 수백 발의 탄환을 쏟아부었다. 하지만 반격에 대비하고 있었기에 그들을 격퇴할 수 있었다. 체포한 인물은 목표 대상이 아닌 것으로 드러났다. 그는 심문을 위해 잠깐 억류했다가 구금 시설로 옮긴 뒤 나중에 풀어 줬다.

그날 밤 우리는 목표 인물을 찾지 못했다. 하지만 그래도 반군 병사 여러 명을 사살하고 중요 정보도 수집했다. 작전의 주목적을 달성하는 데는 실패했지만 적들에게 마음 놓고 숨을 곳이 없다는 메시지를 분명히 던졌다. 아마 반군 지도자는 다음 공격 계획을 짜는 대신 한동안 자기 몸 간수에 급급할 것이었다. 그렇게 보면 우리는 미국인과 이라크 보안대, 그리고 무고한 시민들의 삶을 보호하는 데 조금이나마 기여한 셈이었다. 이렇게 생각하니 약간 위안이 됐다.

나로서는 리더십에 관한 여러 교훈을 체득한 것이 가장 큰 성과였다. 이를테면 모든 작전에 앞서 지도를 확실하게 숙지해야 한다는 것도 그중 하나였다. 급박한 상황이 벌어지면 지도를 펼쳐 볼 여유가 없다. 느낌만 믿고 우왕좌왕하다가 적군 진영으로 뛰어들 수도 있다. 그리고 도망자를 발견하여 쫓아갈 때 다른 팀원들에게 미처 알리지 못할 경우 얼마나 추격해야 할지에 대한 명확한 기준이 필요하다는 점도 깨달았다. 전략적인 교훈도 얻었다. 교전 수칙을 제대로 이해하고 활용한 덕분에 위험하고 불리한 상황에서 살아남았을 뿐만 아니라 적도 제압할 수 있었다. 이후 교전 수칙은 내가 네이비씰 장교로 복무하는 내내, 그리고 그 후로도 내 삶의 지침이 됐다.

내가 체득한 교전 수칙들은 전장에서뿐만 아니라 기업이나 조직에서도 성공을 위한 핵심 열쇠이다. 모든 조직은 사람들이 함께 일하며 과업을 수행하고 목표를 달성해야 한다는 공통점이 있기 때문이다. 어떤 팀이든 내가 체득한 교전 수칙들을 숙지하고 실행한다면 같은 결과를 얻을 수 있을 것이다. 바로 승리다.

이 세상에 불패의 리더는 없다

우리는 팀의 규모나 성별에 상관없이 조직을 이끄는 모든 리더, 그리고 더 나은 삶을 바라는 모든 사람을 위해 이 책을 썼다. 우리가 전쟁을 치르며 배우고 몸소 입증한 교훈들, 그리고 수많은 조직에서 일하는 리더들을 성공으로 이끈 교훈들이 담겨 있다.

그런데 이미 시중에 나와 있는 리더십 관련 책은 대부분 개인의 역량이나 개성에 초점을 맞추고 있다. 많은 기업의 리더십 프로그램도 마찬가지다. 하지만 팀이 없다면 리더십도 있을 수 없다.

팀은 하나의 목적을 달성하고자 하는 개인들의 집합이다. 좋은 리더십과 나쁜 리더십을 가늠하는 유일한 척도는 팀의 성공이다. 리더십에 관한 온갖 정의, 묘사, 성격 규정과 상관없이 중요한 것은 딱 한 가지다. 효과적인가, 아닌가. 효과적인 리더십은 팀을 성공으로 이끌어 임무를 완수하고 승리하게 만든다. 효과적이지 않은 리더십은 안 좋은 결과로 이어진다. 이 책에 서술된 원칙과 개념을 제대로 이해하고 시행한다면 어떤 리더든 효과적으로 각자의 전장을 지배할 수 있다.

모든 리더는 어느 시점엔가는 실패를 맛본다. 그 누구도 불패의 리더가 될 수는 없다. 아무리 재능이 뛰어나고 경험이 많더라도 마찬가지다. 또한 어느 리더나 실수를 저지른다. 종종 이런 실수들은 위대한 교훈을 주고, 겸손하게 만들며, 더 성장하게 한다. 자신의 실수를 인정하고 이를 극복할 계획을 세우는 것은 리더를 성공으로 이끄는 필수 덕목이다. 최고의 리더는 자존심이나 개인적인 관심사를 앞세우지 않는다. 오직 조직의 목표와 이를 달성할 최선의 길에만 집중한다.

우리 또한 리더로서 많은 영광과 그 이상의 비극을 경험했다. 이 책에 기록한 수많은 전투 경험은 우리 군 경력의 정점으로 영원히 남을 것이다. 2006년 라마디 전투 때 우리 중 한 사람(조코 윌링크 소령)은 브루저 기동대 지휘관으로 복무했고, 다른 한 사람(레이프 바빈 중위)은 브루저 기동대의 찰리 소대를 이끌었다. 찰리 소대와 델타 소대로 구성된 브루저 기동대는 네이비씰 역사상 가장 지독한 장기 시가전에 참전했다. 특히 미군 제1기갑사단 소속 레디 퍼스트 여단 주도로 시행된 '장악, 정리, 유지, 건설' 작전에서 중추적인 역할을 담당했다. 반군 점령 아래에서 전쟁의 참화를 겪은 라마디를 단계적으로 해방시키는 작전이었다. 그 작전은 이라크에서 가장 위험하고 어지럽던 라마디에 안정을 가져왔고, 결국 '안바르 민병대'(Anbar Awakening : 안바르주 30개 부족이 알카에다에 대항해 2006년 결성한 민병대-옮긴이)의 태동으로 이어져 미군이 전세를 유리하게 이끄는 계기가 됐다.

2006년 봄 브루저 기동대가 라마디에 처음 도착했을 당시 안바르주의 주도(州都)인 라마디는 반군의 본거지였다. 주민 40만 명이 거주하는 라마디에는 오랜 전쟁으로 건물 잔해가 겹겹이 쌓여 있고, 여기저기 폭격의 흔적이 남아 있었다. 당시 도시의 3분의 1 정도만 미군의 통제 아래 있었다. 중화기와 결사 항전의 의지로 무장한 반군들이 도시의 나머지를 차지했다. 미 육군과 해병대 전사자가 매일 발생하고, 캠프 라마디 의료시설에는 사상자가 끊임없이 후송됐다. 수술팀은 중상을 입은 병사들을 살리기 위해 혼신의 힘을 다했다. 그즈음 언론에 유출된 정보 보고서에는 라마디와 안바르 지역이 '손실 지역'으로 분류돼 있었다. 상황을 반전시켜 승리를 거둘 수 있다고 생각하는 사람은 사실상 아무도 없었다.

2006년 여름과 가을에 걸쳐, 조코 소령이 이끄는 브루저 기동대는 레디 퍼스트 여단 소속 육군 및 해병대와 함께 반군 소탕 작전을 이끌었다. 레이프 중위는 찰리 소대를 이끌면서 수많은 총격전과 저격 감시 임무를 성공적으로 수행했다. 델타 소대 또한 수없이 많은 격렬한 전투를 치러냈다. 저격수, 소총수, 중화기병 등으로 구성된 브루저 기동대는 수백 명의 적을 사살했으며, 미군과 이라크 보안대를 향한 적들의 공격을 필사적으로 막아 냈다. 브루저 기동대와 레디 퍼스트 여단 부대원들은 끈끈한 전우애를 나누며 피와 땀으로 임무를 하나씩 완수해 나갔다. 그러자 반군의 폭력에 시달리던 라마디 부족 지도자들이 미군에 합류하며 안바르 민병대를 탄생시켰다. 덕분에 브루저 기동대가 떠난 몇 개월 뒤 라마디는 안정을 되찾았으며, 폭력 발생 빈도는 상상할 수 없을 만큼 크게 낮아졌다.

슬프게도 브루저 기동대는 임무 달성 과정에서 크나큰 대가를 치렀다.

대원 8명이 부상당하고, 최고의 전사 3명이 목숨을 잃었다. 마크 리와 마이크 몬수어는 작전 중 살해됐다. 라이언 잡은 저격수의 총탄에 맞아 한쪽 시력을 잃은 뒤 치료 과정에서 사망했다. 가슴 아픈 일이다. 이들 3명 외에도 레디 퍼스트 여단 소속 병사 100여 명이 작전 중 사망했다. 모두 비극적이고 감히 손실을 가늠조차 할 수 없는 죽음이었다.

비판하는 사람들도 있지만 우리는 분명 라마디에서 승리를 거뒀다. 도시는 안정되고, 주민들은 안전을 되찾았다. 매일 30~50회에 이르던 적들의 공격 횟수는 2007년 초에는 주당 1회, 나중엔 월 1회 정도로 줄어들었다. 덕분에 라마디는 쿠르드족 자치구와 함께 이라크에서 가장 안전한 지역이 됐다.*

우리는 모두 각자의 전쟁을 치르고 있다

우리는 라마디 전투를 통해 정말 많은 것을 배웠다. 좋은 것도 있고 나쁜 것도 있다. 어쨌든 그 교훈들이 이 책을 쓰는 데 밑거름이 됐다. 우리가 얻은 가장 큰 깨달음은 전장에서 가장 중요한 것은 리더십이며, 모든 팀의 성공 뒤에는 훌륭한 리더십이 있다는 사실이다. 여기서 말하는 리더십은 거대한 조직을 이끈 최고 사령관에게만 필요한 능력이 아니다. 8명을 지휘하는 소대장부터 부하 넷을 이끄는 공격대 분대장, 아직 보직을 받지 못한 초임 장교까지 모두 리더다. 그들 모두 팀의 성공에 중추적 역할을

---

* 미군 철수 이후 수니파 이슬람 무장 세력인 IS가 라마디의 70퍼센트에 이르는 지역을 점령했고, 이후 10여 년 동안 이라크군과 전투를 거듭했다. 2015년 12월 이라크군은 미군 주도의 국제 연합군 지원을 받아 이 지역 대부분을 탈환했다.—옮긴이

했다. 어려운 싸움에서 그들과 함께할 수 있던 것은 우리에게 정말 큰 축복이었다.

전장에서 본국으로 복귀한 후 우리는 리더십 지도자로 나섰다. 몇 년간은 네이비씰 리더십 훈련 프로그램에서 실무 교육과 멘토링을 전담했다. 초급 지휘관을 어떻게 양성하느냐는 전적으로 멘토의 역량과 경험, 지도력에 달려 있다. 뛰어난 멘토들도 있지만, 역량이 모자란 이들도 있다. 뛰어난 지휘관 출신의 멘토링은 리더십 양성에 매우 중요하지만, 그것에는 한계가 있다. 그래서 우리는 네이비씰의 모든 리더가 강력한 리더십의 기초를 다질 수 있도록 새로운 훈련 프로그램을 개발했다.

미국 서부 지역 네이비씰 교육 총책임자가 된 조코는 세계에서 가장 실전적이고 혹독한 훈련 프로그램을 만들었다. 그는 특히 긴박하고 결정적인 상황에서 판단을 내리고 효율적으로 커뮤니케이션하는 법을 훈련시키는 데 역점을 뒀다. 네이비씰 신입 장교 훈련 코스를 맡은 레이프는 훈련을 수료하고 임관을 앞둔 후보생들에게 기본 리더십 과정을 가르쳤다. 신입 장교들이 전투에서 승리할 수 있도록 훈련 프로그램을 효과적으로 강화하는 데 중점을 둔 것이다. 그래서 새로운 네이비씰 지도자들이 선배들의 빛나는 전과를 이어 갈 수 있도록 했다.

어떤 이들은 네이비씰의 리더십이 바깥 세계와 무슨 상관이냐고 의문을 품을지도 모른다. 하지만 전투는 삶의 축소판이다. 전투가 더 집약적이고 치열하다는 차이만 있을 뿐이다. 전투에서 의사 결정은 즉각적인 결과로 이어진다. 올바른 결정은 모두가 졌다고 생각하는 순간에도 승리를 낚아챌 수 있게 만든다. 반면 잘못된 결정은 승리가 손안에 거의 들어온 순간에도 치명적인 패배를 낳게 한다. 이처럼 일생에 남을 교훈을 얻는 전장을 경험하는 기회는 흔치 않다.

우리는 '하급자가 상급자의 명령을 맹목적으로 따르는 군대의 리더십이 별것 있겠느냐'는 생각도 깨고 싶다. 군대에 몸담은 이들은 영리하고, 창의적이며, 자유롭게 사고하는 개인이다. 그러므로 자신이 싸우는 이유에 대한 신념이 있어야 한다. 지시받은 임무에 대한 믿음, 그리고 자신에게 지시를 내리는 리더에 대한 공감과 신뢰를 가지는 것이 무척 중요하다. 말단 병사를 비롯한 모든 구성원의 의견을 중시하는 네이비씰에서는 더더욱 그렇다.

전투 지휘관은 전략적 목표를 달성하기 위해 다양한 종류의 팀을 움직여 고도로 복잡한 작전을 수행해야 한다. 이는 여느 기업이나 조직의 리더도 마찬가지다. 그러므로 네이비씰 지휘관과 팀을 효율적으로 행동하게 만드는 원칙들은 기업에도 똑같이 적용할 수 있다.

네이비씰을 떠난 후 우리는 금융, 에너지, 기술, 건설, 보험, 자동차, 유통, 제조, 제약 등 아주 다양한 업종의 기업들과 함께 일했다. 그리고 기업의 리더들이나 프로그램에 참여한 사람들이 우리가 말한 원칙들을 제대로 숙지하고 적용해 생산성과 효율성, 수익성을 놀랍도록 증가시키는 것을 목격했다.

이 책에서 소개하는 리더십과 팀워크에 관한 개념들은 구체적이고 현실적이다. 우리는 리더들이 알면서도 안 하는 것들을 이야기하려고 한다. 그렇게 하지 않으면 리더와 팀이 실패하는 일들이다. 이 책에 담긴 원칙들은 사실상 어떤 상황에나 어떤 조직에도 적용할 수 있다. 그러므로 원칙들을 익히고 그것을 잘 따라 한다면 누구나 효율적으로 업무를 수행하는 리더가 될 수 있을 것이다.

만약 당신이 승리하고 싶다면

우리는 네이비씰 지휘관으로서 오랜 시간에 걸쳐 많은 것을 배웠다. 이 책에는 그중 가장 중요한 것들을 담았다. 가장 핵심적인 정신은 바로 극한의 오너십이다. 리더는 자기 세상에 속한 모든 것의 오너가 돼야 한다. 남을 탓하거나 남에게 책임을 돌려서는 안 된다.

이 책은 세 부분으로 구성돼 있다. 우선 파트 1에서는 이끌고 승리하기 위한 기본 요소와 마음가짐을 차례로 소개한다. 파트 2에서는 팀이 최고의 성과를 내는 데 필요한 세부 전략 네 가지를 이야기하고, 마지막 파트 3에서는 팀이 최고의 성과를 유지하기 위해 리더가 지켜야 하는 미묘하고도 어려운 균형에 관해 설명한다.

각 챕터에 소개한 리더십의 개념들은 각각 독자적이면서도 서로 유기적으로 연관돼 있다. 각 챕터는 다시 세 부분으로 나뉜다. 첫 번째 부분에서는 우리가 네이비씰 전투에서 체험한 일화와 그 과정에서 배운 교훈을 이야기한다. 두 번째 부분에서는 그 안에 담긴 리더십 원칙을 설명하고, 세 번째 부분에서는 다양한 기업과 함께한 경험을 토대로 그 원칙들을 어떻게 각자가 처한 상황에 맞게 적용할 수 있는지를 보여 준다.

우리가 이 책에 제시한 리더십 원칙 열두 가지를 믿는 이유는 그것이 전장과 기업에서 실제로 작동하는 것을 직접 보고 경험했기 때문이다. 당신이 그것들을 제대로 이해하고 활용하면 분명 놀라운 결과를 낼 수 있으리라 확신한다. 만약 당신이 '이끌고 승리한다'라는 목표를 달성하고 싶다면 지금 바로 그 원칙들을 확인해 보라.

PART 1

자기 혁명

강한 멘탈이 최고의 무기다

CHAPTER 1

극한의 오너십으로 무장하라

조코 윌링크

대기를 가득 메운 포연 위로 아침 햇살이 뿌옇게 내리쬐었다. 불붙은 타이어 더미에서 뿜어져 나오는 검은 연기, 미군 장갑차와 험비가 일으키는 먼지구름, 기관단총에 맞아 부서진 콘크리트 파편 등이 뒤섞여 연기가 자욱했다. 우리는 험비를 타고 총격전이 벌어지는 현장으로 출동하고 있었다. 모퉁이를 돌자 도로 한가운데에 놓인 미군 M1A2 에이브럼스 탱크*가 눈에 띄었다. 육중한 포신이 근접 거리의 건물을 조준하고 있었다. 자욱한 먼지 속에서 붉은 연기가 솟아올랐다. 미군이 도움을 요청할 때 사용하는 구조용 연막탄이었다.

---

* 미국 육군과 해병대가 주력으로 사용하는 전차. 개발 초기 M1 모델이 1981년에 실전 배치되었고, 이를 개량한 M1A2 모델은 1992년부터 배치되었다.—옮긴이

저격용 구멍으로 밴딧 기동대 소속 M1A2 에이브럼스 탱크가 보인다. 미 제1기갑사단 1여
단 37기갑연대 1대대 소속인 밴딧 기동대는 브루저 기동대와 긴밀하게 협조하며 빼어난 전
과를 올렸다. 그들은 저돌적이고 전문적이며 용맹했다. 네이비씰 저격수들은 폭발과 수작
업을 통해 만든 이 구멍으로 적군을 감시하며 적의 공격으로부터 아군을 보호했다.

이라크 라마디에서 내가 맡은 첫 작전

마음이 바빠졌다. 라마디에서 내가 맡은 첫 작전은 혼돈 그 자체였다. 시야를 가리는 문자 그대로의 포연 말고도 은유적 표현의 전운(fog of war)*이 가득했다. 게다가 혼란, 부정확한 정보, 의사소통 마비 등으로 라마디는 그야말로 아수라장이었다. 작전을 위해 우리는 네이비씰 대원을 넷으로 나눠 도시 곳곳에 배치했다. 저격감시팀 2개 조가 육군과 이라크군에서 파견된 병사들과 함께 배치됐다. 다른 팀 하나는 미 육군 전투 자문관이 동행한 이라크군과 함께 건물을 하나씩 정리하는 임무를 맡았다. 마지막으로 나는 우리 부대 주임 상사, 육군 중대장과 함께 지휘 차량에 탑승했다. 미군과 아군인 이라크군을 합쳐 모두 300여 장병이 라마디 동부 말랍 구역에서 펼쳐진 치열한 전투에 투입됐다. 그곳에는 우리가 '무즈'라고 부르는 반군이 쫙 깔려 있었다. 무즈는 반군 전사들이 스스로를 일컫는 아랍어 단어 '무자헤딘(성스러운 이슬람 전사라는 뜻)'의 약칭이다. 이들은 무자비한 이슬람 반군으로, 교활하고 잔인하며 몹시 위험했다. 말랍 구역은 몇 년간 이들에게 장악돼 있었다. 이제 미군이 이 상황을 바꾸려는 참이었다.

작전은 동트기 전에 시작됐다. 해가 지평선 높이 떴을 때까지도 총격전은 계속되었다. 미국 지상군과 공군이 사용하는 무선 통신을 통해 보고와 지시가 쉴 새 없이 쏟아졌다. 그리고 곳곳에서 이라크군과 미군

---

* 이 표현은 프로이센의 군사 전략가 카를 폰 클라우제비츠의 말에서 유래한 것으로 알려져 있다. 클라우제비츠는 《전쟁론》에서 '전쟁은 불확실성의 영역'이라고 표현한 바 있는데, 그가 실제로 '전운'이라는 용어를 쓴 적은 없다.—옮긴이

의 사상자 보고와 함께 적 사살 건수 보고가 이어졌다. 미군과 이라크 군은 인접 지역 상황을 파악하느라 진땀을 뺐다. 미군 해병대 앵글리코 (ANGLICO : 공중-해상 폭격 연락 중대)팀은 적진에 폭격을 요청하기 위해 공중에 떠 있는 폭격기에 연락을 취했다.

작전 개시 두어 시간 만에 네이비씰의 저격감시팀은 적의 반격을 맞아 치열한 교전을 펼치고 있었다. 건물 정리를 맡은 지상팀도 적들의 거센 저항에 고전 중이었다. 10여 명의 적군은 러시아제 PKC 기관총*과 RPG-7 로켓포, AK-47 소총을 난사했다. 이라크군과 동행한 미군 자문관이 무선으로 격렬한 총격전이 벌어지고 있다고 다급한 목소리로 보고하며 기동 타격대 지원을 요청했다. M2 브라우닝 기관총을 장착한 험비 닉 대와 10여 명의 미군 병사로 구성된 기동 타격대는 위기에 빠진 아군을 지원하는 임무를 맡았다. 몇 분 뒤 다른 네이비씰 저격감시팀 하나가 M1A2 에이브럼스 탱크의 120mm 포와 기관총으로 구성된 중화기 기동 타격대의 지원을 요청했다. 네이비씰이 절체절명의 위기에 처해 있다는 뜻이었다. 나는 동행한 육군 중대장에게 탱크 뒤에 붙어 진입하자고 했다.

우리가 탄 험비가 에이브럼스 탱크 바로 뒤에 정차했다. 육중한 포문이 건물을 조준하고 탄환을 발사하려던 참이었다. 험비 문을 열고 하차한 나는 육감적으로 뭔가 잘못됐음을 느꼈다. 포병에게 뛰어가 물었다.

"무슨 일이야?"

"저 건물에 있는 무즈 놈들이 엄청나게 공격해 대고 있습니다!"

---

* PK는 러시아제 탄띠 송탄식 기관총 'Pulemet Kalashnikova'의 머리글자로, 치명적인 7.62mm×54mm 탄환을 발사하며 탄띠에 백 발 이상을 장착할 수 있다. PKM 또는 PKS는 PK의 변종이며, PKC는 키릴 문자인 PKS의 영어식 표기다.

그가 흥분해서 소리치며 맞은편 건물을 가리켰다. 탱크의 포구도 그 건물을 향해 있었다. 그 포병은 적의 주력이 거기에 있다고 확신했다.

"건물에 진입할 때 저놈들 때문에 우리 쪽 이라크 병사 한 사람이 사살되고 두 사람 이상이 다쳤습니다. 저놈들을 계속 공격하면서 공중 폭격을 요청하려고 했습니다."

그는 건물에 숨어 있는 적들을 쓸어버리라고 공군 폭격기에 연락을 시도하려던 참이었다. 나는 주위를 둘러봤다. 병사가 가리킨 건물은 총알구멍으로 만신창이가 돼 있었다. 기동 타격대용 험비에 장착된 M2 브라우닝 기관총을 백오십 발 이상 쐈고, 소총은 그것보다 더 많은 탄환을 쏟아부었다. 그리고 이제 에이브럼스 탱크의 주포로 건물을 산산조각 내 적들을 몰살하려던 중이었다. 탱크로도 모자라 공중 폭격까지 가하려고 한 것이었다.

'아군 간 교전'이라는 최악의 사태 발생

뭔가 앞뒤가 맞지 않았다. 그 건물은 네이비씰 저격감시팀이 있어야 할 곳과 매우 가까운 거리에 있었다. 저격감시팀은 총격전이 벌어지자 원래 계획한 위치를 포기하고 다른 건물에 위치를 잡는 중이었다. 그 혼란 속에서 저격감시팀은 아직 정확한 위치를 보고하지 않은 상태였다. 하지만 나는 그들의 위치가 우리가 지금 서 있는 곳, 그리고 탱크가 겨냥하고 있는 건물과 가까울 거라는 걸 알고 있었다. 더 이상한 점은 미군 자문관과 동행한 이라크군이 지금 여기 있으면 안 된다는 것이었다. 아군은 우리가 이 구역을 정리할 때까지 들어오지 않기로 돼 있었다. 우리 네이비씰 저격감시팀이 정확한 위치를 확보해 이 지역에 관한 정보를 아군에게 전달한 후에 진입하기로 했던 것이다. 하지만 무슨 이유에서인지 10여 명의 이라크군 병사와 미군 자문관이 이 지역에 들어와 있었다. 나로서는 이해가 되지 않았다.

"기다려. 내가 가서 확인해 볼게."

나는 병사에게 이렇게 말하고 그가 포격하려던 건물을 탐색하기 시작했다. 병사는 나를 완전히 미쳤다고 생각하는 표정이었다. 지금까지 퍼부은 무지막지한 총격으로도 저 건물에서 적군을 몰아내지 못했다. 저들의 정체가 무엇이든, 지옥 같은 전투를 견뎌 낸 적들에게 다가가는 것은 자살행위나 다름없다고 병사는 생각했을 것이다. 내가 동행한 주임 상사에게 고개를 끄덕이자 그도 나에게 고개를 끄덕였다. 그러고 나서 우리는 거리를 가로질러 적들이 도사리는 건물로 다가갔다. 다른 이라크 주택과 마찬가지로 그 건물도 2.5미터 높이의 담장으로 둘러쳐져 있었다. 우리는 살짝 열려 있는 문으로 다가갔다. M4 소총을 조준한 채 문을 박차고 진입한 순간 발견한 것은 다름 아닌 우리 부대 중사였다. 그가 놀라서 휘둥그레진 눈으로 나를 쳐다봤다.

"무슨 일인가?"

내가 물었다.

"어떤 무즈 놈들이 이 구역에 진입했습니다. 우리가 그중 한 놈을 쏘자 그들이 거세게 반격했습니다."

나는 이라크군 한 사람이 건물에 진입하려다가 사살됐다고 한, 조금 전 병사의 말이 떠올랐다.

그 순간 모든 게 명확해졌다. 혼란 속에서 넋이 나간 이라크 병사들이 자기도 모르게 제한 구역 안으로 들어와 네이비씰 저격감시팀이 대기 중인 건물로 진입하려 한 것이다. 이른 아침의 여명 속에서 네이비씰 저격수는 AK-47 소총을 소지한 채 다가오는 남자의 희미한 윤곽만을 확인했다. 부근에 아군이 있을 리 없었기에 네이비씰 대원들은 AK-47 소총을 소지한 남자를 적군으로 판단하고 교전에 돌입했다. 그렇게 그 지옥이 시작된 것이었다.

총격전이 시작되자 건물 바깥에 있던 이라크 병사들은 대응 사격을 하며 길 건너편 콘크리트 벽 너머로 후퇴했다. 이들의 증원 요청으로 미 해병과 육군은 적들이 숨어 있을 것으로 추정되는 건물에 대규모 지원 사격을 퍼부었다. 한편 건물 안에 갇혀 오도 가도 못하게 된 네이비씰 대원들은 자신들에게 총을 쏘는 게 아군일 거라고는 꿈에도 생각하지 못했다. 적에게 제압되지 않으려면 반격하는 수밖에 없었다. 미 해병대 앵글리코팀은 우리 대원들이 갇힌 건물에 공중 폭격을 요청하려던 참이었고, 그 건물에 갇혀 M2 브라우닝 기관총 세례를 받은 네이비씰 저격감시팀 대원들은 에이브럼스 탱크의 지원을 요청했다. 이게 바로 내가 도착한 당시 펼쳐지던 상황이었다.

건물 안에 갇혀 있던 저격감시팀 팀장은 혼란스러운 눈으로 나를 쳐다봤다. 적들의 공격이 빗발치는 곳을 어떻게 뚫고 들어왔는지 의아해하는 그에게 내가 말했다.

"아군 간 교전이야."

아군 간 교전은 전쟁에서 일어날 수 있는 최악의 사태다. 전투에서 적에게 죽음을 당하거나 다치는 것도 나쁜 일이지만 아군의 손에 죽거나 다치는 일은 그야말로 끔찍한 비극이다. 그런데 그런 일이 실제로 종종 벌어진다. 베트남에서 일어난 네이비씰 엑스레이 소대 사고에 관해 들은 적이 있다. 정글에서 야간 정찰을 위해 소대가 둘로 갈라졌는데 방향을 잃고 헤매다 어둠 속에서 다시 마주치게 됐다. 서로를 적으로 착각해 맹렬한 교전을 벌인 끝에 한 사람이 죽고 여러 사람이 다쳤다. 그게 엑스레이 소대의 마지막이 됐다. 그 사고를 계기로 소대 이름이 사라졌다. 이 끔찍한 사고는 저주이자 교훈이었다. 네이비씰에서 아군 간 교전은 절대로 용납될 수 없는 일이었다. 그런데 그 일이 막 벌어지려던 참이었다. 그것도 내 팀에서 말이다.

"무슨 말입니까?"

팀장이 믿을 수 없다는 듯 내게 물었다.

"아군 간 교전이었다고."

나는 조용한 목소리로 다시 말했다. 따지거나 말싸움을 할 시간이 없었다. 바깥에는 진짜 악당들이 있고, 우리가 짧은 대화를 나누는 순간에도 산발적인 총성이 사방에서 들려왔다. 부대원들의 상태를 물었다.

"지금 상태는 어떤가?"

중사가 대답했다.

"대원 하나가 얼굴에 파편을 맞았습니다. 심하지는 않습니다. 하지만 전원이 완전히 녹초가 됐습니다. 모두 여기서 나가야 합니다."

보병 수송 장갑차(APC)*가 중화기 기동 타격대와 함께 건물 바깥에 대기 중이었다.

---

* Armored Personnel Carrier : 궤도형 보병 수송 장갑차 M113은 베트남 전쟁에서 미군이 처음 사용하기 시작했으며, 이라크전에서도 병력 수송 및 사상자 후송용으로 사용됐다. 2~3명의 탱크병이 탑승하며 최대 10명의 병력을 태울 수 있다.

"밖에 장갑차가 와 있으니까 대원들 탑승시켜."

내가 지시했다.

"알겠습니다."

중사는 전술에 매우 밝은 군인이었다. 그는 즉시 대원들을 소집해 문밖으로 나왔다. 지금까지 내가 본 가장 초췌한 모습들이었다. M2 브라우닝 기관총이 빗발칠 때 다들 여기가 끝이라고, 살아남을 수 없을 거라고 생각했을 것이다. 대원들은 다시 기운을 차리고 보병 수송 장갑차에 올라타 부근에 있는 미군 전투 기지로 향했다. 하지만 팀장은 남았다. 이 강인한 군인은 조금 전 벌어진 일에도 동요하지 않고 다음 작전을 기다렸다. 나는 앵글리코 포병에게 돌아가 말했다.

"건물은 이상 없다."

"알겠습니다."

그가 놀란 표정으로 무선으로 보고했다.

"중대장은 어디에 있나?"

나는 동행한 육군 중대장의 행방을 물었다.

"이 위에 있습니다."

앞쪽 건물 2층에서 중대장의 목소리가 들렸다.

위층으로 올라가자 중대장이 몸을 웅크리고 있었다. 그가 물었다.

"다들 괜찮습니까?"

내가 허탈하게 말했다.

"아군 간 교전이었네."

"뭐라고요?"

믿기지 않는다는 목소리였다.

"아군 간 교전이었다고. 이라크 병사 한 사람이 작전 중 사망했네. 두어 명이 다쳤고. 우리 대원 한 사람은 얼굴에 파편을 맞았어. 그 외는 괜찮네. 기적이지."

"알겠습니다."

그의 표정에 경악과 실망감이 교차했다. 훌륭한 지휘관인 그 또한 사고에 책임을 느끼는 듯했다. 하지만 이라크군과 함께 대혼란 속에서 몇 달간이나 시가전을 치르다 보면 이런 일이 언제든 일어날 수 있다는 걸 그역시 알고 있었다.

할 일이 남아 있는 우리는 다시 지휘 차량에 올라타 작전을 재개했다. 우리는 작전 두 가지를 연속적으로 더 수행해 말랍 구역 대부분을 정리하고 10여 명의 반군을 해치웠다. 나머지 작전은 성공적이었다.

누가 책임져야 하는가?

하지만 임무를 완수했다는 사실은 중요하지 않았다. 나는 뼈저린 아픔을 느꼈다. 내 부대원 한 사람이 부상을 입었고, 이라크 병사 한 사람이 죽었으며 여러 명이 다쳤다. 우리끼리 총격을 하다 벌어진 일이었다. 게다가 내 지휘 아래 일어난 사고였다.

하루의 임무를 마친 뒤 나는 대대 작전 본부로 돌아가 상부와 이메일로 교신하기 위해 컴퓨터를 켰다. 오늘 벌어진 사고를 보고하기가 두려웠다. 그냥 전투 중 죽는 게 낫겠다고, 그래도 싸다고 생각했다.

이메일 함이 메시지로 가득 차 있었다. 우리가 아군 간 교전을 벌였다는 소식이 삽시간에 퍼졌기 때문이다. 나는 직속상관인 함장으로부터 온 이메일을 열어 봤다. 단도직입적이었다.

'이 시간부로 모든 작전을 중단한다. 내가 조사관, 주임 원사와 함께 그곳으로 가는 중이다.'

해군 내 사고가 났을 때 행해지는 통상적인 절차였다. 함장은 사건의 경위와 책임 소재를 가리기 위해 조사관을 임명했다.

이라크 다른 지역에 주둔 중인 옛 상관에게서도 짧은 이메일이 와 있었다.

'아군 간 교전이 있었다며? 도대체 무슨 짓을 하고 다니는 거야?'

내가 그동안 네이비씰에서 어렵게 쌓아 온 명성이 하루아침에 휴지 조각이 돼 버렸다. 그동안 많은 전투를 승리로 이끌었지만, 이제는 네이비씰에 씻을 수 없는 오점을 남긴 지휘관이 되었다.

함장 일행이 오기를 기다리는 동안 하루가 지났다. 그동안 상세한 브리핑을 준비하라는 지시가 내려왔다. 이게 무슨 뜻인지 잘 알고 있었다. 그들은 책임을 물을 누군가를 찾고 있었다. 아마도 누군가는 군복을 벗어야 할 것이었다.

나는 좌절과 분노, 실망에 휩싸인 채 정보를 모으기 시작했다. 작전을 수립하고 실행하는 과정에서 여러 사람의 심각한 실수가 있었음이 분명했다. 작전이 수정되었지만 제대로 전달되지 않았다. 의사소통 계획은 모호했으며, 특히 심각한 실패가 발생했을 때 무선 보고 절차가 뒤죽박죽이었다. 이라크군은 계획을 수정하고도 우리에게 알리지 않았다. 아군의 위치도 보고되지 않았다. 이런 목록이 계속 이어졌다.

내 부대인 브루저 기동대 안에서도 비슷한 실수가 있었다. 저격감시팀의 위치가 다른 부대원들에게 전달되지 않았고, 신원 파악을 제대로 하지 않은 바람에 아군인 이라크군을 적군으로 오인해 사살하는 일이 벌어졌다. 최초 교전이 발생한 후 나에게 들어와야 할 상세한 상황 보고도 이뤄지지 않았다.

모두 심각한 실수였다. 지시받은 대로 나는 시간대별 상황과 아군의 위치를 지도 위에 표시해 파워포인트 자료로 만들었다. 이어 우리가 저지른 모든 실수를 쭉 적어 내려갔다.

그렇게 사건 경위를 담은 상세한 상황 보고서가 만들어졌다. 그 안에는 이라크 병사가 목숨을 잃고 여러 명이 중상을 입게 된 경위와 치명적인 실수들이 담겨 있었다. 그나마 우리 네이비씰 대원들이 목숨을 건진 것이 기적이었다.

하지만 뭔가 빠져 있었다. 내가 알아채지 못한 그 무엇 때문에 진실이 온전히 드러나지 못했다는 느낌이 들었다. 누가 책임져야 하는가?

나는 보고서를 다시 훑어보며 빠진 조각을 찾아내려 했다. 그 참사를 만든 결정적인 요인 하나를 찾아야 했다. 하지만 그런 요인이 너무 많아 찾을 수가 없었다. 마침내 함장과 주임 원사, 조사관이 부대에 도착했다. 일행이 잠시 숨을 돌리며 식당에서 요기를 한 다음 모두 모여 브리핑을 할 참이었다.

나는 보고서를 다시 훑어봤다. 누가 책임을 져야 하나? 그때 퍼뜩 이런 생각이 들었다.

각 대원, 각 팀, 각 팀장이 저지른 그 무수한 실수에도 불구하고 작전 실패에 대한 모든 비난을 받아야 할 사람이 있다면, 그건 바로 나였다. 우리 저격감시팀이 이라크군과 교전할 때 나는 그 자리에 있지 않았다. 건물에 들어가려던 얼빠진 이라크군을 제지하지도 못했다. 하지만 중요한 건 그게 아니었다. 네이비씰 기동대장이자 현장을 책임진 선임 장교로서 나는 브루저 기동대에서 일어나는 모든 일에 책임을 져야 했다. 그렇다면 잘못된 일에 대해서도 책임을 지는 것이 마땅했다. 그게 리더가 할 일이었다. 군복을 벗는 한이 있더라도 말이다. 누군가 비난을 받고 옷을 벗어야 한다면, 그건 나여야 했다.

몇 분 뒤 나는 브리핑 참석자 전원이 모여 있는 방으로 들어갔다. 침묵으로 귀가 먹먹했다. 함장은 앞줄에 앉았고, 주임 원사는 불길한 느낌으로 뒤편에 서 있었다. 얼굴에 기관총 파편을 맞아 부상당한 네이비씰 대원도 붕대를 감은 채 그 자리에 있었다. 나는 자리에서 일어나 브리핑을 시작했다. 그리고 방을 가득 채운 동료들에게 물었다.

"누구 잘못입니까?"

잠깐의 침묵이 흐른 뒤, 이라크 병사에게 오인 사격을 한 대원이 입을 열었다.

"제 잘못입니다. 목표물의 신원 파악을 확실히 해야 했습니다."

나는 곧바로 답했다.

"그건 자네 잘못이 아니야. 누구 잘못입니까?"

저격감시팀 통신병이 말했다.

"제 잘못입니다. 우리 위치를 더 빨리 알려야 했습니다."

하지만 나는 고개를 가로저으며 말했다.

"틀렸어. 그건 자네 잘못이 아니야. 누구 잘못입니까?"

이라크군과 동행한 다른 고참 대원이 일어섰다.

"제 잘못입니다. 제가 이라크군을 통제해 제한 구역 안으로 들어가지 못하게 해야 했습니다."

나는 이번에도 똑같이 말했다.

"그렇지 않아. 자네 잘못이 아니야."

다른 대원들도 차례로 자기 실수를 증언하려고 나섰다. 하지만 그 정도면 충분했다.

"이게 누구 잘못일까요? 이 모든 것을 누가 책임져야 할까요?"

함장과 주임 원사, 조사관을 비롯한 참석자 전원이 묵묵히 침묵을 지키고 있었다. 내가 누구를 지목할지 궁금할 터였다. 나는 크게 숨을 내쉰 다음 말했다.

"비난받아야 할 사람이 딱 한 사람 있습니다. 접니다. 제가 지휘관입니다. 저에게는 모든 작전에 대한 책임이 있습니다. 상관으로서 저는 전투 중 벌어지는 모든 사건에 책임을 져야 합니다. 저 말고 비난받아야 할 사람은 없습니다. 그리고 이것을 말씀드리고 싶습니다. 앞으로는 절대로 이런 일이 일어나지 않도록 하겠습니다."

모든 책임을 인정한 후 벌어진 일

그것은 감당하기 힘든 짐이었다. 하지만 절대적인 사실이었다. 나는 리더다. 지휘를 하는 사람도 나고, 책임을 지는 사람도 나다. 그러므로 잘못된 모든 것에 대해서도 내가 오너여야 했다. 명성과 자존심에 씻을 수 없는 타격을 입더라도 그게 옳은 길이자 내가 선택할 수 있는 유일한 길이었다. 나는 부상당한 대원에게 사과하고 그가 다친 것은 내 잘못이며 죽지 않은 것이 행운이었다고 말했다. 그리고 우리는 각 단계별로 작전을 복기했다. 어떤 일이 벌어졌으며, 재발을 막기 위해 앞으로 무엇을 해야 할지 논의했다.

그 일로 나는 군복을 벗을 각오를 했지만, 다행히 다시 한번 기회가 주어졌다. 이제 와 돌이켜 보면 내가 모든 책임을 떠안음으로써 나에 대한 함장과 주임 원사의 신뢰가 오히려 더 커졌다. 내가 책임을 다른 사람에게 전가했다면 자리를 보전할 수 있었을까? 그랬다면 해고됐어도 할 말이 없었을 것이다. 비난의 화살을 나 자신에게 돌릴 거라고 예상하지 못한 동료들은 나에게 경의를 표했다. 이번 사고가 긴박한 상황에서 다양한 요인에 의해 우발적으로 발생했다는 것을 그들도 알고 있었다. 하지만 나는 모든 것을 떠안았다.

미 육군과 해병대 지휘관들에게 작전 후 브리핑은 학습과 개선의 장이었다. 그들은 장기간 라마디에서 전투를 벌이면서 우리 네이비씰이 모르는 것을 알고 있었다. 시가전에서 아군 간 교전은 최대한 피해야 하지만 완전히 막을 수는 없다는 점이었다. 모든 전투 중 가장 복잡하고 어려운 것이 시가전이다. 작전 수행 중 아군 간 교전 가능성을 완전히 없애는 것은 불가능하다. 하지만 정해진 목표물을 상대로 소규모 작전을 펼치는 데 익숙한 네이비씰에게 아군 간 교전이란 어떤 상황에서도 있어서는 안될 금기였다.

그 일이 있은 직후 매우 존경받는 네이비씰 선배 한 분이 우리 부대를 방문했다. 베트남전 때는 해병대 소속 소대장으로 그 유명한 후에(Hue City) 전투*에 참전했던 분이다. 그는 후에 전투에서 발생한 해병 사상자 상당수가 아군 사격에 의한 것이었으며, 이것이 시가전의 잔혹한 현실이

---

* 1968년 벌어진 베트남전 사상 최악의 시가전. 한 달간의 시가전으로 연합군 600여 명, 북베트남군 8000여 명이 목숨을 잃었다.

라고 말했다. 그는 우리가 겪은 일을 정확하게 이해하고 있었다. 그리고 이런 일이 얼마나 쉽게 일어날 수 있는지도 알았다.

라마디 같은 환경에서는 아군 간 교전 가능성이 늘 있지만, 우리는 다시는 이런 일이 없도록 하겠다고 맹세했다. 우리는 벌어진 일을 철저히 분석하고 교훈을 정리했다. 위험을 줄이기 위해 표준 작전 절차와 계획 수립 방법을 수정한 것이다. 이 비극적인 사건의 결과로 이후 수많은 생명을 구할 수 있게 됐다. 그 후에도 실수로 아군과 교전할 뻔한 경우가 여러 번 있었으나 그때마다 재빨리 상황을 통제할 수 있었다. 아군 간 교전을 최대한 전술적으로 막는 법을 알게 된 것이다.

내가 얻은 교훈은 이것뿐만이 아니었다. 이라크 파병을 마친 뒤 나는 제1파병훈련소의 책임자가 됐다. 그곳은 파병 예정인 서부 지역의 모든 네이비씰 대원의 훈련을 담당하는 곳이었다. 나는 아군 간 교전이 벌어질 만한 여러 가지 상황을 만들어 훈련 시나리오를 짰다. 이후 실제로 아군 간 교전이 벌어지면 어떻게 대처해야 하는지에 대해서도 교관들에게 가르쳤다.

가장 중요한 것은 리더십에 대한 가르침이었다. 내가 라마디에서 체득한 소중한 교훈이었다. 아군 간 교전이 벌어지면 어떤 후보생들은 스스로 책임을 졌지만, 어떤 후보생들은 책임을 부하들에게 떠넘겼다. 나는 책임을 회피하는 나약한 후보생들에게 지휘에 따르는 무거운 책임을 엄혹하게 가르쳤다. 리더는 '모든 것'에 진심으로 무한 책임을 지는 사람이기 때문이다.

극한의 오너십이란 바로 이런 것이다. 네이비씰뿐 아니라 모든 성공하는 조직의 리더가 가져야 할 핵심 역량이다.

승리의 원칙
승리하는 팀에는 항상 극한의 오너십이 있다

어떤 팀이나 조직을 막론하고 성공과 실패의 책임은 모두 리더에게 귀속된다. 그러므로 리더는 남을 비난해서는 안 된다. 자기 세계에 속한 모든 것의 오너여야 한다. 리더는 실패와 실수를 인정하고, 그것에 대한 오너십을 갖고 다음번 계획을 성공적으로 이끌 방법을 찾아내야 한다.

최고의 리더는 자신이 맡은 일에 대한 책임을 넘어 자기 임무에 영향을 미치는 모든 것에 극한의 오너십을 갖는다. 이것이 네이비씰 지휘관들이 특수한 상황에서도 고도의 성과를 내며 승리하는 핵심 비결이다. 극한의 오너십은 전장에서만 통용되는 것이 아니다. 군사 조직, 스포츠팀, 기업 내 각 부서 등 높은 성과를 내며 승리하는 팀에는 항상 극한의 오너십을 지닌 리더가 있다.

하급자가 할 일을 제대로 하지 않을 때 극한의 오너십을 지닌 리더는 하급자를 질책하기 전 자신을 돌아본다. 리더는 전술적 목표를 설명하고, 전략을 개발하며, 팀이 이를 제대로 실행해 성공할 수 있도록 자원을 확보하고 구성원들을 훈련시킬 포괄적 책임을 진다. 팀원 중 누군가가 승리를 위해 요구되는 수준의 성과를 못 낸다면 리더는 기꺼이 그 저성과자를 훈련시키고 가르쳐야 한다. 하지만 저성과자가 계속해서 기준에 미달할 경우 극한의 오너십을 실행하는 리더는 '개인보다 임무가 먼저'라는 사명에 충실해야 한다. 저성과자가 개선의 여지가 없다면 그를 내보내고 대체자를 찾는 악역도 감수해야 한다는 뜻이다. 이런 일들이 모두 리더에게 달려 있다.

우리는 다른 이들의 성공을 운이나 환경 덕이라고 간주하곤 한다. 또 '나 자신'의 실패를 '우리'의 실패로 돌리곤 한다. 성과가 안 좋을 때는 불운이나 어쩔 수 없는 환경, 고집 센 상사와 부주의한 부하, 실력 없는 협업자들, 즉 나 말고 다른 모든 것을 탓한다. 물론 실패를 전적으로 책임진다는 것은 어려운 일이다. 일이 잘못될 때 오너십을 가지려면 엄청난 결의와 용기가 있어야 한다. 하지만 이는 리더로서 배우고 성장하며 팀의 성과를 높이는 데 절대적으로 필요한 것이다.

극한의 오너십을 가지려면 리더는 조직의 문제를 객관의 렌즈로 들여다보고 진실을 파악해야 한다. 목표나 계획에 감정을 결부해서는 안 된다. 그러려면 자존심 따위는 버리고 실패의 책임을 받아들이며, 팀의 약한 부분을 쳐 내고, 더 나은 팀을 만들려는 노력을 지속적으로 해야 한다. 그런 리더는 팀의 업적을 자신의 것인 양 우쭐대지 않으며, 오히려 그 영광을 기꺼이 부관이나 팀원들에게 돌린다. 리더가 이런 모범을 보이면서 아랫사람들에게도 같은 마음을 기대하면 그것이 팀 전체로 스며들어 조직 문화로 자리 잡는다. 극한의 오너십 아래에서 각 하부 조직의 리더들은 각자 맡은 역할과 목표에 대한 책임을 진다. 그러면 효과와 능률이 크게 증가해 결국 높은 성과를 내는 승리하는 조직으로 거듭나게 된다.

원칙 활용법
내가 부사장에게 실패를 책임지라고 말한 이유

부사장의 계획은 서류상으로는 아무 문제가 없었다. 이사회는 지난해 생산 비용 절감을 기대하며 부사장의 계획을 승인했다. 하지만 계획은 뜻대로 되지 않았고, 이사회는 이유를 찾으려 했다. 누구의 잘못인가. 과연 누가 책임져야 하는가.

그렇게 해서 나는 그 회사 생산 담당 부사장의 리더십 컨설팅을 맡게 됐다. 부사장은 업계에서 잔뼈가 굵은 능력 있는 사람이었지만, 이사회가 부여한 목표를 달성하는 데 어려움을 겪었다. 그 목표는 생산 시설을 통합해 중복 투자를 없애고, 인센티브 시스템을 도입해 직원들의 생산성을 높이며, 제조 공정을 간소화해 시간과 비용을 단축한다는 것이었다.

문제는 계획 실행 과정에서 불거졌다. 정기 이사회 때마다 부사장은 계획이 제대로 실행되지 않는 이유에 대해 온갖 핑계를 늘어놓았다. 1년쯤 지나자 이사회는 부사장이 변화를 제대로 이끌 역량이 있는지 의문을 품었다. 자칫 부사장의 목이 날아갈 판이었다.

내가 현장에 도착한 것은 다음 이사회를 2주 앞둔 시점이었다. 대표 이사에게 몇 시간 상황 설명을 들은 뒤 문제의 생산 담당 부사장을 소개받았다. 첫인상은 괜찮았다. 부사장은 아주 똑똑하고 자기 분야에 박식했다. 과연 그가 내 훈수를 받아들일까?

"그래서, 절 도우러 오셨다고요?"

부사장이 비아냥거리는 투로 물었다. 어떤 사람들은 자존심 때문에 건설적인 비판이나 조언에 까칠하게 반응한다. 그래서 나는 에둘러 대답했다.

"부사장님을 도우려는 게 아니라 상황 해결을 도우려는 겁니다."

부사장의 경계심이 약간 누그러지는 듯했다.

나는 부사장의 계획이 왜 실패했는지 세부적으로 조사한 다음 그와 다시 면담했다. 그는 생산 시설 통합 계획이 실패한 이유는 유통 부서 관리자들 때문이라고 주장했다. 공장과 유통 창고가 멀어지면 요구 사항을 공장에 직접 전달하는 데 어려움을 겪는다는 이유로 유통 부서가 통합에 반대한다는 것이었다. 부사장은 유통 부서의 걱정이 터무니없다고 일축했다. 주문을 수정하거나 특별 주문을 넣어야 할 상황이 생기면 화상 회의로도 충분하다는 이야기였다.

그는 인센티브 시스템 도입 계획이 실패한 이유도 설명했다. 인센티브를 도입하면 임금이 줄어들지도 모른다는 염려 때문에 공장 관리자들과 팀장들이 반대한다고 했다. 직원들은 성과급 대신 기본급이 높은 일자리를 찾아 떠날 것이며, 다른 회사들은 이 기회를 노려 숙련된 일꾼들을 빼갈 것이라고 주장한다는 것이었다. 부사장이 계획을 강행하려 하자 공장 관리자들은 판매 관리자들을 같은 편으로 끌어들였다. 두 부서는 부사장의 계획이 높은 품질로 쌓아 올린 회사의 명성을 일거에 무너뜨릴 것이라고 주장했다.

제조 공정 간소화 계획은 전사적인 반대에 부닥쳤다. '늘 이렇게 해 왔는데……', '잘못되면 그때 고치면 되지'라는 원성이 곳곳에서 터져 나왔다.

"이사회는 이런 이유에 대해 어떻게 생각합니까?"

내가 물었다.

"알겠다고는 하는데, 제대로 이해하는 것 같진 않아요. 반대 측이 계속 같은 얘기를 하다 보니까 점점 지쳐 가는 것 같습니다. 이제는 제 설명을 믿는지도 모르겠어요. 제 설명이 마치……."

"핑계요?"

내가 그의 말을 가로챘다. 그에게는 분명 자존심 상할 단어였다.

"네, 맞아요. 핑계처럼 들리겠지요. 하지만 제 말은 다 사실이에요."

내가 다시 물었다.

"부사장님의 계획이 제대로 실행되지 못하는 다른 이유가 더 있을까요?"

"물론이죠. 그동안 시장 상황이 안 좋았어요. 새로 도입한 신기술을 익히는 데도 상당한 시간이 걸렸고요. 또 전 직원이 한 제품에 매달렸는데 성과가 기대보다 안 나왔어요. 다른 이유도 아주 많죠."

"그런 요인들이 다 작용했을 수 있겠네요. 하지만 이 계획이 실패한 데는 아주 중요한 한 가지 원인이 있습니다."

"그게 뭔가요?"

부사장이 내 대답을 받아들일 준비가 돼 있는지 살피기 위해 잠시 말을 멈췄다. 내 대답이 불편하겠지만 피해 갈 수는 없는 노릇이었다. 나는 최대한 담담하게 말했다.

"부사장님요. 부사장님이 그 원인입니다."

자신을 훌륭한 리더라고 생각하는 사람들의 착각

그러자 부사장이 놀란 얼굴로 따져 물었다.

"제가요? 이 계획을 세운 사람이 접니다! 계획을 실행시키려고 제일 많이 노력한 사람도 저고요. 제대로 되지 않은 게 왜 제 잘못입니까? 공장 관리자들, 유통 부서, 판매 부서가 계획에 사사건건 반대했어요. 그런데 제가 어떻게 실행합니까? 저는 현장에서 일하는 사람이 아니에요. 아무리 말해도 듣지 않는데 전들 어쩝니까?"

나는 묵묵히 그의 항변을 들었다. 부사장의 목소리에 점점 자신감이 없어졌다. 자기가 무슨 말을 하고 있는지 스스로 깨달은 것이다. 그는 핑계를 늘어놓고 있었다. 나는 직원들이 계획에 귀를 기울이고 힘을 보태고 실행하도록 만들 직접적인 책임은 리더에게 있다고 설명했다.

"물론 직원들이 당신 말을 억지로 듣게 할 수는 없죠. 강제로 일을 시킬 수도 없어요. 간단한 일이라면 잠깐은 그렇게 할 수 있겠죠. 하지만 진짜 변화를 만들고, 직원들이 아주 복잡하고 어렵고 위험한 일까지 하게 만드는 것은 억지로 안 돼요. 당신이 그렇게 하도록 '이끌어야' 합니다."

"저도 그들을 이끌었어요. 그들이 실행하지 않았을 뿐입니다."

부사장이 발끈했다.

하지만 그는 직원들을 이끌지 않았다. 적어도 '제대로' 하지는 못했다. 부사장이 자기 계획을 실행하지 못한 게 확실한 증거다. 내가 물었다.

"네이비씰에서 전투 지휘관으로 있을 때 제가 이끈 모든 작전이 성공했을까요?"

그가 머리를 가로저으며 대답했다.

"아뇨."

"당연히 아니죠. 물론 작전을 성공시켜 임무를 완수할 때도 많았어요. 하지만 항상 그런 건 아니에요. 제가 맡은 작전 중에는 완전히 엉망이 된 경우도 있었어요. 일이 안 될라치면 별의별 일이 다 생깁니다. 중요한 정보가 틀렸거나, 부관들이 잘못된 결정을 내렸거나, 저격수가 실수했거나, 작전에 참여한 다른 팀과 손발이 안 맞았거나……. 이유가 끝이 없어요. 전투라는 건 위험하고 복잡한 데다 상황이 계속 바뀌기 때문에 목숨이 달린 온갖 변수가 순식간에 잘못될 수 있어요. 전투에서 벌어지는 모든 돌발 상황과 개개인의 모든 행동을 통제할 수는 없어요. 절대 불가능하죠. 하지만 이걸 알아야 해요. 일이 잘못됐을 때 제가 누구를 탓했는지 압니까?"

나는 강조하기 위해 말을 잠시 멈췄다.

"접니다. 저는 저 자신을 탓했어요."

내가 말을 이어 갔다.

"지휘관으로서 전투에서 벌어지는 모든 일은 제 책임입니다. '모든 것' 요. 지원 병력이 제대로 도움을 못 준다면 제가 지시를 정확하게 하지 않은 탓입니다. 기관총 사수가 엉뚱한 곳을 쏜다면 제가 목표 지점을 제대로 이해시키지 못한 탓입니다. 적의 기습을 받는다면 제가 적의 동향을 확인하지 못한 탓입니다. 어떤 일이 됐건 저는 일이 잘못됐을 때 남을 탓하지 않았어요."

부사장이 생각에 잠겼다. 오랜 침묵이 흐른 뒤 그가 대답했다.

"저는 저 자신이 언제나 훌륭한 리더라고 생각했어요. 언제나 리더의 자리에 있었으니까요."

"그게 문제의 원인일지 모릅니다. 당신이 언제나 옳다고 생각하는 거요. 그래서 일이 잘못됐을 때 자신을 들여다보는 대신 남을 탓하는 겁니다. 하지만 완전무결한 사람은 없어요. 자존심이나 고집을 버리고 극한의 오너십을 가져야 해요. 조직의 목표가 전부니까요. 팀이 원하는 목표를 달성하려면 당신이 어떻게 하는 게 최선일까요?"

내가 말을 이어 갔다.

"그게 당신이 자문해야 할 내용입니다. 그게 극한의 오너십이에요."

부사장이 고개를 끄덕였다. 그도 그제야 이해가 가는 듯했다.

남을 탓하기 전에 생각해 봐야 할 것들

다시 내가 물었다.

"직원들이 당신의 말을 노골적으로 거역한다고 생각하세요?"

"아뇨."

"만약 그렇다면 그들을 해고해야 합니다. 하지만 그런 상황이 아니라면 그럴 필요가 없어요. 그들을 이끌기만 하면 됩니다."

"그럼 제가 리더로서 뭘 잘못하고 있는 겁니까? 어떻게 그들을 이끌어야 하는 건가요?"

"계획을 실행하는 데 실패한 책임을 모두 인정하세요. 잘못이 당신에게 있다고 이사회에 정확히 얘기해야 합니다. 거기서부터 다시 시작하시면 됩니다."

"이사회에 그렇게 얘기하라고요? 제정신이에요? 약간의 비난은 감수할 용의가 있습니다. 하지만 이게 다 제 잘못이라고 하라고요?"

부사장은 희미하게 이해하기 시작했지만, 모든 책임을 진다는 데는 여전히 강한 거부감을 드러냈다.

"이 계획을 실행하려면 당신은 제대로 된 리더가 돼야 해요. 그러려면 모든 책임을 인정하고 받아들여야 합니다. 당신이 오너예요."

부사장은 여전히 미심쩍은 표정이었다. 내가 물었다.

"만약 공장 관리자가 당신에게 와서 '내 팀이 잘못됐다'라고 말하면 당신은 뭐라고 할 겁니까? 그의 팀원들을 탓하겠어요?"

그제야 부사장이 수긍했다.

"아닙니다."

나는 서부 지역 훈련 교관으로 있을 때의 일을 들려주었다. 우리는 훈련병들이 이라크와 아프가니스탄의 극한 전투 현장에 대비할 수 있도록 강도 높은 훈련 시나리오를 만들었다. 최악의 상황에 처했을 때 팀의 성패는 거의 언제나 리더에게 달려 있다. 그래서 훈련 기간 내내 훈련생들에게 몹시 어려운 임무를 내줬다.

좋은 성과를 내지 못하는 분대에는 거의 예외 없이 남 탓 또는 환경 탓을 하는 분대장이 있었다. 그들은 분대원, 부분대장, 또는 시나리오를 탓했다. 네이비씰 훈련 교관들을 탓하기도 하고, 장비를 탓하기도 하며, 부하들의 경험 미숙으로 책임을 돌리기도 했다. 스스로 책임지는 것은 거부했다. 그런데 그 결과는 늘 좋지 않은 성적과 임무 실패였다.

반면 최고의 성적을 내는 훈련 분대에는 언제나 책임지는 분대장이 있었다. 그들은 모든 실수와 실패를 스스로 짊어졌다. 훈련 후 브리핑에서 이런 분대장들은 책임을 자신에게 돌리며 다음 훈련 때 더 잘할 방법을 모색했다. 최고의 리더들은 혹시 자존심을 앞세우지는 않았는지, 비난을 감수했는지, 건설적인 비판에 귀 기울였는지, 세세한 부분까지 개선책을 모색했는지 등을 확인하며 반성했다. 그들은 극한의 오너십을 보여 줬고, 그 결과 그들이 이끄는 분대는 남들보다 앞서 나갔다.

그러나 좋은 성과를 내지 못한 분대장들은 작전 후 브리핑에서 다른 모든 사람을 탓했다. 이런 태도는 부대원들의 반발을 부르고, 결국 내분으로 이어졌다. 서로가 서로를 탓하고 비난하니 팀이 제대로 돌아갈 리 없고, 그 결과 성과도 못 내고 임무도 완수할 수 없었다.

나는 부사장과의 대화를 이어 갔다.

"이런 상황에서는 부하들도 절대 자신의 잘못을 인정하지 않아요. 변명하려고만 할 뿐 아무도 문제를 고치려고 하지 않죠. 반대로, 앞장서서 책임지는 지휘관을 볼까요? 이런 지휘관은 '부소대장이 잘못된 지시를 전달했습니다. 제가 그에게 의도를 충분히 설명하지 못했기 때문입니다'라거나 '습격팀이 제가 그린 그림대로 움직이지 않았습니다. 앞으로 부하들이 충분히 숙지했는지 확인하고 더 철저하게 예행연습을 하겠습니다'라고 말합니다. 좋은 리더는 실수나 잘못된 부분에 대해 오너십을 갖습니다. 그게 결정적인 차이죠. 네이비씰 부대원들은 이런 리더를 어떻게 대할 것 같으세요?"

"존경하겠죠, 당연히."

"맞습니다. 그들은 자기 리더에게서 극한의 오너십을 보는 겁니다. 거기에 영향을 받아 자신들도 극한의 오너십을 따라 하게 되고, 그것이 나중에는 말단 병사에게까지 전파됩니다. 그러면 그들은 한 팀으로서 문제를 해결하려고 노력하게 됩니다. 책임을 전가할 대상을 찾는 게 아니라요. 우리 같은 교관이나 이 회사 이사진처럼 바깥에서 지켜보는 사람들의 눈에는 그 차이가 훤히 보입니다."

부사장이 새삼 뭔가를 깨달았다는 표정을 지었다.

"지금 이사회가 저를 그렇게 보고 있겠군요. 남 탓만 하고 있다고."

"고칠 방법은 딱 하나뿐입니다."

그 후 며칠간 나는 부사장을 도와 이사회를 준비했다. 그는 때때로 방어적인 자세로 돌아가 잘못을 인정하지 않으려 했다. 자신이 이사들보다 아는 게 많다며 억울해했다. 어쩌면 그의 말이 맞을지도 모른다. 하지만 설령 그렇더라도, 그가 이끄는 조직이 실패했다는 사실에는 변함이 없었다. 이사회 발표 예행연습을 하는 부사장을 지켜보면서 그가 진심으로 모든 책임을 지기로 했는지 확신이 서지 않았다. 직설적으로 그 점을 지적하자 부사장이 발끈했다.

"당신이 하라는 대로 했잖아요. '계획이 실패한 것은 실행을 책임진 내 잘못'이라고 말입니다."

"말씀은 그렇게 하시는데, 진심이 안 느껴집니다. 그게 문제예요. 당신의 경력을 보세요. 그동안 놀라운 성취를 이뤘어요. 하지만 절대 완벽하진 않아요. 우리 누구도 완벽하지 않죠. 당신은 아직도 배우고 성장하는 중입니다. 우리 모두가 그래요. 만약에 기회가 한 번 더 주어지면 당신이 어떻게 조직을 이끌고 있는지, 어떻게 하면 더 잘할 수 있을지 엄격하게 자가 진단을 해 보세요. 결과가 분명히 달라질 겁니다. 먼저 이사회 앞에 서서, 자존심을 접고, 실패의 오너가 되는 것부터 시작해야 합니다. 이사진은 분명히 당신의 모습과 말에 감명받을 겁니다. 왜냐하면 대부분은 그러지 못하니까요. 이사진은 당신이 보여 준 극한의 오너십에 경의를 표할 겁니다. 실패에 대한 책임을 스스로 떠안는 모습에요. 이사회를 떠날 때 당신은 더 강해져 있을 거예요."

이사회에서 부사장은 바로 그렇게 했다. 생산 목표를 달성하지 못한 책임을 인정하고, 실패를 바로잡을 수 있는 구체적인 방법들을 담은 목록을 제시했다. '다른 사람'이 아니라 '내'가 어떻게 달라질 것인지로 시작되는 목록이었다. 비로소 부사장도 극한의 오너십을 이해한 것이다.

CHAPTER 2

나쁜 팀은 없다,
나쁜 리더만 있을 뿐

───── 레이프 바빈 ─────

"승자는 보상받는다!"

푸른색과 금색이 섞인 티셔츠를 입은 교관이 엄한 표정으로 확성기에 대고 소리쳤다. 악명 높은 네이비씰 지옥 훈련 주간의 셋째 날 밤. 피곤에 지친 훈련생들이 또다시 물에 빠졌다 모래사장을 뒹굴었다를 반복했다. 피부가 벗겨지고 몸 여기저기에서 피가 났다. 남캘리포니아의 차가운 바닷물을 뒤집어쓴 채 거센 밤바람을 맞은 훈련생들이 몸을 벌벌 떨었다. 일흔두 시간 동안 거의 쉬지 않고 훈련을 받은 그들은 고통과 상처 속에서도 끊임없이 몸을 움직여야 했다. 지난 사흘간 수면 시간이 한 시간도 채 되지 않아 그야말로 녹초가 됐다. 지옥 주간이 시작된 후 10명의 훈련생이 중도 포기했다. 질병이나 부상으로 탈락한 훈련생들도 있었다.

오그던 게이트에 배치된 험비 위에서 미군 네이비씰 기관총 사수가 M2 브라우닝 기관총으로 적진을 겨냥하고 있다. 앞에 보이는 탱크는 M88 구조용 탱크(구난 전차)로, 캠프 라마디를 향해 돌진하는 자동차 폭탄 공격을 봉쇄하기 위해 배치된 것이다. 수백 킬로그램의 폭약을 실은 차량으로 적진에 돌진하는 자살 공격인 자동차 폭탄은 반군의 무기 중 가장 가공할 위력을 지녔다. 이날도 게이트 밖에서는 적들의 위협이 매우 거셌다. 오전 내내 1호 험비 위에서 경계 근무를 선 기관총 사수만큼 그 위협을 생생하게 체험한 사람은 없을 것이다.

지원자 3분의 2가 포기하는 네이비씰 지옥 훈련 주간

몇 주 전 네이비씰의 기본 훈련 코스인 수중 폭파 훈련을 시작할 때만 해도 훈련생 200여 명은 패기와 열정으로 가득 차 있었다. 훈련을 무사히 마쳐 세계 최고의 네이비씰 정예 요원이 되겠다는 꿈에 부풀어 있었던 것이다. 이 꿈을 위해 이들은 지난 몇 년간 준비해 왔다. 하지만 이 중 대부분은 지옥 주간이 시작된 지 마흔여덟 시간이 채 안 돼 잔혹한 현실 앞에 무릎을 꿇고 말았다. 그만두고 싶은 이들은 언제든 그만둘 수 있었다. 각 훈련장이나 막사 앞에 설치된 종을 세 번 치면 자동으로 자퇴 처리가 된다. 네이비씰이 되겠다고 모인 훈련생 중 3분의 2 이상이 종을 세 번 울린 후 중도 포기한다.*

지옥 주간은 체력 테스트 과정이 아니다. 어느 정도 이상의 운동 능력이 필요하지만 그것만으로는 부족하다. 어차피 수중 폭파 훈련에서 살아남은 훈련생은 누구나 충분한 체력을 갖고 있었다. 지옥 주간은 육체가 아니라 정신을 시험하는 기간이다. 기수에서 운동 능력이 가장 뛰어난 훈련생이 지옥 주간을 견디지 못하는 경우도 흔했다. 결단력과 의지, 창의력과 협동 정신을 고루 갖춘 훈련생만이 살아남았다. 이런 훈련을 통해 우리는 육체적 강인함뿐 아니라 아무리 열악한 상황에서도 무너지지 않는 정신력을 갖춘 훈련생들을 뽑아냈다.

불과 몇 년 전, 나도 바로 이 해변에서 지옥 주간을 견뎌 냈다. 101명으

---

* 네이비씰 대원이 되기까지 총 훈련 기간은 24주의 수중 폭파 훈련을 포함해 71주다. 수중 폭파 훈련 통과율은 평균 20퍼센트 정도. 71주의 훈련을 마치면 네이비씰 대원이 되며, 이후 18개월의 병과 훈련을 마쳐야 비로소 전투 현장에 투입된다.—옮긴이

로 시작한 우리 기수는 지옥 주간이 끝났을 때 40명만 남았다. 운동 신경이 가장 좋던 녀석과 목소리만 크던 덩치가 맨 먼저 그만뒀다. 지옥 주간을 통과한 뒤 우리는 육체적·정신적 한계를 훌쩍 뛰어넘었음을 깨달았다. 이 정도의 고통과 비참함, 피곤함을 견뎌 낼 수 있을 줄은 우리 자신도 미처 몰랐다. 그게 바로 지옥 주간의 목적이었다.

이제 나는 푸른색과 금빛이 섞인 티셔츠를 입고 해변에 서 있다. 두 번의 이라크 파병을 마친 뒤 해군 특수전 훈련 센터에서 장교 후보생을 교육하는 임무를 맡았다. 일과 후에는 지옥 주간 교관으로 참여한다. 수중 폭파 훈련 교관들을 감독하는 일이다. 교관들은 훈련생들을 시험에 들게 하는 데 도가 튼 사람들이다. 그런 시험을 통해 네이비씰 대원이 될 자격이 없는 자들을 가차 없이 걸러 낸다. 교관으로 지옥 주간을 참관하는 것은 완전히 새로운 경험이었다.

수중 폭파 훈련 교육생들은 팀으로 묶인다. 우선 키 순서대로 7명이 한 팀이 된다. 이들을 '승조원'이라고 한다. 팀마다 고무보트 한 척씩을 배정한다. 제2차 세계 대전 당시 해군 수중폭파팀의 유산인 이 보트는 해군이 보유한 배 중 가장 작지만 맨손으로 들기에는 끔찍할 정도로 크고 무겁다. 검은색에 노란색 테두리가 쳐진 이 커다란 고무보트의 무게는 100킬로그램에 육박하고 그 안에 물과 모래를 채우면 훨씬 더 무거워진다.

교육생들은 수중 폭파 훈련 기간 내내 이 무시무시한 보트를 어디를 가든 가지고 다녀야 한다. 보통은 7명의 승조원이 머리에 이고 다닌다. 이 보트를 들고 6미터가 넘는 모래 언덕을 오르내리며 백사장 몇 킬로미터를 수시로 달린다. 해군 코로나도 훈련 기지에서는 훈련생들이 보트를 짊어지고 젖 먹던 힘을 다해 앞서가는 교관을 쫓아가는 모습을 심심찮게

볼 수 있다. 악명 높은 장애물 코스를 통과할 때도 이 육중한 보트를 들고 전신주와 담벼락을 넘어 줄 사이를 뚫고 지나가야 한다. 바다에서는 태평양의 거센 파도를 헤치며 노를 저어야 하는데, 종종 배가 뒤집히면 훈련생들과 노가 뿔뿔이 흩어져 해변으로 밀려온다. 마치 소설 속 난파선처럼 보이기도 한다. 이 재수 없는 고무보트가 승조원들에게는 엄청난 굴욕과 비참함의 원천인 셈이다. 보트 앞쪽에는 조를 구분하기 위해 밝은 노란색 숫자가 적혀 있다. 키가 가장 작은 훈련생들로 구성된 조의 보트는 조금 다르다. 이 조는 '스머프'라고 불리며, 보트 앞머리에 밝은 파란색으로 스머프 그림이 그려져 있다.

각 조의 선임은 조장이 되어 교관에게 받은 지시를 전달하고 조원들을 이끈다. 조장은 해당 조의 성적에 책임을 져야 한다. 조원이 성과를 제대로 내지 못하면 리더인 조장은 교관에게 엄청난 문책을 당한다.

네이비씰 훈련 기간에 훈련생들은 끊임없는 경쟁을 통해 발전한다(사실, 네이비씰 복무 기간 내내 그렇다). 수중 폭파 훈련에서는 네이비씰 교관의 판정에 따라 승리한 팀이 점수를 가져간다. 교관들은 훈련 때마다 '승자는 보상받는다'라는 말을 반복하여 경쟁심을 지속적으로 끌어올린다.

지옥 주간의 보트 경주에서 승리한 팀은 다음 경주 열외라는 보상을 받는다. 쉴 새 없이 이어지는 혹독한 훈련 중 잠깐이나마 숨 돌릴 틈을 얻게 되는 것이다. 열외 중 잠자는 것은 허락되지 않지만, 잠시 앉아서 쉬는 것도 꿀처럼 달콤하다. 승자에게 보상이 있다는 규칙은 반대로도 작용한다. 패자가 되면 정말 비참해진다. 교관들 눈엔 2등도 그저 패배자 중 하나일 뿐이다. 나머지 그룹과 격차가 심하게 나거나 꼴찌를 하는 등 성적이 안 좋으면 가혹한 벌칙이 뒤따른다. 그러잖아도 이미 지옥 주간 훈련으로 녹초가 된 마당에 추가적인 얼차려까지 받아야 한다. 반면 승리한 팀은 패배자들이 다시 한번 경주하는 것을 앉아서 지켜보며 승리를 만끽한다. 몇 분 동안은 젖지 않아도 되고 추위에 떨지 않아도 된다.

네이비씰 교관들은 보트 경주를 계속 진행하며 훈련생들을 굴린다. 조장에게 일부러 세세하고 복잡한 지시를 내리기도 한다. 조장은 이를 조원들에게 전달하고 조원들은 녹초가 된 상태에서도 있는 힘을 다해 이행해야 한다. 교관의 명령은 확성기로 '조장 앞으로!'라고 외치면서 시작된다. 조장들이 보트 옆에 있다가 교관 앞으로 달려 나와 도열한다. 그러면 교관은 다음 경주의 규칙을 전달한다.

"보트를 저어 서프 존으로 간 다음 보트를 버린다*. 다시 보트를 저어 해변에 표시된 지역으로 간다. 해변에 도착해 모래 언덕을 넘어 표시된 반환점을 돌아 줄타기 장애물까지 머리로 보트를 운반한다. 그리고 다시 언덕을 넘어 여기로 온다. 알았나?"

교관의 설명이 끝나고 조장들이 자기 조원들에게 달려가 지시를 전달하면 경주가 시작된다. 통상적인 '제자리에, 준비, 출발' 구호 대신 네이비씰 지휘관들은 '대기, 격파!'라는 구호를 쓴다. 구호가 떨어지는 순간 모두 일제히 출발한다.

어떻게 만년 꼴찌 6조가 갑자기 1등을 할 수 있었을까?

어느 경주에나 두드러지는 조가 있다. 이번 지옥 주간에서는 2조가 그랬

---

* dump boat : 보트를 뒤집어 모두 바다로 뛰어든 다음 보트를 바로 세운 뒤 올라타는 것.

다. 이들은 거의 모든 경주에서 승리했다. 2조 팀원들은 언제나 젖 먹던 힘까지 다했고, 조화를 이루며 한 팀으로 움직였다. 2조에는 훌륭한 조장이 있었다. 조원들은 동기 부여를 강하게 받아 좋은 성과를 냈다. 이들은 서로의 약점을 보완해 주고 서로 도왔다. 또 그 보상으로 얻은 승리에 자부심을 느꼈다. 이들은 승리할 때마다 몇 분간의 짧지만 소중한 휴식을 즐겼다. 그동안 다른 조들은 다시 한번 고통스러운 경주를 소화하느라 허덕였다. 춥고 지치긴 2조도 마찬가지였지만, 이들의 얼굴에는 미소가 남아 있었다. 아주 특별한 성적을 올리고 있었기에 사기가 높았다.

반면 6조는 정반대의 이유로 눈에 띄었다. 그들은 거의 매번 꼴찌를 하고, 나머지 조에 비해 멀찍이 뒤처졌다. 팀으로 움직이기보다 각자 따로 놀았고, 자기 조의 성적에 좌절하고 분노했다. 서로 제 몫을 하지 못한다며 욕하고 비난하는 소리가 멀리서도 들릴 정도였다. 그들은 각자 자기가 아프고 불편한 것만 신경 썼다. 조장도 예외가 아니었다. 그 역시 자기 조가 뒤처진다는 것을 잘 알고 있었다. 하지만 조장이나 조원들 모두 노력해 봤자 안 된다고 생각하는 것 같았다. 그 결과 그들은 매번 형편없는 성적을 받을 수밖에 없었다.

"6조, 똑바로 못 하나!"

교관의 목소리가 확성기를 통해 쩌렁쩌렁 울렸다. 훈련에서 필요 이상으로 교관의 눈길을 끌면 어김없이 불행한 결과로 이어진다. 모든 교관의 눈은 6조를 향해 있었고, 당연히 상응하는 처벌이 내려졌다. 그 결과 6조의 불행은 열 곱절로 불어났다. 모래 언덕까지 달리기, 입수, 낮은 포복 같은 얼차려가 가해졌다. 가장 고통스러운 것은 팔 뻗어 보트 나르기였다. 머리 위로 팔을 쭉 편 채로 고무보트를 들고 뛰면 어깨가 빠질 것 같은 고통이 온다. 그러잖아도 지치고 사기가 땅에 떨어진 판에 이런 얼차려까지 받으니 남아 있던 한 방울의 기력마저 모두 소진되고 정신 상태가 너덜너덜해진다.

젊은 초짜 장교인 조장은 더 많은 주목을 받았다. 리더로서 그는 6조의 형편없는 성적에 대해 책임이 있었지만 그의 태도는 그렇지 않았다. 마치 운이 없어서 그렇게 됐다는 투였다. 자기가 아무리 노력해 봤자 이런 형편없는 조원들로는 도리가 없다고 생각하는 듯했다.

나도 6조 조장을 계속 눈여겨봤다. 리더십이 나아지지 않으면 그는 끝내 이 프로그램을 수료하지 못할 것이었다. 네이비씰 장교에게 성과를 내는 것보다 중요한 일은 훌륭한 지도력을 발휘하는 것이다. 지금까지 6조 조장이 보여 준 성과는 기대에 못 미치는 정도가 아니라 용납할 수 없는 수준이었다.

네이비씰의 주임 상사 또한 6조와 그 흐리멍덩한 조장에게 관심을 보였다. 주임 상사는 우리 네이비씰 교관 중에서 가장 경험이 많고 모두에게 존경받는 사람이었다.

"6조, 보트를 내려놓는다. 실시."

주임 상사가 6조 조장에게 말했다. 주임 상사가 전장에서 적을 지리게 만들던 날카로운 눈빛으로 훈련생들을 노려봤다. 골리앗 같은 거대한 체구를 지닌 그는 존경받는 뛰어난 리더이자 수많은 초급 장교가 롤모델로 삼은 인물이기도 했다. 그런 주임 상사가 형편없는 6조에 대해 흥미로운 해결책을 내놓았다.

"제일 잘하는 조하고 제일 못하는 조의 조장을 한번 바꿔 봅시다."

무겁고 거추장스러운 보트, 지친 조원들, 차가운 바다, 까슬까슬한 모

래, 경쟁해야 하는 다른 조들 등 다른 모든 변수를 그대로 둔 채 딱 하나,
조장만 바꾼다는 것이었다.

'그걸로 무슨 변화가 생길까?'

나는 의아했다.

주임 상사의 아이디어가 재빨리 다른 교관들에게 전달됐다.

"2조, 6조 조장 앞으로!"

교관이 확성기에 대고 외쳤다. 순식간에 두 사람이 달려 나와 앞에 섰다.

"지금부터 너희 둘은 조를 바꿔 지휘한다. 6조 조장, 너는 이제 2조 조장
이다. 2조 조장, 너는 이제 6조 조장이다. 알겠나?"

당연히 2조 조장은 내키지 않아 했다. 지금까지 함께한 최고의 팀을 떠
나기 싫을 터였다. 자기 팀이 빼어난 성과를 낸 데 대한 자부심도 컸다. 형
편없는 팀을 새로 맡는 것은 어려운 일이고, 자칫하면 교관들로부터 원
치 않는 관심을 받을 수도 있었다. 그렇지만 감히 교관에게 대들 수는 없
는 노릇이었다. 선택의 여지 없이 그는 결의에 찬 표정으로 임무를 받아
들였다.

6조 조장은 기가 살아난 게 뻔히 보였다. 자기 잘못은 없고, 단지 운이
나빠서 열등생들이 모인 팀에 배치됐다고 생각하는 듯했다. 그가 보기에
6조는 아무리 노력해도 나아질 가망이 없었다. 이제 교관이 2조를 맡으
라고 하자, 그는 드디어 정의가 실현됐으며 한결 수월해질 거라고 믿는
표정이었다.

지시를 받은 두 조장은 바뀐 자리로 가 다음 경주를 준비했다. 이전과
다름없이 복잡한 경주 규칙이 하달되고, 이어 각 조장이 그 지시를 조원
들에게 전달했다.

"대기, 격파!"

교관의 구호에 훈련생들이 모래사장을 뛰쳐나갔다.

우리 교관들은 조원들이 보트를 들고 모래 언덕을 넘어 서핑 존까지 달려 나간 후 검은 바다로 뛰어드는 모습을 지켜보고 있었다. 훈련생들은 보트에 올라타 격렬하게 노를 저었다. 높은 파도를 헤치고 보트를 뒤집었다가 다시 올라탄 후 해변으로 다가왔다. 교관 차량에서 비춘 전조등 불빛이 보트 테두리에 그려진 노란색 띠에 반사됐다. 너무 멀어서 보트 숫자는 보이지 않았지만 두 보트가 나란히 질주하며 치열한 선두 경쟁을 벌이는 것은 알아볼 수 있었다. 훈련생들은 해변에서 800미터쯤 나갔다가 반환점을 돌아 다시 해안 쪽으로 노를 젓고 있었다. 보트가 전조등 범위 안으로 들어오면서 숫자가 뚜렷하게 보였다. 6조 보트가 2조를 근소하게 앞서고 있었다. 6조는 결국 결승선까지 선두 자리를 빼앗기지 않았다. 그들이 승리한 것이다.

기적 같은 반전이었다. 6조가 꼴찌에서 선두로 단번에 치고 올라온 것이었다. 조원들은 한마음이 되어 힘을 모아 승리했다. 2조는 여전히 잘했지만 경주에서 아깝게 졌다. 2조는 다음번 경주에서도 6조와 선두 경쟁을 벌였다. 이후 이 두 조는 훈련 기간 내내 다른 나머지 조들보다 나은 성적을 유지했고, 6조가 대부분 승리를 차지했다.

충격적인 변화였다. 같은 조원, 같은 환경에서 리더만 바뀌었을 뿐인데 6조는 꼴찌에서 최고가 됐다. 서로를 향해 퍼붓던 욕설과 원망도 사라졌다. 이들에게 쏟아지던 교관들의 따가운 눈총과 얼차려도 사라졌다. 이 놀라운 변화를 직접 목격하지 않았다면 나 역시 그 결과를 믿지 못했을 것이다. 하지만 이것은 극한의 오너십에 관한 가장 근본적이고 중요한 진실을 분명하게 드러낸 사례였다.

'나쁜 팀은 없다. 오직 나쁜 리더만 있을 뿐이다.'

리더 한 사람을 바꿨다고 전체 그룹의 성과가 180도 바뀌는 것이 어떻게 가능할까? 답은 이렇다. 리더십은 팀의 성과에 있어 가장 중요한 단일 변수다. 팀의 성패는 모두 리더에게 달려 있다. 성과를 이끌어 내는 것도, 이끌어 내지 못하는 것도 모두 리더에게 달려 있다. 이는 팀 전체를 관할하는 최상급 리더 한 사람에게만 국한되는 이야기가 아니라, 팀 내 모든 소그룹 리더에게도 해당된다.

내가 훈련생일 때는 미처 몰랐던 것들

나 역시 수중 폭파 훈련의 고통스러운 지옥 주간 동안 조장을 맡았다. 늘 잘한 것은 아니어서 실패도 여러 번 경험했다. 우리 조가 성적이 안 나왔을 때는 내가 팀을 이끄는 역할에 온몸을 던지지 못했기 때문이다. 그때를 돌아보면 더 잘할 수 있었을 텐데 하는 아쉬움이 남는다. 때로는 조원들을 한계 이상으로 강하게 몰아붙여야 했다. 조장을 하면서 까마득히 멀리 보이는 결승선 대신, 바로 코앞에 있는 목표에 조원들을 집중시키는 것이 훨씬 효율적이라는 중요한 사실을 깨달았다. 예를 들어 해변의 표시 지점, 지형지물, 100미터 앞에 있는 도로 표지판 같은 것들이다. 눈앞에 있는 즉각적인 목표를 향해 혼신의 힘을 다한 후 바로 그다음 목표로 나아갔다. 그런 단기적 목표들이 한데 모여 우리 조의 성적이 크게 향상될 수 있었고, 결국에는 우리 기수 중 가장 먼저 결승선을 통과할 수 있었다.

돌이켜 보면 큰소리는 덜 내고 격려를 더 할 수도 있었을 것이다. 조장으로서 나는 교관들로부터 조원들을 보호하려고 나름대로 최선을 다했다. 당시 상황을 '그들 대 우리'라는 시각으로 봤기 때문이다. 특히 우리 조 전체의 성적을 끌어내리는 만년 저성과자 몇 명의 보호막 역할을 자처했다. 하지만 지옥 주간이 끝나고 다른 조원들과 대화를 나누면서 정신력 약한 조원들을 억지로 끌고 왔다는 걸 깨달았다. 그러지 않았으면 이들은 절대 기준을 통과하지 못했을 것이다. 하지만 그런 식의 의리는 잘못된 것이었다. 실전에 배치됐을 때 실력이 떨어지는 대원들과 같이 전투에 나가고 싶지는 않을 것이다. 그것을 다른 네이비씰 대원들에게 강요할 수도 없다. 결단력 부족한 훈련생들을 걸러 내고 높은 기대 수준에 부합하는 훈련생들만 길러 내는 게 교관들의 임무였다. 어떻게 보면 내가 그 임무를 방해한 셈이었다.

궁극적으로 우리 조의 성적은 전적으로 내 몫이었다. 나쁜 팀은 없으며, 오직 나쁜 리더만 있다는 개념은 쉽게 와닿지 않을지도 모른다. 하지만 최고의 성과를 내는 팀을 이끌려면 리더가 이 개념을 온전히 이해하고 실행해야 한다. 리더는 팀의 성과를 저해하는 문제들을 비롯해 모든 것에 책임을 지고 해결책을 마련해야 한다. 팀이 평균을 훌쩍 뛰어넘는 성과를 내는 것은 리더가 높은 목표를 제시하고, 그 목표를 위해 팀원들이 협동하게 만들고, 여러 제약 조건을 개선하려고 부단히 노력할 때만 가능하다. 팀 내에 극한의 오너십 문화가 배어 있으면 모든 팀원이 자발적으로 움직여 확실하게 최고의 성과를 낼 수 있다.

수중 폭파 교관으로 참여해 훈련 장면을 지켜보면서, 나는 지옥 주간처럼 가혹한 훈련도 그저 훈련일 뿐이라는 생각이 들었다. 조만간 네이비씰 장교가 되어 전장에 투입될 어린 조장들은 전투 현장에서 짊어져야 할 리더십의 무게를 아직 이해하지 못한다. 전쟁터에서 리더가 느끼는 압박은 그들의 상상을 뛰어넘는다.

이번 지옥 주간 몇 주 전만 해도 나는 네이비씰 소대장으로 이라크 라마디에서 전투를 지휘했다. 적에게 점령당해 이라크에서 가장 격렬한 전투가 벌어지는 그 도시에서 중화기와 죽음도 불사한 결의로 무장한 적에 맞서 셀 수도 없을 만큼 많은 싸움을 치렀다. 매 순간 생과 사의 경계를 넘나들었다. 나를 비롯한 리더들이 내린 무수한 결정은 어느 때고 치명적인 결과로 이어질 수 있었다. 우리는 반군 수백 명을 사살하고 아군을 보호하며 전세에 큰 영향을 미쳤다. 나는 그런 성취를 자랑스럽게 여긴다. 하지만 이라크 전투 중 처음으로 전우인 마크 리를 잃었을 때는 모든 것을 잃은 것처럼 가슴이 아팠다. 마크는 믿음직한 동료이자 훌륭한 전사였으며, 가장 힘든 순간에도 모두를 웃게 만드는 유머 감각을 타고난 친구였다. 그는 미군이 라마디 중남부에서 벌인 최대 규모의 전투에서 적의 총탄에 맞아 목숨을 잃었다. 마크는 내 친구이자 형제였다. 나는 그의 지휘관으로서 그의 생명에 궁극적인 책임이 있었다. 내가 경미한 총상을 입은 바로 그때 마크는 총에 맞아 즉사했다. 나는 집으로 돌아왔지만, 그는 그러지 못했다. 그 절망감은 말할 수 없이 컸다.

브루저 기동대 델타 소대 소속 마이크 몬수어에게도 애도를 표한다. 내 소대원은 아니었지만 그 역시 내 친구이자 형제였다. 그는 다른 동료들을 구하기 위해 수류탄 위로 몸을 던졌다. 그를 아는 모든 사람이 그를 사랑하고 존경했다.

마크 리가 살해된 바로 그 날 찰리 소대의 소중한 동료인 라이언 잡 역시 적군의 저격수가 쏜 총알에 얼굴을 맞았다. 워낙 부상이 심해 당시에는 그가 살아날지 장담할 수 없었다. 다행히 목숨을 건졌으나 왼쪽 눈의 시력을 완전히 잃었다. 그런 비극도 그의 의지와 열정은 꺾지 못했다. 해군 병원에서 퇴원한 뒤 꿈에 그리던 여성과 결혼했고, 대학교 경영학과에 들어가 학점 4.0으로 졸업했다. 한쪽 눈이 멀었지만 라이언은 미국에서 다섯 번째로 높은 4392미터의 레이니어산 정상을 등정했고, 엘크 사냥을 다녔다(사냥용 특수 조준경이 장착된 소총을 사용했다).* 라이언은 빼어난 네이비씰 대원이었으며, 주변 모든 사람에게 좋은 영향을 주는 놀라운 동료이자 친구였다. 다른 사람들처럼 자신의 처지를 탓할 법도 했지만, 그는 결코 그러지 않았다. 그와 함께할 때마다 우리는 끊임없이 웃음을 터뜨렸다. 첫아이 출산을 앞두고도 라이언은 흥분을 감추지 못했다. 라이언과 그의 가족이 그런 고통 속에서도 꿋꿋이 살아가는 모습을 보면서 다행이라고 생각하던 무렵, 수술 도중 그가 목숨을 잃고 말았다. 전쟁에서 입은 상처를 치료하려던 수술이었고, 그 상처는 내가 지휘한 전투에서 입은 것이었다. 그의 사망 소식을 들었을 때 내가 느낀 충격은 형언하기 어려울 정도였다.

내 소대원이던 마크와 라이언의 죽음은 내가 평생 안고 가야 할 마음의 짐이다. 마이크 몬수어의 상관이던 델타 소대장도 나와 같은 심정일 것이다. 브루저 기동대장인 조코 소령은 이 모든 짐을 짊어졌다. 물론 사망한 전우들의 가족과 친구들이 갖는 상실감은 나보다 훨씬 깊을 것이다. 앞으로 최선을 다해 이들을 돕는 게 나의 임무다.

---

* 라이언의 이런 다채로운 야외 활동은 상이군인을 돕는 비영리 단체 '캠프 패트리엇'의 도움이 있었기에 가능했다.

아무리 힘든 훈련도 실전에 비하면 아무것도 아니다

아직 정식 네이비씰 대원이 되지 않은 젊은 후보생들을 보면서 이런 생각을 했다. 앞으로 얼마나 막중한 책임이 자신을 기다리고 있을지 이들은 결코 알 길이 없을 것이라고. 물론 수중 폭파 훈련은 고되고, 지옥 주간은 끔찍하게 고통스럽다. 하지만 훈련생들을 죽이려고 달려드는 사람은 없다. 훈련 중에 하는 결정도 생사와는 관련이 없다. 잘못된 결정 하나가 국가 간 충돌로 이어져 다음 날 신문 헤드라인에 실리고, 반전 여론을 자극해 우리가 지금껏 해 온 노력을 위태롭게 만들 일도 없다. 그러나 실제 현장에 투입되면 우리가 이라크에 있을 때 그런 것처럼 이런 일들을 겪어야 한다.

수중 폭파 훈련을 마친 초짜 네이비씰 장교 후보생들은 우리가 운영하는 5주짜리 초급 장교 훈련 프로그램에 배치된다. 이 프로그램에서는 리더십 함양에 주력한다. 전투 현장에 있을 때 누가 미리 가르쳐 줬으면 좋았겠다고 생각한 모든 것을 훈련생들에게 전수하기 위해 최선을 다했다. 프로그램 마지막 주에는 마크 리와 마이크 몬수어를 추모하는 단축 마라톤 대회를 열었다. 샌디에이고 서쪽 해변 지역인 포인트 로마의 가파른 절벽을 오른 뒤 마크와 마이크가 묻혀 있는 포트 로즈크랜스 국립묘지까지 8킬로미터를 달리는 경주였다. 태평양이 바라다보이는 묘지 앞에 초임 장교들을 모아 놓고 고귀한 두 전사의 이야기를 들려줬다. 마크와 마이크의 유산이 후배들에게도 이어지기를 바라는 마음이었다. 이들에 관한 이야기를 들으며 후보생들은 자신들이 짊어질 책임이 얼마나 막중하며, 남을 이끌고 지휘하는 역할이 얼마나 무거운 짐인지 조금이나마 느껐을 것이다.

훈련소 과정을 마치고 전장에 나가 네이비씰 소대장으로 복무하게 되면 모든 책임과 의무가 이들의 어깨에 놓인다. 소대의 성과가 미흡할 경우 이들이 전적으로 책임져야 한다. 답이 없어 보이는 문제도 어떤 식으로든 해결해야 하고, 장애물을 극복해 팀과 함께 임무를 완수해야 한다. 그러려면 '나쁜 팀은 없으며, 오직 나쁜 리더만 있을 뿐'이라는 교훈을 완벽하게 체득해야 한다.

승리의 원칙
나쁜 팀은 없다, 오직 나쁜 리더만 있을 뿐

《뒤로 돌아 – 한 미국 전사의 방랑기》를 쓴 데이비드 해크워스 전(前) 미육군 대령은 네이비씰을 비롯한 최전방 지휘관들에게 많은 영향을 미친 인물이다. 그는 한국 전쟁과 베트남 전쟁 참전 경험과 거기서 배운 교훈을 이 두꺼운 회고록에 상세히 담았다. 말년의 삶에 대한 논란이 있지만, 그는 전투 지휘관으로서는 정말 대단한 인물이었다. 해크워스 대령은 책에서 제2차 세계 대전 때 독일군과 일본군에 맞서 싸운 은사의 가르침을 소개했다. '나쁜 부대는 없다, 오직 나쁜 장교만 있을 뿐'이라고. 이 짧은 문장 안에 극한의 오너십에 관한 정수가 담겨 있다. 어떤 리더도 선뜻 받아들이기 어렵겠지만, 이 말에는 높은 성과를 내며 승리하는 팀을 만들기 위한 비밀이 담겨 있다.

극한의 오너십을 체화한 리더가 팀에 높은 수준의 성과를 요구할 때 명심할 것이 있다. 목표 수준은 리더가 뭐라고 말하느냐에 따라 정해지는 것이 아니라 어떻게 행동하느냐에 의해 결정된다. 나쁜 성과에 책임지는 사람이 아무도 없고 어떠한 조치도 취하지 않고 넘어간다면, 목표 수준을 어떻게 설정했건, 그리고 얼마나 힘주어 강조했건 나쁜 성과가 새로운 기준이 된다. 실패에 대한 조치가 꼭 즉각적이고 가혹할 필요는 없다. 하지만 리더는 높은 수준의 기대치가 달성될 때까지 임무를 반복시켜야 한다. 그리고 조직 전체에 극한의 오너십이 배어드는 방향으로 기대 수준을 밀어붙여야 한다.

리더는 팀 내 각기 다른 요소들이 유기적으로 조화를 이룰 수 있게 만들어야 한다. 그러면서 각자 독립적으로 임무 수행에 몰두하도록 해야 한다. 앞서 서술한 수중 폭파 훈련을 예로 들어 보자. 사람들은 대부분 6조 조원들처럼 승리한 팀의 일원이 되고 싶어 하지만 어떻게 해야 할지 모른다. 혹은 동기 부여나 격려가 필요할 때도 있다. 팀에는 각기 다른 멤버들의 힘이 임무를 달성하는 데로 모이도록 만들어 줄 원동력이 필요하다. 이게 바로 리더십의 역할이다.

극한의 오너십이 위에서 아래까지 팀 전체에 정착되면, 팀의 성과가 계속 향상된다. 강력한 리더가 잠시 사라져도 크게 동요하지 않는다. 전장에서는 핵심 지휘관이 쓰러졌을 경우에 대한 대비가 얼마나 잘되어 있는지가 팀의 성공에 결정적인 역할을 한다. 기업에서도 핵심 역할을 하는 인물이 자리를 비우거나 조직을 떠나는 일이 자주 생긴다. 그러므로 모든 팀은 유사시에 대비해 한 단계 아래 리더가 상관의 역할과 책임을 수행할 수 있도록 대비해야 한다. 그래야 팀의 임무가 끊이지 않고 이어져 목표를 달성할 수 있다.

리더는 절대 만족해서는 안 된다. 더 나아지기 위해 끝없이 분투하고,

이런 마음가짐을 팀에 전파해야 한다. 그리고 리더 자신과 팀의 성과를 잔인할 만큼 객관적이고 정직하게 평가해야 한다. 훌륭한 리더는 약점을 파악하면 이를 강화할 방법을 찾는다. 위기가 닥치면 그것을 극복할 대안을 내놓는다. 어디서든 최고의 조직은 역량을 더 강화하고 목표치를 상향해 끊임없이 나아가려는 마음을 갖고 있다. 이런 정신은 개인으로부터 시작해 모든 팀원에게 전파돼 팀의 문화가 되고 새로운 기준으로 자리 잡는다. '나쁜 팀은 없다, 오직 나쁜 리더만 있을 뿐'이라는 사실을 인식하는 것이 극한의 오너십을 향한 첫걸음이며, 이를 체화한 리더는 전장에서 상대를 압도하는 팀을 갖게 될 것이다. 그 전장이 어디든 말이다.

원칙 활용법
훌륭한 리더는 변명하는 대신 해결책을 찾는다

"극한의 오너십이란 개념, 아주 마음에 드네요."
어느 회사의 대표가 말했다.

"우리 회사에서 활용해 볼 수 있겠어요. 우리 조직 자체는 꽤 탄탄한 편인데, 핵심 리더 중 오너십이 부족한 사람들이 좀 있어요. 우리 회사를 좀 도와주셨으면 합니다."

기업 중역들을 대상으로 한 강연에 연사로 참여했다가 만난 금융 서비스 회사 창업자였다. 극한의 오너십이라는 개념에 끌려 강연이 끝난 뒤 개인적으로 대화를 요청한 참이었다.

"도울 수 있게 돼 기쁩니다."

나는 몇 차례 통화로 그의 회사 사정과 업계 동향을 파악하고 회사를 방문해 임원들과 면담을 진행했다. 그러고 나서 각 부서장과 핵심 리더들을 위한 리더십 프로그램을 만들었다.

프로그램 첫날 대표가 찾아와 방 안에 있는 사람들에게 나를 소개하면서 적지 않은 비용을 들여 프로그램을 만든 이유를 설명했다.

"우리는 지금 지고 있어요."

대표가 담담하게 말했다. 최근 야심 차게 출시한 신상품에 대한 시장의 반응이 좋지 않았고, 그 때문에 회사는 적자를 내고 있었다. 회사가 기로에 놓인 상황이었다.

"우리는 극한의 오너십을 장착해야 합니다. 그게 무엇인지는 여기 레이프가 설명할 겁니다. 그렇게 되면 우리는 다시 궤도에 올라 승리할 수 있습니다."

대표는 말을 마친 뒤 회사 고위 간부들과 부서장들을 내게 맡기고 방을 나갔다. 나는 간략한 자기소개에 이어 극한의 오너십이 어떻게 모든 팀의 성패에 결정적인 역할을 하는지 핵심을 추려 설명했다. 그런 다음 참석자들과 토론을 시작했다.

"극한의 오너십을 여러분이 맡은 팀에 적용해서 회사 성공에 기여하려면 어떻게 해야 할까요?"

내 질문에 회사의 핵심 리더 중 한 사람인 최고 기술 책임자(CTO)가 방어적인 태도를 보였다. 회사의 주요 상품들을 개발한 주역인 그는 극한의 오너십 개념이 마음에 들지 않는 듯했다. 왜 그런지 금방 알아챘다. 그는 신상품 개발 책임자로서 참혹한 실패의 책임을 지고 싶지 않은 것이었다. CTO는 자기 팀이 실패하고 회사의 재정에 타격을 입힌 이유에 대해 장황한 설명을 늘어놓았다. 신상품 실패의 원인을 나쁜 시장 상황, 종잡을 수 없는 업계, 팀 내의 신참들, 판매팀과의 불통, 고객 서비스 부재 등으로 돌리는 데 부끄러움이 없었다. 심지어 회사 내 다른 중역들에게도 책임을 돌렸다. 회사 대표는 모두가 나아지지 않으면 회사가 문을 닫아야 할지도 모른다고 분명히 말했다. 하지만 CTO는 스스로 실패를 짊어지거나 자기 팀이 부족하다는 사실을 인정할 생각이 없어 보였다.

나는 수중 폭파 훈련 이야기를 들려주면서 6조가 새로운 리더 아래 극적인 반전을 이룬 일화를 소개했다. 그러면서 '나쁜 팀은 없으며, 오직 나쁜 리더만 있을 뿐'이라는 말의 의미를 설명했다.

"저도 수중 폭파 훈련 조장을 하면서 조원들이 버둥대는 모습을 수없이 봤습니다. 우리 조의 성적이 왜 안 좋은지, 왜 제대로 안 되는지 핑계 대는 건 쉬웠겠죠. 하지만 좋은 리더는 변명하지 않는다고 저는 배웠습니다. 대신 해결책을 찾아 승리하지요."

"말씀하신 보트 경주 사례에서 두 조장은 어떤 차이가 있었습니까?"

핵심 부서를 책임지고 있는 어느 부서장이 물었다.

"6조 조장은 자기 조가 나아질 수 있다고 생각하지 않았습니다. 당연히 승리할 거라고도 생각하지 않았죠. 이런 부정적 태도가 팀 전체에 전염됐습니다. 실패하는 팀이 늘 그렇듯이 6조 조장도 자기 팀의 나쁜 성적에 대해 수많은 핑계를 댔습니다. 그는 다른 조장들이 운이 좋아서 잘하는 팀에 배치됐다고 믿었습니다. 그가 보기엔 부당한 거죠. 운명의 신이 자신과 자기 조원들에게 불이익을 줬다, 그렇게 정당화했습니다. 이런 태도는 팀이 반성하고 나아질 길을 찾는 데 방해가 됐습니다. 결과적으로 6조 조장과 조원들은 임무가 아니라 자기 자신에게만 초점을 맞추게 됐지요. 자신의 피곤함, 비참함, 고통, 괴로움 같은 것들 말이죠. 교관들이 아무리

다그쳐도 6조는 나아지려는 의지를 보이지 않고 형편없는 성적을 당연하게 여겼습니다. 부족한 리더십 아래에서 서로를 끊임없이 비난하면서 패배를 거듭했습니다. 아무도 오너 노릇을 제대로 하지 않았고, 책임지려고도 하지 않았어요. 승리하려는 태도를 갖추지도 못했죠."

다른 부서장이 물었다.

"그럼 새 조장은 뭐가 달랐던 겁니까?"

"2조 조장은 6조를 맡고 나서 극한의 오너십을 보여 주었습니다. 그는 현실을 있는 그대로 받아들였어요. 6조의 성적이 지금까지 형편없었다는 것을 인정하면서도 나아져야 하고 나아질 수 있다고 믿었습니다. 그는 아무도 비난하지 않았고, 나쁜 성적을 정당화하려고 변명하지도 않았습니다. 다른 누군가가 자기 조의 문제를 해결해 주기를 기다리지도 않았어요. 냉철하게 실패를 인정하고 여러 가지 문제점에 대해 오너십을 가진 게 결국 승리의 열쇠였습니다. 가장 중요한 건 그가 '승리할 수 있다고 믿었다'는 점입니다. 조원 모두 안 될 거라고 생각하는 상황에서도 조장은 팀이 나아지고 승리할 수 있다고 믿었다는 게 핵심이죠."

나는 말을 이어 갔다.

"6조의 새 조장은 조원들이 임무에만 몰두하게 했습니다. 말다툼이나 내분을 방관하지 않고 팀을 하나로 모으고 목표 달성에 전력을 다하게 만들었어요. 점점 새롭고 높은 기준을 제시하면서 조원들이 여기에 못 미치는 것을 용납하지 않았죠."

또 다른 부서장이 물었다.

"그렇다면 2조는 강력한 조장을 잃은 뒤에도 어떻게 계속 좋은 성적을 낸 겁니까? 새 조장은 능력이 한참 떨어졌는데요."

"극한의 오너십, 그러니까 좋은 리더십은 전염됩니다. 2조의 원래 조장은 극한의 오너십 문화를 다른 조원들에게 이미 주입했던 거죠. 그래서 2조는 승리할 줄 아는 우수한 조원들로 단단히 뭉친 팀이 돼 있던 겁니다. 조원들은 서로에게 최고의 성과를 요구했어요. 뛰어난 성과가 반복되면 습관이 됩니다. 각 조원은 승리하기 위해서는 무엇이 필요한지를 알았고, 실제로 그렇게 했죠. 더 이상 조장의 구체적인 지시가 필요 없는 수준이 된 겁니다. 그 결과 2조는 계속 다른 조보다 좋은 성과를 냈고, 경주마다 6조와 선두 경쟁을 벌일 수 있었습니다."

나는 6조 조장에게 일어난 일을 설명했다. 2조를 맡은 6조 조장은 이제 식은 죽 먹기일 거라고 생각했다. 하지만 실제로는 우수한 조원들에게 뒤처지지 않으려고 무척 애를 써야 했다. 6조 조장은 이날 중요한 교훈을 배웠다. 훌륭한 리더십을 지닌 새 조장이 자기 조를 완전히 변모시켜 불가능해 보이던 일을 해내는 모습을 목격한 것이다. 비록 그 전까지는 실패한 리더였지만 6조 조장은 그 소중한 교훈을 잊지 않고 수중 폭파 훈련을 수료한 뒤 네이비씰 장교로 훌륭하게 복무하고 있다.

"요컨대, 여러분 팀의 성패는 오로지 여러분에게 달려 있습니다. 극한의 오너십은 핵심 리더인 여러분이 옳은 결정을 내리고 승리할 수 있도록 돕는 개념입니다."

CTO가 툴툴거렸다.

"우리는 지금도 옳은 결정을 내리고 있습니다."

표정이 사뭇 심각했다. 그의 발언에 놀라 이렇게 물었다.

"이 회사가 승리하고 있지 못하다는 건 모두 인정하지 않았나요?"

CTO가 단호하게 받아쳤다.

"그럴지도 모르죠. 하지만 옳은 결정은 이미 내리고 있습니다."

"승리하지 못한다는 것은 여러분이 옳은 결정을 내리지 못하고 있다는 뜻입니다."

당신도 '뒤틀린 천재'일지 모른다

자신이 옳다는 독선의 늪에 빠져 실수와 실패의 책임을 남에게 돌리는 데 몰두하다 보니 CTO는 궤변도 서슴지 않았다. 극한의 오너십과 정반대의 태도를 보인다는 점에서 그는 6조 조장과 닮아 있었다. 그는 팀의 성과를 개선하기 위해 의미 있는 행동을 취하지도 않았고, 팀을 몰아붙이지도 않았다. 더군다나 자기 팀이 기준에 못 미치고 개선의 여지가 있다는 점조차 인정하지 않았다. 대표가 분명 회사 상황이 대폭 개선돼야 한다고 말했는데도 말이다.

CTO는 남을 비난하는 데만 급급할 뿐 책임지기를 거부하고 있었다. 네이비씰에 있을 때 나와 동료 교관들은 이런 유형의 훈련생을 '뒤틀린 천재'라고 불렀다. 그런데 CTO가 바로 그런 사람이었다. 이런 '뒤틀린 천재'들은 명백한 실패와 근거 있는 비판에도 실수에 대한 책임을 인정하지 않는다. 대신 변명과 비난으로 일관한다. 그들은 이 세상이 자신의 천재성을 못 알아보거나 제대로 평가할 줄 모른다고 생각한다. 이런 정신 상태를 가진 사람은 팀에 재앙 같은 존재다.

긴 토론을 통해 부서장 대부분은 극한의 오너십을 이해하고 인정하게 됐다. 하지만 CTO는 예외였다. 워크숍이 끝난 뒤 만난 대표가 물었다.

"어떻게 됐습니까?"

"워크숍은 잘됐습니다. 참석자 대부분 극한의 오너십이라는 개념을 잘 받아들이더군요. 하지만 큰 문제가 하나 있습니다."

"누군지 맞혀 볼까요? 우리 CTO죠?"

"맞습니다. 그분은 극한의 오너십 개념을 거부했어요."

나는 네이비씰에 있을 때나 기업을 컨설팅할 때 이런 유형의 사람들을 이미 봐 왔다. 어느 집단에나 책임을 회피하려는 사람들이 있기 마련이다. 하지만 그 CTO는 특히 심각했다.

"그는 제가 지금까지 많이 봐 온 '뒤틀린 천재' 중에서도 최악이더군요."

대표 역시 그가 문제라는 걸 인지하고 있었다. 그러잖아도 CTO가 다른 팀 리더들과 협업에 서툴러 골치를 앓고 있다고 했다. 하지만 대표는 그의 경험과 지식이 회사에 매우 중요하다고 생각해 차마 해고하지 못하고 있었다. CTO가 마치 면책 특권이라도 있는 듯 구는 것에는 그런 사정이 깔려 있었다. 내가 말했다.

"제가 대표님에게 누구를 자르라고 말할 수는 없습니다. 그건 전적으로 대표님께서 결정할 문제니까요. 하지만 이건 말씀드릴 수 있습니다. 목표 성과와 관련해서 제일 중요한 것은 대표님이 뭐라고 얘기하느냐가 아니라 어떻게 행동하느냐입니다. 대표님께서 CTO에게 극한의 오너십을 분명하게 요구해야 합니다. 실수를 인정하고, 남을 비난하는 것을 멈추고, 팀을 성공으로 이끌라고 말입니다. 대표님이 이대로 내버려 두면 좋은 성과나 승리는 기대할 수 없습니다."

한 주가 지난 후 나는 대표에게 전화를 걸어 진행 상황을 물어봤다. 그가 흥분하며 말했다.

"임원들은 대체로 극한의 오너십 개념을 진심으로 받아들였습니다. 하지만 CTO는 나아지질 않더군요."

그는 CTO가 자기 사무실로 찾아와 극한의 오너십이 부정적인 반향을 일으킬 것이라고 경고했다고 전했다. 가소로운 소리였다. 내가 대답했다. "극한의 오너십에 부정적인 반향 따윈 없습니다. 리더는 딱 두 종류가 있습니다. 좋은 리더와 나쁜 리더. 팀을 성공으로 이끄는 좋은 리더는 극한의 오너십을 보입니다. 그 외는 모두 나쁜 리더일 뿐입니다."

CTO와 그가 이끄는 팀의 형편없는 성과가 그 증거였다. 그의 불쾌한 태도는 팀은 물론이고 회사 내 다른 팀에까지 영향을 미쳐 불협화음을 만들었다. 대표도 이를 알고 있었다. 그의 회사는 패배를 거듭하는 상황이었다. 자기 손으로 세운 회사의 운명과 직원들의 생계를 생각하면 회사가 망하게 놔둘 수 없었다. 그들은 승리가 절실했다.

결국 그는 CTO를 내보내고 사람을 새로 뽑았다. 신임 CTO는 전임자와 달리 극한의 오너십을 가진 사람이었다. 그의 팀은 다른 부서와 성공적으로 협업하기 시작했고, 이 같은 팀워크는 회사가 반등하는 데 결정적인 역할을 했다. 존망의 위기에 몰렸던 회사가 다시 제 궤도에 올라 수익을 내며 성장하기 시작했다. 이 회사의 성공담은 전장이 어디든 리더십이야말로 가장 중요하다는 사실을 다시 한번 보여 준다.

리더십은 팀의 성패에 있어 가장 중요한 단일 변수다. 승리를 위해 리더는 팀원들과 함께 최고의 성과를 낼 방법을 찾아야 한다. 네이비씰 훈련장에도, 저 멀리 떨어진 전쟁터에도, 혹은 기업 경영 현장에도 나쁜 팀은 없다. 오직 나쁜 리더만 있을 뿐이다.

CHAPTER 3

남을 설득하기 위해
반드시 갖춰야 할 자기 설득의 기술

조코 윌링크

'이건 말도 안 돼. 완전 개소리라고.'

'이라크 보안대와 함께 작전을 수행하라'는 상부의 작전 명령서를 보고 기가 막혔다. 내가 이라크에서 첫 파병 근무를 하던 당시 네이비씰 부대는 다른 미군이나 나토(NATO : 북대서양 조약 기구) 연합군 특수작전팀과는 별도로 독자 임무를 수행했다. 그런데 재래식 군인들과 함께 일하라는 지시가 내려온 것이다. 그것도 그냥 군인이 아니라 이라크군과 말이다.

세계 최악의 이라크군과 함께 작전을 수행하라고?

우리 네이비씰 브루저 기동대는 고도의 훈련을 받은 정예 요원들이 최고

이라크 말랍 구역에서 미 육군, 해병, 네이비씰 브루저 기동대가 이라크군과 벌인 합동 작전 도중 이라크 병사들이 부상당한 동료를 부축하여 위험 지역을 벗어나고 있다.

의 성과를 낸다는 점에서 프로스포츠팀과 비슷했다. 대원들은 서로를 속속들이 알아서 눈빛만 봐도 마음이 통했다. 어둠 속에서 윤곽만으로도 서로를 알아봤다. 이는 대원들이 네이비씰 기본 훈련 코스인 수중 폭파 훈련을 비롯해 다년간 혹독한 훈련과 임무를 함께하며 얻은 결과였다. 사막과 도시와 바다에서 차량, 보트, 비행기, 헬리콥터, 혹은 도보로 작전을 펼칠 때 네이비씰 대원들은 늘 함께했다. 엄청난 압박 속에서도 목표물을 정확하게 맞힐 때까지 수천 발씩 사격 연습을 했다. 단지 개인들의 집합이 아니라 진정한 한 팀이 되어 작전을 수행할 수 있을 때까지 훈련에 훈련을 거듭하며 수백 시간을 쏟아부었다. 그런 노력의 결과로 우리는 혼돈으로 가득한 전장에서도 마치 정밀하게 설계된 기계처럼 정확하고 효율적으로 작전을 수행할 수 있었다.

우리는 육체적 한계를 시험하는 전투에서도 고난도 임무를 수행할 수 있도록 항상 최상의 몸 상태를 유지했다. 턱걸이와 팔 굽혀 펴기를 수백 개씩 하고, 몇 킬로미터씩 달리기를 하며, 무거운 바벨을 들고, 거친 파도를 거슬러 헤엄쳤다. 모두 전투에 대비하기 위해서였다. 간혹 훈련 스케줄이 없는 날에는 체육관에서 강도 높은 운동으로 스스로를 단련했다. 기지 내에 체육관이 없으면 도로에서 전속력으로 달리기를 하거나, 주차장에서 타이어를 끌거나, 바닥에 매트를 깔아 놓고 주짓수* 대련을 했다. 강인한 신체를 유지함으로써 언제든 최고의 전력으로 전투에 임할 수 있게 준비하는 것이다. 모든 대원은 항상 최상의 신체 컨디션을 유지해야 했다. 작전에서 제 몸을 건사하며 절대 쓰러지지 않기 위해서였다. 모든

---

* 일본 전통 무예인 유술에서 유래한 실전형 격투기. 상대방의 힘과 체중을 역이용해 제압하는 기술로, 특수 부대원이나 격투기 선수들이 필수적으로 익히는 무술이다. – 옮긴이

대원은 수십 킬로그램에 달하는 전투 장비를 장착한 상태로 부상당한 동료를 둘러업고 안전지대까지 후송할 수 있는 체력을 갖추어야 했다. 네이비씰에서 대련을 통해 서로의 강인함을 끊임없이 시험하는 것은 일종의 전통이었다.

네이비씰이 사용하는 장비 또한 세계 최고 수준이다. 암호 통신기, 야간 투시경, 적외선 레이더 조준기, GPS 위치 표시계, 첨단 특수 소재로 만든 방탄조끼와 헬멧……. 이런 장비들을 제대로 사용하면 압도적인 전략적 우위를 점할 수 있다.

그런데 나는 방금 내 친구이자 형제이며, 고도로 훈련된 전사들인 우리 브루저 기동대가 세계 최악의 오합지졸로 알려진 이라크 병사들과 함께 작전을 수행하라는 지시를 받은 것이다. 이라크 병사들은 대부분 가난하고 무학인 데다 훈련도 받지 않았고, 영양 상태도 형편없었다. 무엇보다 싸울 의지가 없었다. 이라크의 암울한 경제 상황으로 인해 단지 돈을 벌려고 입대한 이가 많았다. 그래서 전투가 치열해지면 탈영하는 경우도 허다했다.

물론 그들 입장에선 이라크군에 입대한다는 것 자체가 목숨을 거는 일이었다. 군인이 타지에서 복무하는 동안 그 가족들이 테러리스트로부터 목숨을 위협받는 경우도 종종 있었다. 당연히 이라크군 중에도 괜찮은 이들이 있었지만 군인으로서 제 몫을 할 사람은 극소수에 불과했다. 대다수 이라크 군인의 전투 능력은 전 세계 어느 부대에 갖다 놔도 기준 미달이었으며, 점증하는 반군의 위협에 대처하기에는 한참 모자랐다.

2003년 미국이 이끄는 임시 연합체는 사담 후세인의 이라크군을 완전히 해체했다. 새로운 이라크군은 거기서 시작했다. 훈련은 체계적이지 않앉고 모든 과정은 얼렁뚱땅 넘어갔다. 이라크군의 군사 훈련은 아무리 좋게 봐줘도 애들 장난이었다. 심지어 아예 훈련을 받지 않은 병사도 허다했다. 장교 중에는 뇌물을 주고 계급장을 딴 이도 많았다. 징집된 어린 병사들 목표는 승리가 아니라 생존이었다. 이들은 팔 굽혀 펴기를 몇 개도 제대로 하지 못할 만큼 허약했다. 이라크군은 전략적 측면에서도 큰 허점을 보였다. 그들은 위험하고 무모한 작전을 감행하기 일쑤고 기본적인 안전 절차를 무시하는 일도 다반사였다.

더구나 이라크 병사 중에는 연합군이나 새 이라크 정부에 대한 충성심이 의심스러운 이들도 있었다. 이라크 병사 대부분은 시아파인데 이들 중 상당수가 무끄타다 사다르*를 민족 영웅으로 여겼고, 소수의 수니파 병사들은 사담 후세인에 대한 충성심을 간직하고 있었다. 그러다 보니 이라크 병사가 미 육군과 해병대 자문관에게 총구를 돌렸다는 보고가 끊이지 않았다. 이런 상황에서 어떻게 신뢰가 쌓이겠는가.

훈련뿐 아니라 장비도 형편없었다. 전투 장비는 말할 나위도 없고 기본적인 야영 장비조차 제대로 갖추지 못했다. 어떤 병사들은 군화가 없어 운동화나 샌들을 신고 다녔다. 통일된 군복이 없어 미 군복, 소련 군복, 중동 지역 군복 등을 입은 병사들이 뒤섞여 있다 보니 아군과 적군을 구분하기가 어려웠다. 반군 역시 여러 나라 군복과 장비를 걸쳐 입는 통에 더욱 그랬다.

이라크 병사들이 멘 탄띠는 소련 시대 누더기 천으로 만들어져 AK-47

---

* 이슬람 근본주의를 추구하는 이라크 시아파 급진 세력의 지도자. 후세인 정권 몰락 후 이란의 후원을 받아 민병대를 조직해 미군과 연합군에게 거세게 저항했다. 시아파와 수니파는 이슬람 양대 종파로 아랍 국가 중 시아파가 다수인 나라는 이라크와 이란뿐이다. 사담 후세인은 자국 내 소수파이던 수니파 지도자로, 다수파인 시아파를 통치했다.

소총 탄창 주머니가 떨어지는 일이 종종 있었다. 그들은 반군에게서 압수한 소총을 개인 화기로 들고 다녔는데, 대부분 이라크나 중국에서 제조한 짝퉁이었다. 그것들은 모양도 볼품없고, 성능도 러시아제 진품에 한참 뒤떨어졌다. 조정간이 녹슬어 탄착점 조정이 안 되는 소총도 흔했다. 그런 그들에게 야간 투시경이나 레이저 조준기, 첨단 통신기가 있을 리없었다. 심지어 단순한 손전등조차 소지한 이가 거의 없었다. 방탄복은 낡고 해져서 효과가 있을지 의심스러웠다.

우리에게 떨어진 지시는 이런 이라크군에 장비를 보급하고 이들을 체계적으로 훈련시켜 반군과 맞설 수 있는 군대를 만들라는 것이었다. 당시 반군은 미군을 상대로 더욱 강화된 전력을 과시하고 있었다. 적의 공격이 덜한 지역이라면 안전한 기지에서 적절한 훈련 프로그램으로 이라크 병사들을 훈련시키면 된다. 기초 군사 훈련과 각종 보병 전술을 가르쳐 적 점령지 순찰에 대동하면 큰 방해가 되지는 않을 것이다. 하지만 이곳은 반군의 근거지이자, 안바르주에서도 가장 치열한 전투가 벌어지는 라마디였다. 우리에게는 치러야 할 전투, 방어해야 할 기지, 쓰러뜨려야 할 적군이 이미 산더미처럼 쌓여 있었다. 이런 상황에서 이라크 병사들을 작전 수행이 가능한 수준에 이르도록 훈련시킨다는 건 불가능했다. 그러나 아무튼 세계 최악의 오합지졸 이라크군과 함께 적진에 들어가 무자비한 광신도 반군과 싸우라는 게 우리에게 떨어진 임무였다.

왜 자꾸 위에서는 말도 안 되는 지시를 내리는 걸까?

원래 네이비씰은 총소리가 난 쪽으로 달려가는 부대로 유명하다. 하지만 총소리가 난 쪽으로 달려가는 일은 다른 네이비씰 대원들과 함께 있을 때 훨씬 수월하다. 나와 같은 훈련을 받고, 같은 장비로 무장하고, 같은 언어를 쓰는, 한마디로 믿을 수 있는 누군가가 내 등 뒤를 지켜 준다는 믿음은 큰 용기를 준다. 그러나 내가 모르는 누군가에게, 같이 일해 본 적도 없고, 훈련도 안 되어 있고, 기강도 해이하고, 언어도 다르고, 신뢰도 안 가는 누군가에게 생명을 맡겨야 한다면 아무리 네이비씰이라도 주저하게 된다. 끈끈한 전우애야말로 네이비씰의 최강 무기다. 그걸 빼앗아 간다면 우리는 가장 중요한 것을 잃는 셈이다.

이라크 병사들과 함께 작전을 수행하라는 지시가 떨어지자 브루저 기동대원들은 강하게 반발했다. 적들의 위협이 극단적인 상황에서 굳이 리스크를 더할 이유는 없었다. 하지만 우리에게 떨어진 명령은 바로 그렇게 하라는 것이었다.

나 역시 '절대 불가' 입장이었다. 이건 단순히 리스크의 문제가 아니었다. 왜 모든 이점을 스스로 포기한 채 불이익을 안고 전장으로 뛰어들어야 하는가. 말도 안 되는 임무였고 절대 성공하지 못할 작전이었다. 충성심이 의심스러운 오합지졸 이라크군과 함께 적군을 상대로 싸우는 상상만 해도 화가 치밀어 올랐다. 자살행위나 다름없었다.

그런데 어느 순간 브루저 기동대 지휘관으로서 너무 우리 부대 입장만 앞세운 건 아닌가 하는 생각이 들었다. 어쨌든 명령은 떨어졌고, 나는 어떻게든 성공시켜야만 했다. 그래서 잠시 의심을 거두고 이렇게 물었다.

도대체 왜 이걸 해야 하는 걸까? 이라크에 주둔 중인 야전 사령부부터 미국 백악관에 있는 최고 통수권자까지 군 지휘부가 네이비씰에 이처럼 위험천만한 임무를 내린 이유가 뭘까? 최고의 동료들과 함께해도 쉽지 않은 전투인데, 왜 상황을 더 어렵게 만들려고 할까?

나는 관점을 바꿔 보기로 했다. 현장 지휘관의 관점에서 한발 물러나 전략적 관점에서 이 문제를 생각해 보기로 했다. 바그다드 사령부나 펜타곤에 있는 장성처럼 말이다. 그들은 최전방에서 한참 떨어져 있지만 목표는 우리와 다르지 않았다. 그들의 목표 또한 '승리'하는 것이니까.

우리 모두가 바라는 승리는 무엇일까? 전통적 의미의 군사적 승리는 당연히 아닐 것이다. 우리가 싸우는 적들은 항복이나 평화 조약 따위는 안중에도 없다. 이곳에서의 승리란 이라크가 비교적 안전하고 안정된 나라가 됐을 때 비로소 달성되는 것이었다.

나는 계속 자문했다. 어떻게 하면 이라크군이 자기 나라의 안전을 스스로 지킬 수 있게 될까? 그러려면 뭔가 실마리가 있어야 했다. 이라크군을 전장에서 빼내 안전한 장소에서 훈련시킬 여유가 없다면 실전에서 가르치는 수밖에 없다. 이라크군이 반군으로부터 자기 나라를 지킬 수준에 도달하지 못한다면 과연 누가 이 나라를 지킬 것인가? 대답은 자명했다. 바로 미군이다. 미군은 남의 나라를 지키느라 몇십 년 동안 이곳에 발이 묶일지도 모른다.

훈련과 장비, 사기가 모두 부족한 이라크 정규군과 중화기 및 살의로 뭉친 반군 간의 전력 차이는 상당했다. 라마디에서 미군이 기지 통제권을 이라크군에 넘겨주자마자 반군이 쳐들어와 10여 명의 이라크군을 살해하고 기지를 빼앗는 일이 반복됐다. 이 과정에서 미군 해병대나 이라크군에 파견된 육군 자문관들이 종종 목숨을 잃었다. 이라크군은 반군의 상대가 안 됐다. 이라크군이 뛰어난 반군들을 격퇴할 수준까지 올라가려면 몇 세대가 걸릴지 알 수 없었다. 체계적으로 훈련을 시킨다고 해도 비실비실한 병사들이 노련한 적군을 이길 수 있을지 장담 못 할 노릇이었다.

이라크군을 직접 상대할 일 없는 후방의 고위 장성들이 이라크군의 심각한 상태를 알 턱이 없었다. 이라크군은 한마디로 최악이었다. 훈련을 아무리 시킨다고 해도 이들을 훌륭한 병사로 만들 수는 없어 보였다. 하지만 어쩌겠는가. 지금보다 더 나빠질 리는 없고 그럭저럭 괜찮은 정도까지는 만들 수 있지 않겠는가.

생각이 여기까지 미치자, 우리 브루저 기동대와 다른 미군 연합군이 할 수 있는 일이 있다는 걸 깨달았다. 이라크 병사들, 그들 말로 '준디스(jundhis)'라고 하는 이들이 고성능 무기와 굳은 결의로 무장한 적들을 제압하기란 거의 불가능했다. 하지만 이보다 약한 적들을 상대할 정도는 될 수 있다. 그렇다면 우리가 반군의 화력을 떨어뜨리면 된다. 네이비씰을 비롯한 미군이 훈련과 전투 자문을 통해 이라크군의 실력을 향상시키는 한편, 반군을 격퇴해 전력을 약화시켜야 한다. 그렇게 해서 이라크군과 경찰이 어느 정도의 평화를 스스로 유지할 수 있게 된다면, 그것이 바로 진정한 승리로 가는 길이다. 따라서 우리 브루저 기동대가 전장으로 나아가 반군에게 치명적인 손실을 입혀야 한다. 하지만 지휘부 승인 없이 독단적으로 작전을 펼칠 수는 없다. 우리보다 몇 달 앞서 라마디에 파병된 다른 네이비씰 기동대는 이라크군을 배제한 단독 작전 계획을 여러 차례 세우고 승인을 요청했으나, 대부분 거부당했다. 작전 승인을 받으려면 이라크 병사들을 반드시 데리고 나가야 했다. 우리가 적 영토에 쳐들어가 반군을 때려눕히려면 이라크군이라는 입장권이 필요한 셈이었다. 이런 생각 끝에 지금의 상황을 이해하고 사령부의 큰 그림에 대한 믿음이 생겼다. 이제 부대원들을 이해시키고 믿게 만들 차례였다.

부대원들의 불만을 잠재운 한마디

브루저 기동대원 전원을 회의실로 불러 모았다.

"다들 소문 들었겠지? 앞으로는 작전 때마다 이라크군을 데리고 다녀야 한다."

여기저기서 욕설과 한숨이 터져 나왔다.

"이제부터 우리는 모든 전투에서 준디스와 함께한다."

이번에는 더 큰 불만과 욕설이 쏟아져 나왔다. 최전방에서 임무를 수행하는 네이비씰 대원들의 공통된 의견은 명확했다.

"그게 말이 됩니까?"

부대원들의 노골적인 불만을 잠재우며 내가 말했다.

"나도 안다. 이곳 라마디 전장은 위험하지. 어렵고. 그런데 왜 이라크군과 같이 싸우길 강요하며 더 어렵게 만드는 걸까?"

'젠장, 그러게요'라고 말하듯 여기저기서 고개를 끄덕였다.

"자, 내가 하나 물어보지. 만약 이라크군이 스스로 나라를 지킬 수준이 안되면, 그 일을 누가 하게 되겠나?"

회의실이 일순간 조용해졌다. 나는 요점을 강조하려고 같은 질문을 다시 던졌다.

"다시 말하지만, 만약 이라크군이 스스로 나라를 지킬 수준이 안되면, 누가 이라크를 지키게 되겠나?"

대원들의 시선이 나에게 쏠렸다. 그들 역시 답을 알고 있었다. 하지만 우리가 '왜' 이런 지시를 받았는지 전 대원에게 더 확실하게 이해시키기 위해 내가 답을 말했다.

"이라크군이 하지 못하면 그 일을 할 사람은 딱 하나뿐이네. 우리지. 우리가 이 친구들을 키우지 못하면 우리는 내년에도, 그다음 해에도 여기서 전투를 하고 있을 거야. 미군은 여기에 수십 년간 발이 묶이겠지. 아마우리 아들과 손자들이 이라크를 지켜야 할 거야."

이라크군과 함께해야 한다는 데 대한 반감이 여전히 남아 있었지만, 대원들이 이 임무를 전략적 관점으로 보기 시작했다는 걸 느낄 수 있었다. 나는 말을 이어 갔다.

"아무리 훈련시켜 봐야 이라크군이 우리가 원하는 수준에는 훨씬 못 미칠 거라는 걸 자네들이나 나나 잘 알고 있다. 하지만 적어도 지금보다는 나아지게 할 수 있다. 그들을 도와줄 다른 방법들도 있다. 우리가 라마디에서 적들을 격퇴해 반군의 전력을 약화시키면 공격의 강도를 낮추겠지. 그렇게 되면 그때는 이라크군이 스스로 치안 유지를 맡을 수 있을지도 모른다."

몇몇이 고개를 끄덕였다.

"그런데 그렇게 하려면 우리는 모든 임무와 작전에 승인을 얻어야 한다. 그리고 작전 승인을 받으려면 반드시 이라크군을 대동해야 한다. 혹시 여기까지 이해 안 되는 사람 있나?"

회의실 안이 조용했다. 모두가 이해한 것이다. 위험한 전장에서 이라크군과 함께 싸우라는 지시에 대원들이 모두 기뻐서 펄쩍 뛸 필요는 없다. 하지만 대원들은 자신이 맡은 임무에 대한 최소한의 믿음이 있어야 한다. 그러려면 왜 그 일을 해야 하는지를 먼저 이해해야 한다.

회의를 마친 후 나는 소대장과 분대장들을 불러 왜 이 임무가 중요한지 더 자세히 설명했다. 그리고 앞으로는 이라크군이 포함되지 않은 작전 개념(CONOPS : 상부의 승인을 받기 위해 작전 개요를 설명한 문서)은 제출하지 말라고 지시했다. 레이프가 물었다.

"소령님이 전에 이라크에 계셨을 때는 늘 단독 작전을 하시지 않았습니까. 그게 효과가 없었단 뜻입니까?"

다른 소대장과 분대장들도 내 대답을 기다렸다.

"그래, 내가 2년 전 여기에 있을 땐 살상·체포 작전을 전부 독자적으로 수행했지. 그리고 이라크 전역의 다른 연합군 부대들도 그렇게 해 왔어. 그런데 알아야 할 게 있어. 지난 2년간 적의 공격이 300퍼센트 증가했다. 300퍼센트! 이곳 상황은 점점 안 좋아지고 있어. 승리하고 싶다면 뭔가 다른 시도가 필요한 시점이야."

나는 말을 계속했다.

"앞으로 자네들의 모든 작전에 이라크군이 함께한다. 이라크군은 우리에게 '뭔가 다른 것'을 하게 해 줄 열쇠이자 작전 허가증이야. 우리는 최대한 빨리, 최선을 다해 이라크 병사들을 준비시킨다. 그들과 함께 싸우게 될 거야. 그리고 이라크군이 스스로 적들과 싸울 수 있을 때까지 우리가 적을 분쇄해야만 한다. 질문 있나?"

더 이상 질문은 없었다. 가장 기본적인 질문에 대한 답이 이미 나왔기 때문이다. 나 자신이 일단 상부에서 내려온 지시를 분석하고 이해할 수 있게 되자 그 작전에 대한 믿음을 가지게 됐다. 만약 작전에 대한 믿음이 없다면 결코 부하들을 납득시킬 수 없었을 것이다. 게다가 내가 부대원들 앞에서 작전에 대해 의구심을 나타냈다면 부대원들의 불신과 조롱도 한껏 증폭됐을 것이다. 작전에 대한 믿음이 없으면 전력을 다하기 어렵고, 결국 작전은 실패했을 것이다.

하지만 내가 먼저 작전을 이해하고 믿게 되자 그 이해와 믿음을 부하들에게 진심을 담아 명료하게 전달할 수 있었다. 그러자 부대원들도 이유를 납득하고 작전에 헌신할 수 있게 됐다. 앞으로 다가올 불가피한 도전을 감내하며, 우리에게 주어진 과업을 달성할 마음의 준비를 갖추게 된 것이다.

대부분의 참모는 내 설명에 수긍했지만, 여전히 불만을 가진 대원들이 있었다. 우리는 그들에게 이라크군을 훈련시키는 것이 왜 중요한지를 끊임없이 설파했다.

내가 하는 일에 대한 확실한 믿음이 중요한 까닭

그렇게 해서 두 번째 파병 기간 내내 우리 부대는 모든 주요 작전을 이라크군과 함께했다. 이라크 병사들은 예상대로 멍청하고 위험한 행동으로 작전을 엉망으로 만들곤 했다. 한번은 한 이라크 병사가 AK-47 소총 조정간을 자동으로 해 놓은 상태에서 무심결에 방아쇠를 당기는 바람에 총알 십여 발이 바로 옆에 있던 네이비씰 대원을 살짝 비켜 간 일이 있었다. 그런가 하면 어떤 이라크 병사는 교전 중 달아나면서 AK-47 소총을 등 뒤로 난사해 네이비씰 대원과 다른 이라크군을 맞힐 뻔한 적도 있다. 레이프 소대장이 그 병사의 총을 빼앗았다. 또 한번은 이라크군과 순찰을 돌다 적과 교전한 적이 있는데 한 이라크 병사가 총에 맞아 쓰러지자 이라크인 동료들이 그를 길거리에 내팽개쳐 두고 지원을 요청하러 간 적이 있다. 그래서 우리 대원 2명이 총알이 빗발치는 길거리를 가로질러 가서 부상당한 이라크 병사를 구조해야만 했다. 그 밖에도 이라크 병사들을 훈련시키고 함께 전투를 하면서 수시로 심한 좌절감을 맛봤다.

그런데 전혀 예상치 못한 상황에서 이라크군이 중요한 역할을 한 경우도 적지 않았다. 가령 네이비씰 대원들은 건물의 문을 강제로 열 때 대형 해머나 폭약을 주로 사용했다. 이는 문을 여는 확실한 방법이지만 매우 큰 소음이 나기 때문에 주변 모든 사람에게 우리의 위치를 노출시킨다는 치명적인 단점이 있었다. 하지만 이라크 병사들은 문의 잠금 방식을 잘 알고 있어서 조용하고 손쉽게 문을 땄다. 그들은 또 적군과 아군을 기가 막히게 구분했다. 민간인이 북적이는 곳에 비무장 상태의 반군이 섞여 있으면 미국인의 눈으로는 알아채는 게 거의 불가능하다. 하지만 이라크 군은 옷차림이나 버릇, 아랍어 억양 등을 통해 타지 출신 반군을 신통하게 골라냈다. 지역의 특색과 문화를 잘 아는 이라크 병사들 덕분에 적을 이해하고 식별하기가 한결 수월했다.

6개월쯤 지났을 무렵 우리는 라마디에서도 가장 치열한 전투가 벌어지는 전장의 중심까지 이라크군을 대동하게 됐다. 작전 중 이라크군 여러 명이 죽고 다쳤다. 브루저 대원 중에는 여전히 툴툴거리는 이들도 있었지만, 그들과 우리 사이에 어느 정도 기본적인 동료애가 형성된 것은 분명했다. 생사를 넘나드는 어려운 작전을 공동으로 수행하며 함께 피와 땀과 눈물을 흘린 결과였다.

미군 제1기갑사단 소속 레디 퍼스트 여단이 주축이 돼 펼친 '장악, 정리, 유지, 건설' 전략을 통해 미군은 결국 라마디에서 반군을 몰아냈다. 우리는 모든 작전 계획에 이라크군을 포함해 상부의 승인을 얻어 냈고, 적진 깊숙이 침투해 적에게 심대한 타격을 가했다. 이로써 미군과 해병대가 이 지역에 안정적인 기지를 건설할 수 있는 여건을 마련했다. 미군이

상주하며 치안을 유지하자 반군의 전력은 나날이 약화됐다. 그러자 어쩔 수 없이 반군을 지원하던 주민들도 미군과 이라크군 쪽으로 돌아섰다. 시간이 흐를수록 폭력의 빈도가 극적으로 줄고 반군의 위협도 눈에 띄게 약화됐다. 우리가 그곳을 떠날 때쯤에는 지역이 안정을 되찾아 이라크군이 독자적으로 작전을 수행할 정도가 되었다. 자체적인 지휘 통제 아래 도시를 순찰하고 반군과 교전해 적군을 생포 또는 사살할 만한 전력을 갖추게 된 것이다. 모든 면에서 작전은 대성공이었다.

승리의 원칙
무엇을 해야 하는지 말하기보다 왜 해야 하는지를 설명하라

일이 제대로 굴러가려면 참여한 사람들이 임무의 필요성에 공감해야 한다. 임무의 필요성을 부하들에게 설득하려면 우선 리더가 그 임무에 대한 진정한 믿음이 있어야 한다. 부하들이 '그럴 만한 가치가 있나요?'라고 물으며 의심할 때도 리더는 대의에 대한 신념을 가져야 한다. 리더에게 신념이 없다면 승리를 향해 가는 과정에서 불가피하게 맞닥뜨리는 리스크를 감당할 수 없다. 신념이 없는 리더는 최일선에서 임무를 실행하는 부하들을 설득할 수 없다. 리더는 자신이 개인의 이해를 뛰어넘는 대의(大義)의 일원이라는 사실을 늘 인식하고 행동해야 한다. 그리고 이런 믿음을 현장 책임자들과 팀원들에게 전파해야 한다. 어떤 팀이나 조직이 승리를 거두고 거대한 목표를 달성하는 데 있어 훈련이나 장비보다 훨씬 중요한 것이 바로 임무에 대한 확고한 믿음이다.

많은 경우 리더는 자신의 생각과 비전을 임무와 일치시켜야 한다. 한 사람의 리더가 임무에 대한 믿음을 가지면, 그 믿음은 지휘 계통 위아래로 퍼져 나간다. 확실한 믿음과 자신감에서 나오는 말과 행동은 단단하다. 반대로 믿음이 흔들리면 말과 행동도 흔들린다. 생각과 비전이 임무와 일치하지 못하면 위기가 찾아온다. 리더가 확신이 없으면 팀원들은 그걸 바로 눈치챌 수밖에 없고, 그러면 그들의 믿음에도 의문이 생긴다.

리더는 코앞의 전술적 임무에만 매몰되어선 안 된다. 그 전술이 전략적 목표에 어떤 식으로 기여하는지 이해해야 한다. 만약 하달된 명령이 이해가 안 되거나 미심쩍다면 리더는 이런 질문을 던져야 한다. 왜일까? 왜 우리에게 이런 명령을 했을까? 리더는 한발 뒤로 물러나 상황을 해체하고 전략적 관점에서 큰 그림을 분석해야 한다. 그렇게 하면 어떤 결론에 도달하게 될 것이다. 스스로 만족스러운 대답을 얻지 못한다면 이해가 될 때까지 상부에 물어야 한다. 일선 지휘관과 부대원들이 왜 그런 지시가 떨어졌는지 이해하면 그들은 앞으로 나아갈 수 있다. 자신들이 하는 일에 대한 확실한 믿음이 있기 때문이다.

같은 맥락에서 고위 리더는 아래 단계의 리더들에게 임무를 설명하고 그들의 의문을 풀어 줄 시간을 반드시 가져야 한다. 그래야 그들도 이유를 이해하고 믿음을 가질 수 있다. 군대나 회사뿐만 아니라 어떤 조직이든 일선 현장에서 일하는 실무자들이 고위 리더만큼 전략적인 큰 그림을 보는 것은 불가능하다. 따라서 고위 리더가 자신이 이해한 전략적 목표, 즉 행동의 이유를 구성원들에게 전파하는 것은 매우 중요하다.

어떤 조직에서든 조직의 사명과 구성원들의 믿음이 가지런히 정렬되어 있어야 한다. 어느 단계에선가 정렬이 틀어졌다면 반드시 바로잡고 수정해야 한다. 군대나 기업에서 고위 리더들이 일부러 조직을 망치는 결정을 내리지는 않을 것이다. 하지만 하급자들이 특정한 전략적 결정을 이해하지 못하거나 신뢰하지 못하는 경우는 많다. 그러므로 하위 리더들은 상부에 질문을 던지고 구성원들의 반응을 보고해야 한다. 그래야 상부의 전략적 결정이 일선 현장에서 실제로 어떻게 이행되는지 정확히 파악할 수 있다.

임무에 대한 믿음은 챕터 8에서 설명할 '지휘권 분산'과 연결된다. 리더는 뭘 할지를 지시하는 사람이 아니라 '왜 하는지'를 설명하는 사람이다. 본인이 이해가 잘 안 될 때는 상급자에게 물어보는 게 현장 리더가 할 일이다. 각 단계의 리더들이 임무에 대한 이해와 믿음을 가져야 자기 구성원들에게 전달하는 것이 가능하다. 그렇게 되면 구성원들은 어려움을 인내하고 임무를 수행해 마침내 승리를 거둘 것이다.

원칙 활용법
왜 직원들은 이해할 수 없는 결정에 관해 묻지 않는 걸까?

"새로운 보상 체계는 엉망이에요."

한 중간 관리자가 말했다.

"이 계획대로 하면 제일 우수한 영업 사원들은 회사를 나가 버릴걸요."

다른 사람들이 고개를 끄덕였다.

나는 어느 회사의 중간 관리자들을 대상으로 단기 리더십 계발 프로그램을 진행하던 중이었다. 토론 과정에서 회사 곳곳에 심각한 스트레스와 균열이 있음을 알게 됐다.

이 회사 고위층은 최근 영업팀의 보상 체계 개편안을 발표했다. 실적이 나쁜 영업 사원의 수당을 큰 폭으로 삭감한다는 것이 골자였다. 나는 수강생들에게 질문을 던졌다.

"뭐가 문제인가요?"

한 관리자가 답했다.

"이러면 영업 사원을 관리하기가 어려워져요. 도움이 안 된다고요."

또 다른 관리자가 거들었다.

"요즘 같은 시장에서 그게 얼마나 어려운지 윗분들은 몰라요. 보상 체계가 바뀌면 직원들은 경쟁사로 떠나 버릴 겁니다."

누군가 또 나섰다.

"직원 중에 벌써 이런 소문을 들은 사람도 있어요. 불만이 엄청난데, 설득할 방법이 없어요. 저 역시 이 계획을 못 믿겠는데요!"

내가 간단한 질문을 던졌다.

"왜요?"

한 관리자가 대꾸했다.

"왜라뇨, 뭐가요?"

"왜 회사가 이런 변화를 시도하는 건가요?"

"젠장, 저도 알고 싶네요!"

한 관리자의 단호한 외침에 강당에서 웃음이 터져 나왔다. 나는 미소를 지으며 고개를 끄덕였다. 그러고선 다시 물었다.

"좋아요. 그런데 왜 회사가 이 계획을 실행하려 한다고 생각하시나요? 최우수 영업 사원들을 쫓아내기 위해서일까요? 일 잘하는 직원들을 경쟁사로 보내고 싶었을까요? 윗사람들은 회사가 진짜 망하길 바라는 걸까요?"

강당이 조용해졌다. 관리자들은 회사의 임원들이 영리하고, 경험이 많으며, 회사의 성공을 위해 최선을 다한다는 것을 알고 있었다. 또 관리자 대부분은 자신의 상사를 존중하고 회사 고위층과도 관계가 원만했다. 문제는 이 계획이 왜 나왔는지 아무도 이해하지 못하고 있다는 점이었다. 내가 물었다.

"혹시 물어본 사람 있나요?"

침묵 속에서 누군가 불쑥 농담을 내뱉었다.

"저는 안 물어볼 거예요. 잘리고 싶지 않거든요."

다시 웃음이 터져 나왔다. 나는 조용히 웃음이 가라앉길 기다렸다.

"이해합니다. 어쨌든 대표님은 합리적인 분이죠? 누가 질문한다고 그 사람을 자를까요?"

관리자들이 웅얼거렸다.

"아뇨."

"그럼 왜 물어보지 않는 거죠?"

직급이 꽤 높은 관리자 한 사람이 진지하게 입을 열었다.

"물어보는 게 바보같이 느껴져요. 우리 대표님은 똑똑하고 경험도 아주 많은 분이에요. 이 사업을 훤히 꿰고 있죠."

내가 대답했다.

"좋습니다. 그럼 여러분 모두 바보처럼 보일까 봐 두려운 겁니까?"

모두 긍정의 표시로 고개를 끄덕였다. 결국 모두가 바보처럼 보이기 싫어 질문을 삼가고 있던 것이다. 특히 대표 앞에서는 말이다.

"하나 물어보겠습니다. 직원들에게 새로운 보상 체계가 나온 배경을 설명하지 못한다면 여러분은 어떻게 보일까요?"

익살꾼이 대답했다.

"바보처럼 보이겠죠."

"바로 그렇죠!"

나도 농담으로 받아쳤다. 하지만 머릿속에서는 이 문제를 해결할 간단한 방법이 떠올랐다.

CEO가 자주 하는 착각 – 직원들은 내 마음을 잘 알고 있다

그날 오후 나는 대표 이사 방으로 갔다. 마침 영업 부문 사장과 회의를 하던 대표가 내게 물었다.

"워크숍은 어땠나요?"

"아주 잘됐습니다. 좋은 관리자들을 두셨더군요."

"당연하죠. 아주 훌륭한 분들이에요."

"그들과 사이는 어떻습니까?"

"음, 제 생각엔 나쁘지 않아요. 새로 오신 몇몇 분은 아직 잘 모르지만, 대체로 잘 지내고 있습니다."

"그분들이 지금까지 당신과 대면하거나 뭐든 질문한 적이 있습니까?"

대표는 몇 초간 생각에 잠긴 후 대답했다.

"아뇨. 그런데 제 생각엔 그분들이 업계를 잘 알고 회사가 뭘 하려는지도 잘 알아서 그런 것 같아요. 그래서 저와 직접 대면할 필요가 별로 없는 거죠. 저는 이 사업을 아주 오랫동안 해 왔어요. 그분들도 그 점을 잘 알고 저를 존중한다고 생각해요. 이 업계에서는 경험이 아주 중요하거든요. 하지만 뭔가 할 말이 있으면 분명히 저에게 올 겁니다."

이는 군대든 기업이든 최고위 관리자들이 흔히 하는 오해다. 자기가 앉은 자리의 무게를 온전히 체감하지 못하기 때문에 이런 오해가 생긴다. 이 회사의 대표는 자신을 느긋하고 온화한 사람이라고 생각했다. 직원들의 질문이나 의견, 제안에 항상 열려 있고 '열린 문 정책'을 중시한다고 했다. 하지만 중간 관리자들 눈에 그녀는 회사의 대표다. 경험 많고 똑똑할 뿐만 아니라, 무엇보다 권력을 쥔 사람이다. 이런 사람에게는 조심스러울 수밖에 없다. 직원들은 그녀의 생각에 토를 다는 것을 무례하다고 생각했을 것이다. 그래서 아무도 마음 놓고 질문할 엄두를 내지 못했다. 중간 관리자들도 마찬가지였다. 질문을 한다고 해고당하지는 않겠지만 행여 대표에게 나쁜 인상을 남길까 봐 두려웠던 것이다. 나는 조심스럽게 말했다.

"그분들이 당신과 직접 대면하거나 거리낌 없이 말하는 걸 진짜 편하게 생각하는지는 잘 모르겠네요."

"정말요?"

그녀는 약간 혼란스러운 표정이었다.

"오늘 있던 일을 예로 들어 볼게요. 새로운 보상 체계 말입니다."

그녀가 놀라서 물었다.

"그게 왜요? 관리자들이 안 좋아하나요?"

"좋아하고 안 좋아하고의 문제가 아닙니다. 제가 보기에 그들은 이해하지 못하고 있어요."

"이해하지 못한다고요? 새 계획은 별로 복잡하지 않은데요. 사실 아주 간단해요."

그녀가 나에게 설명을 하려고 했다. 나는 고개를 저으며 말했다.

"계획 자체를 이해하지 못한다는 말이 아닙니다. 대표님 말대로 계획은 간단해요. 영업 부서 수당 총액을 줄이는 거잖아요. 특히 부진한 사원의 수당을 대폭 줄이는 거죠."

"정확합니다. 그런데 거기에 무슨 문제가 있나요?"

그녀의 말대로 계획은 매우 간단해서 이 업계 경험이 전무한 나조차도 새 보상 체계의 기본 개념을 쉽게 이해할 수 있었다.

"문제는 이들이 계획을 이해하지 못하는 게 아니라 '왜' 이 계획을 실행해야 하는지를 이해하지 못한다는 겁니다. 이 계획에 대한 믿음이 없어요. 오히려 이 계획 때문에 영업 사원들이 경쟁사로 떠나지 않을까 걱정하고 있습니다."

그녀는 내 말에 약간 방어적 태도를 보였다.

"그렇다면 관리자들이 제가 뭘 하려고 하는지를 정확하게 이해하지 못하는 거네요. 저성과자 수당을 줄이면 비용을 절감할 수 있어요. 영업 수당을 줄이면 간접 비용이 줄어드니까요. 간접 비용이 줄면 생산 단가를 낮출 수 있고, 그러면 우리 영업 사원들이 거래처를 늘릴 수 있어요. 물론 새 보상 체계가 저성과자들에게는 가혹하죠. 하지만 이들은 회사 경영에 별 보탬이 안 돼요. 이들 중 일부가 나가도 회사에는 별로 영향이 없어요. 오히려 이들이 맡은 거래처를 잘하는 사람들에게 넘기면 매출도 늘어날 겁니다. 그러니까 우리 영업팀 전체의 실적이 크게 향상될 확률이 더 높은 거죠."

"합리적인 말씀이네요."

그녀는 과거 시장 상황이 안 좋았을 때 같은 조치를 취한 경험을 들려줬다.

"그렇죠. 이런 조치는 거의 언제나 효과가 있어요. 우리 영업팀의 전체

규모가 줄어들 수는 있죠. 하지만 장기적으로는 매출이 증가하게 돼요. 영업 조직이 작고 효율적이면 비용도 절감할 수 있죠. 건강 보험 비용, 사무 용품 구입비, 컴퓨터 구입비 등 지출은 줄이면서 효율은 크게 높이는 거죠. 한마디로 일거양득인 셈이에요."

"아주 현명한 생각 같습니다. 하지만 딱 하나 문제가 있어요."

그녀가 의아해하는 표정으로 물었다.

"그게 뭐죠?"

"중간 관리자들이 그런 의도를 이해하지 못하고 있다는 겁니다. 그래서 그 계획에 대한 믿음이 없어요. 이들에게 믿음이 없으면 영업 사원들도 믿음을 가질 수 없죠. 실행할 사람들이 의도를 모르는 상태에서 계획이 추진되면 실패할 가능성이 큽니다."

"그럼 제가 어떻게 해야 하죠?"

"쉬워요. '왜' 그래야 하는지를 말해 주면 됩니다."

다음 날 열린 중간 관리자 워크숍은 대표의 짧은 강연으로 시작됐다.

"좋은 아침입니다, 여러분. 여기 있는 윌링크 씨 말로는 새로운 보상 체계에 불만을 가지신 분들이 있다고 하더군요. 어떤 점이 마음에 안 드셨나요?"

한동안 침묵이 흐른 뒤 한 관리자가 용기를 내 말문을 열었다.

"영업팀 수당을 삭감하겠다는 계획에는 문제가 있습니다. 일부 영업 사원들은 회사를 나갈 것이고, 이는 장기적으로 회사에 해가 될 수 있습니다."

대표는 미소를 지으며 계획의 배경이 된 전략을 상세하게 설명했다. 판매량 증가, 판매 관리비 감소, 기존 거래처 담당을 더 유능한 직원으로 교체했을 때의 효과 등등. 관리자들은 대표의 의도와 새로운 보상 체계의 장점을 빠르게 이해했다.

"혹시 질문 있나요?"

강연을 마치며 대표가 질문을 했지만 아무도 나서지 않았다.

"질문할 사람 없나요? 두려워하지 마시고요. 제가 진작 여러분에게 확실하게 설명해야 했는데…… 그런데 안타깝게도 여러분 중 누구도 제게 묻질 않았어요."

대표가 정곡을 찔렀다. 한 관리자가 답했다.

"아뇨. 우리 모두 이제 이해했습니다."

"여러분 휘하의 영업팀원들에게도 지금의 계획을 설명하고 이해시킬 수 있겠어요?"

다른 관리자가 대답했다.

"네. 하지만 일부 저성과자는 강하게 반발할 것 같습니다."

그녀가 말했다.

"당연히 그러겠죠. 제가 방금 말했듯이 그것도 전략의 일부입니다. 저는 생산성 높은 직원들에게 초점을 맞추고 싶어요. 전에도 이 방법을 써 본 적이 있어요. 분명히 성과가 날 겁니다. 혹시 다른 의견 있나요?"

대표와의 토론이 끝나자 강당 안의 긴장도 약간 풀어져 여기저기서 잡담이 새어 나왔다.

질문을 하려면 용기가 필요하다

대표가 떠난 뒤 수업이 이어졌다. 내가 질문을 던졌다.

"어땠나요?"

관리자들이 차례로 대답했다.

"딱 우리가 원하던 겁니다."

"이제 알겠어요."

"진작 알았으면 좋았겠다 싶네요."

내가 물었다.

"다른 질문 하나만 할게요. 대표님이 여러분에게 자세히 설명하지 않은 것은 누구 책임입니까?"

아무도 말이 없었다. 하지만 다들 답을 아는 듯했다.

"맞습니다. 여러분이죠! 그게 바로 극한의 오너십입니다. 위에서 내려온 지시 사항을 이해하지 못하거나 믿지 못할 때 여러분에게는 질문을 할 의무가 있습니다. 이 결정이 어떻게, 왜 내려졌는지 스스로 이해할 때까지 말입니다. '왜' 그랬는지를 모르면 여러분은 임무에 대한 믿음을 가질 수 없습니다. 리더인 여러분에게 믿음이 없으면 일이 제대로 굴러갈 리가 없습니다. 이는 절대 용납되어서는 안 되는 일입니다. 리더로서 여러분은 신념을 가져야 합니다."

한 관리자가 물었다.

"하지만 대표님이 먼저 우리에게 설명했어야 하는 것 아닌가요?"

"물론입니다. 저도 대표님에게 그 점을 이야기했어요. 좀 전에 여기 내려온 것도 그 때문입니다. 하지만 그분도 여러분이 뭘 이해하고 뭘 이해하지 못하는지 미리 알 수는 없어요. 대표도 완벽하지는 않으니까요. 우리 모두 그렇죠. 가끔 보면 별 이유 없이 일이 안 풀릴 때가 있잖아요. 그냥 일이 꼬일 때가 있어요. 제가 네이비씰에 있을 때도 실수를 많이 했습니다. 그럴 때마다 부관들이 제 실수를 지적하곤 했죠. 하지만 제게 반항

하려는 의도로 그런 건 아니었고, 저 역시 그들이 제 권위에 도전한다고 여기지 않았어요. 오히려 저의 부족한 점을 보완해 줘서 감사했습니다. 회사에서 리더십은 한 사람이 팀을 이끌어 가는 것이 아니에요. 지휘 체계상에 있는 여러 리더가 협업하면서 이끄는 겁니다. 리더가 아무리 훌륭해도 혼자서만 하려고 하면 절대 감당할 수 없어요."

강당 뒤쪽에 조용히 앉아 있던 한 관리자가 물었다.

"그럼 우리가 질문을 안 하고 소통하지 않은 게 대표님을 실망시킨 겁니까?"

내가 대답했다.

"맞아요. 흔히 리더십에는 용기가 필요하다고 합니다. 대표 이사 방으로 올라가서 왜 이런 결정을 내렸는지 전략적 배경을 묻는 데는 용기가 필요합니다. 바보가 된 기분이 들지도 몰라요. 하지만 여러분이 이해하지도, 믿지도 못하는 전략과 작전을 부하들에게 설명하는 기분은 훨씬 더 나쁠 겁니다. 그리고 방금 말씀하신 분이 지적했듯이 여러분은 대표를 실망시켰습니다. 대표는 지금까지 자신의 지시가 제대로 전달되지 못했다는 걸 몰랐을 테니까요. 지시를 이해할 수 없는데도 질문을 안 한다면 여러분은 리더로서 실패한 겁니다. 또한 여러분의 팀을 실패로 이끄는 겁니다. 그러니 앞으로 이해할 수 없는 지시나 임무를 받으면 절대로 그냥 알겠다고 하지 마세요. 여러분이 왜 이런 일을 해야 하는지 이해하고 신념을 가질 때까지 계속 질문하세요. 그리고 여러분이 깨달은 바를 확신을 갖고 팀원들에게 전달하세요. 그래야 팀원들이 밖으로 나가 임무를 제대로 수행할 수 있습니다. 그게 리더십입니다."

CHAPTER 4

전쟁에서 이기려면
적보다 먼저 자존심을 죽여라

————— 조코 윌링크 —————

머리 위에서 적의 조명탄이 허공을 갈랐다. 나는 작전 통제실 건물 3층 옥상으로 줄달음쳐 올라갔다. 우리 기지가 공격받고 있었다. 너무 뜻밖의 기습이라 군장을 제대로 챙길 틈도 없었다.

웰컴 투 라마디

공격이 시작되자마자 나는 잽싸게 헬멧과 소총을 집어 들고 탄띠를 어깨에 걸쳐 멘 채 옥상으로 향했다. 네이비씰 대원 10여 명이 이미 도착해 있었다. 일부는 슬리퍼를 신고 티셔츠와 반바지 위에 방탄복을 겨우 걸친 차림이었다. 모두가 헬멧과 무기는 빠짐없이 소지하고 있었다.

브루저 기동대는 라마디 중남부에서 우위를 점했다. 찰리 소대 척후병이자 주 저격수인 크리스 카일이 미 육군 브라보 중대 불도그팀 소속 에이브럼스 탱크의 120㎜ 포 공격에서 뿜어져 나오는 검은 연기를 바라보고 있다. 불도그팀은 찰리 소대가 긴급 지원을 요청할 때마다 사제 폭탄이 매설된 도로를 뚫고 M1A2 에이브럼스 탱크를 몰고 왔다. 불도그팀의 용기와 노력 덕분에 많은 네이비씰 대원의 생명을 구할 수 있었고, 그로 인해 가장 위험한 라마디 지역에서 반군을 격퇴할 수 있었다. 네이비씰과 불도그팀의 연대는 지금까지도 이어지고 있다.

강 건너편에 도사리고 있던 적들은 야음을 틈타 미군 기지 두 곳에 기습적인 기관총 공격을 퍼부었다. 이에 미군도 즉각 반격했다. 조명탄의 밝은 불빛이 양 진영에 난무했다. 다른 한 무리의 적들이 저 멀리 유프라테스강 변 너머에서 우리가 있는 작전 통제실 건물을 향해 총을 난사했다.

우리도 가만있지 않았다. 몇 분 후 브루저 기동대 전 대원과 일부 지원 병력이 옥상에서 반격을 시작했다. 대원들은 저마다 M4 소총이나 M79 40mm 유탄 발사기, MK48, MK46 기관총 등을 소지하고 있었다. 우리는 적군의 총구가 번쩍이는 방향을 향해 소나기 같은 총격을 퍼부었다. 나는 적의 위치를 식별하기 위해 M79 유탄 발사기로 직경 40mm 조명탄을 발사했다.

레이프는 바로 곁에서 사격을 하며 지시를 내리고 있었다. 그 옆의 네이비씰 대원은 백 발짜리 탄창 2개를 기관총에 장전해 쏘아 댔다. 흩어진 탄피가 여기저기 바닥에 부딪히며 짤랑거렸다. 모두가 총을 쏘는 광경은 흡사 지옥 같았다. 무차별적인 총알 세례를 적들에게 퍼부으며 대원들은 웃음을 터뜨렸다. 얼마 지나지 않아 반군이 퇴각하면서 공격도 잦아들었다. 기관총 사수가 주위를 둘러보며 흥분한 목소리로 말했다.

"이번이 세 번째 파병인데 전투에서 기관총을 쏴 본 건 지금이 처음입니다."

그날은 그가 라마디에 온 첫날이었다. 레이프와 다른 소대장, 그리고 나를 포함한 몇몇은 일주일 전에 이곳에 왔다. 하지만 그 밖의 브루저 기동대원들은 바로 그날 도착한 참이었다. 도착한 지 며칠 되지 않아 옥상에서 총알을 퍼부은 경험은 우리 브루저 기동대원들에게 일종의 기상나팔이 되어 주었다. 이곳이 이라크 최악의 격전지 라마디라는 사실을 새삼 일깨운 것이다. 이라크 파병 경험이 있는 이들에게도 예외는 아니었다. 이전과는 확실히 다를 것이다. 훨씬 더 위험할 것이다. 라마디에 온 것을 환영한다.

전투에서 자존심은 죽음을 부를 뿐이다

2005년부터 2006년까지 안바르주는 이라크에서 가장 불안정하고 위험한 지역이었다. 이라크전에서 생긴 미군 사상자 대다수가 이곳에서 나왔다. 안바르주 중에서도 가장 위태로운 지역이 바로 우리가 있던 라마디였다. 유프라테스강 변에 위치한 라마디는 안바르주의 주도로 주민 40만 명이 거주했다. 수니파 반군의 본거지 또한 바로 이 도시에 있었다. 도시 곳곳에는 무너진 건물의 잔해와 불에 타 뒤틀린 폐차, 총알구멍이 뚫린 벽들이 널려 있었다. 시내 주요 간선 도로는 사제 폭탄의 폭발이 만들어 낸 거대한 구멍으로 성한 곳이 없었다. 반군이 도로가에 매설하는 사제 폭탄은 '급조 폭발물'이라고도 하는데, 파괴력이 엄청났다. 2006년 이라크에서 발생한 미군 사상자 중 70~80퍼센트는 바로 이 폭탄으로 인한 것이었다.

이라크 알카에다에 충성하는 수니파 반군 수천 명이 라마디의 3분의 2를 통제하고 있었다. 그들은 중화기로 무장하고 있어 미군이 적 점령지에 발을 디디려면 대규모 사상자를 감수해야만 하는 상황이었다. 알카에다는 라마디를 자기네 칼리프 국가(이슬람 최고 종교 지도자인 칼리프가 다스리는 정교일치 국가)의 수도로 정했다.

미 육군과 해병대 병사들은 사제 폭탄이 곳곳에 매설된 도로 위에서 경호와 순찰 업무를 담당했다. 그들은 적 점령지에서 통제와 수색 임무를 수행하며 격렬한 전투를 벌이기도 했다. 라마디에 파병된 수천 명의 미군 병력 대부분은 도시 밖에 건설된 대규모 기지에 안전하게 주둔하고 있었다. 하지만 시내 간선 도로를 따라 점점이 설치된 소규모 미군 기지는 끊임없이 적들의 공격을 받았다.

라마디 반군의 결의와 치밀함은 놀라울 정도였다. 우리 브루저 대원들이 과거 파병 때 경험한 것과는 차원이 달랐다. 중무장한 적군 20~30명이 일주일이 멀다 하고 미군 기지를 공격했다. 이들은 수 킬로미터 떨어진 미군 기지 여러 곳을 동시다발적으로 공격할 만큼 체계적이고 위협적인 강성 '무즈'였다.

적의 공격에는 일정한 패턴이 있었다. 먼저 불시에 여러 방향에서 미군 기지를 겨냥해 기관총을 난사한다. 경계 근무를 서던 육군 또는 해병대 병사가 어쩔 수 없이 몸을 엄폐하면 곧바로 치명적인 RPG-7 로켓포를 날린다. 무시무시한 소음과 파편으로 미군들이 우왕좌왕한다. 그때 약간 떨어진 거리에서 박격포가 기지 외벽을 넘어 안으로 날아든다. 그 정확도가 놀라울 정도다. 초병들을 밖으로 유인하거나 기지 안에 가두어 반격을 저지하려는 의도가 담긴 공격이다. 그사이 적은 결정적인 최후의 공격을 날린다. 수백 킬로그램의 폭약을 가득 실은 대형 트럭이나 차량으로 돌진하는 자살 폭탄 공격이 바로 그것이다. 트럭이 콘크리트 장벽을 박살 내고 경계병까지 뚫고 지나가는 경우에는 재앙과도 같은 참사가 벌어진다. 그 파괴력은 미 해군 전함이 보유한 가장 강력한 무기인 토마호크 미사일이나 미군 전투기에 장착된 통합 정밀 직격 병기에 맞먹었다.

이 같은 반군의 공격은 매우 조직적이고 악랄했다. 수니파 극단주의 반군들은 내가 2년 전 첫 파병 때 맞닥뜨린 적들보다 훨씬 유능했다. 그들은 미군 기지를 쓸어버리겠다는 열망으로 가득 차 있었다. 반군의 공격이 한 번 휩쓸고 지나가면 미군 병사 10여 명이 숨지고 수십 명이 다치곤 했다. 하지만 미군 병사들 역시 결코 물러서지 않았다. 정해진 위치를 사수하며 적들과 맞섰다. 경계 탑과 기지를 지키는 젊은 병사들은 몸을 숨기는 데 급급하지 않고 용감하게 달려 나가 기관총으로 적에게 반격을 퍼부었다. 폭탄 차량이 기지 경내까지 진입하는 것을 대부분 저지할 수 있던 것은 이런 병사들의 용맹한 헌신 덕분이었다. 그 덕분에 아무리 가공할 파괴력을 지닌 폭탄 트럭이라도 모래주머니와 콘크리트 장벽을 뚫고 미군 병력에 가까이 접근하기는 어려웠다. 미 육군과 해병대가 적들의 파상 공세를 물리치고 나면 기지를 정비할 새도 없이 다음 날 또 다른 공격이 이어졌다. 라마디에서는 이런 일이 일상이었다.

라마디에 도착하기 전 우리 브루저 기동대 안에는 자신감을 넘어 자만심이 가득했다. 나는 부대원들에게 절대 현재 상태에 만족해서는 안 된다고 당부하며 지나친 자신감을 누그러뜨리려 노력했다. 피해를 최소화하고 더 나은 성과를 위해 끊임없이 대원들을 몰아붙인 것이다. 나는 대원들에게 적들을 만만하게 봐서는 안 되고 현실에 안주해서도 안 된다는 것을 틈만 나면 강조했다. 2006년 봄 라마디에 파병됐을 때 브루저 대원은 모두 이런 마음가짐으로 사기가 충천한 상태였다.

라마디에 도착하자마자 우리는 이곳 전투의 격렬함과 제28사단 2연대 소속 병사들의 영웅적인 행동 앞에서 겸허해질 수밖에 없었다. 우리는 재래식 부대인 2연대에 비해 훈련 상태나 장비가 월등했다. 우리가 보유한 최신식 무기와 레이저 조준기, 광학 장비 등은 모두 엄청난 예산으로 구입한 것들이었다. 하지만 육군과 해병대 병사들은 그런 장비 없이도 적 점령지 내에 위치한 기지를 지키기 위해 매일매일 생사를 넘나드는 사투를 벌였다. 그런 모습을 지켜보며 자연스럽게 경외심을 가지게 되었다. 파병 한 달 만에 제28사단 2연대의 임무를 이어받은 제1기갑사단 소속 레디 퍼스트 여단 전우들에게도 마찬가지로 깊은 존경심을 갖게 됐다. 그들과 함께 복무한다는 것이 자랑스러웠다. 그들은 우리보다 훨씬 큰 대규모 작전을 치렀으며, 그로 인해 사상자도 많았다. 그들은 진짜 군인들이었다. 그들보다 '전사'라는 말이 잘 어울리는 군인들은 거의 없을 것이다.

적들 역시 놀랍도록 강하고 유능했다. 그들의 공격은 치명적이고 효율적이었다. 쉴 새 없이 우리를 감시하고 분석해 어떻게든 약점을 찾아냈다. 미군이 라마디에서 승리를 거두려면 육군과 해병대 같은 재래식 병력부터 네이비씰 브루저 기동대 같은 특수전 조직까지 한 몸처럼 유기적으로 움직여야만 했다. 하지만 불행하게도 우리 브루저 기동대를 비롯한 특수전 부대 내에는 자신들이 육군이나 해병대 같은 재래식 부대보다 우월하다고 믿는 이들이 있었다. 작전도 오로지 독자적으로 수행하는 편이 훨씬 효율적이라고 생각했다. 이런 우월 의식 때문에 육군과 해병대 지휘관 중에는 특수전 부대를 고깝게 보는 시선이 있었다. 하지만 강력하고 노련한 적들이 지키고 있는 라마디에서 승리하려면 자존심을 접어 두고 서로 돕고 함께 움직여야만 했다.

파병 초기부터 우리 브루저 기동대는 육군과 해병대 전우들을 최고의 전문가로 인정하고 그들에게 존중과 경의를 표현하려고 노력했다. 전통적으로 외모를 기강의 척도로 여기는 재래식 부대와 달리 특수전 부대원들의 복장과 용모는 비교적 자유롭다. 우리 대원 중에는 구겨지고 헐렁한 군복에 장발로 다니는 이들이 있었다. 나는 대원들에게 항상 군복을 칼같이 다려 입고 머리도 다른 군인들처럼 짧게 자르라고 지시했다. 사소하지만 우리의 진심을 표현하고 함께 일하는 다른 부대와 상생하려는 노력의 일환이었다. 우리의 공통 목표는 간단했다. 라마디의 안정이었다.

겸손과 상호 존중을 바탕으로, 브루저 기동대는 라마디 내외곽을 관할하는 육군 및 해병대 각 부대와 돈독한 관계를 형성했다. 아군을 엄호하고 보호하기 위해 우리는 아무리 위험한 곳이라도 앞장서 달려갔다. 그에 대한 보답으로 육군과 해병대는 M1A2 에이브럼스 탱크나 M2 브래들리 장갑차를 동원해 우리에게 중화기 지원을 해 주고 사상자가 생기면 신속하게 후송 작전을 진행했다.

파병 한 달쯤 후부터 브루저 기동대는 혁혁한 전과로 명성을 날리기 시작했다. 우리는 라마디 반군과의 전투에 노하우가 생겨 대부분의 전투에서 우위를 점하며 심대한 타격을 입혔고, 시내에서 작전을 펼치는 아군을 든든하게 지원했다. 적군이 공격에 나서면 우리 기동대의 저격수들도 행동을 개시해 정밀한 사격으로 중무장한 다수의 적을 사살함으로써 큰 피해 없이 적의 공격을 무산시켰다. 적의 공격이 거세지면 우리의 반격 강도도 높아졌다.

한번은 대원들의 위치가 적에게 발각된 적이 있다. 저격용 은신처에서 전투용 진지로 거점을 옮긴 대원들은 중기관총과 40mm 고성능 유탄 발사기, 견착형 로켓 발사기로 소나기 같은 반격을 퍼부었다. 우리 브루저 기동대가 사살한 반군 숫자가 유례없을 만큼 빠르게 불어났다. 우리가 반군을 한 사람이라도 더 제거해야 미군이 살아남을 가능성도 그만큼 커지고, 가족들의 품으로 안전하게 돌아갈 날도 조금이나마 가까워질 터였다. 우리가 반군을 많이 죽일수록 이라크 군과 경찰, 정부 관리들의 생존 가능성이 커지고, 이라크 민간인들이 반군들로부터 받는 위협과 공포도 조금이나마 줄어들 것이었다.

우리는 강한 적들과 맞서 싸웠다. 아마 미군이 역사상 맞닥뜨린 적들 가운데 가장 강한 적일지도 모른다. 이 과격한 급진주의자들은 비참하게 살고 있는 주민들을 공포로 다스리기 위해 고문과 강간, 살인을 서슴지 않았다. 미국을 비롯한 서방 세계 대부분은 극단주의 반군이 저지르는, 입에 담기도 힘든 잔학 행위를 애써 모른 척했다. 그것은 짐승만도 못한 야만적인 전쟁 범죄였다. 이런 행위를 반복적으로 목격하며 우리는 이런 다짐을 했다.

'무즈에게 자비란 없다.'

506부대의 성공 비결

36명으로 구성된 우리 브루저 기동대가 매일 눈부신 전과를 올리자 전쟁 사령부가 주목하기 시작했다. 부대의 활약상이 알려지면서 몇몇 다른 부대도 라마디 작전에 참여를 자원했다. 그중에는 미군 자문단의 조언을 받는 한 이라크 부대도 있었다. 잘 훈련된 이라크 병사들로 구성된 그 부대는 다른 곳에서 우리 부대 못지않은 실력을 발휘하고 있었다. 보통의 이라크군과 달리 그들은 고성능 소총, 레이저 조준기, 야간 투시경, 방탄복 등 첨단 장비를 갖추고 있었다. 제대로 된 장비를 갖춘 그들의 전투 능력은 이라크군 가운데 독보적이었다. 발군의 실력을 갖춘 이라크군이라는 점이 사령부 눈에 들면서, 그들은 원하는 곳 어디에서나 작전을 펼칠 수 있는 프리패스를 얻게 됐다. 그들은 사령부의 승인이 떨어지자 곧바로 라마디로 이동해 작전에 착수했다.

그들은 라마디 동쪽 최전선에 위치한 캠프 코레히도르 전진 작전 기지로 배치됐다. 캠프 코레히도르를 관할하는 부대는 미 육군 101 공수사단 506 낙하산 보병연대였다. 스티븐 앰브로스의 소설 《밴드 오브 브라더스》와 동명의 TV 미니시리즈를 통해 세상에 알려진 바로 그 '506부대'다. 제2차 세계 대전 때 유럽에서 나치 독일에 맞서 연합군의 승리에 결정적인 역할을 했다. 오늘날의 506부대원들도 선배들 못지않은 자부심과 용맹함으로 전설적인 부대의 전통을 이어 가고 있다.

506부대 지휘관은 매우 영리하고 카리스마 넘치는 미군 대령으로, 누구에게나 모범이 되는 군인이었다. 내가 함께 일해 본 여러 지휘관 중 전투 지휘관으로는 단연 최고였다. 그가 명령을 내리는 방식은 독특했다. 단호함과 친절함, 느긋함이 미묘하게 섞여 있었다. 그는 그야말로 놀라운 리더였다. 물론 라마디에 주둔 중인 모든 리더는 자신에게 남은 마지막 한 방울의 리더십까지 짜내야 했지만 말이다.

캠프 코레히도르는 전쟁터의 생활이 어떤가를 여실히 보여 주는 전시장과도 같은 곳이었다. 이곳에서는 모든 게 어려웠다. 미군이 '달 먼지'라고 부르는 고운 모래들이 여기저기 날리며 건물, 장비, 무기, 차량, 의복, 피부 등 모든 것을 뒤덮었다. 그리고 캠프가 라마디에서도 가장 위험한 지역인 말랍 구역과 맞닿아 있다 보니 적군의 박격포와 기관총, 로켓포 공격에 끊임없이 시달려야 했다.

대령은 506부대원들에게 매우 엄한 기강을 요구했다. 여기서는 식당에 점심을 먹으러 가다가도 끔찍한 일을 당할 수 있기 때문에 작은 허점도 용납되지 않았다. 아주 사소한 것에도 엄격한 군기를 강조했다. 예컨대 두발은 아주 짧게 자를 것, 매일 깨끗하게 면도할 것, 군복을 항상 단정하게 입을 것 등이다. 전투와 관련한 사안에서는 더욱 엄격했다. 야외에서는 항상 방탄복과 헬멧을 착용할 것, 무기는 언제든 사용할 수 있게 정비할 것 등이 그것이었다. 강한 군기를 바탕으로 506부대는 언제든 전투할 준비가 되어 있고 철통같은 경계 태세를 갖추어 만반의 사태에 대비했다. 이것이 전투에서 높은 성과를 내며 승리하는 비결이었다.

우리 브루저 기동대는 델타 소대를 캠프 코레히도르로 파견했다. 이라크 병사들에게 훈련 및 전투 자문을 해 주고 506부대를 지원하기 위해서였다. 우리 대원들은 기지를 관리하는 506부대의 전통을 겸허하게 받아들였다. 브루저 기동대는 재래식 부대에 비해 분위기가 훨씬 자유로운 편이지만, 캠프 코레히도르에 파견된 우리 대원들은 머리를 짧게 자르고, 매일 면도를 하고, 전투복도 육군과 똑같이 제대로 갖춰 입었다. 덕분에 우리에 대한 506부대원들의 호감도가 크게 상승했다. 우리 대원들은 지난 6개월 동안 피 튀기는 전투를 치른 506부대원들을 전우로서 존중했고, 그들도 같은 존중으로 화답했다. 두 부대원 사이에 끈끈한 결속력이 빠르게 형성됐다.

최정예 부대의 굴욕

이라크 정예 부대가 캠프 코레히도르에 도착했을 무렵, 우리 델타 소대는 캠프 외곽에서 고도의 용기와 기술을 요하는 위험한 작전들을 몇 주째 수행 중이었다. 그런데 캠프 델타 소대장이 잘 훈련된 이라크군과 미군 자문관으로 구성된 부대를 만나고 와서 우려를 나타냈다. 그는 야전용 전화로 내게 이렇게 털어났다.

"방금 도착한 부대가 우리보다 훨씬 나은 것 같습니다. 전투 경험도 풍부하고요. 우리 '준디스(이라크군)'들은 이 친구들에 한참 못 미칩니다. 장비나 무기도 이들 것이 월등해요. 심지어 저격 능력까지 갖췄더라고요."

내가 대답했다.

"잘됐네. 이라크군이 그렇게 발전했다니 기쁘군. 자네가 그들에게 그곳 상황을 알려 주고 적응하도록 도와줘. 큰 도움이 될 테니까."

델타 소대장이 말했다.

"잘 모르겠습니다. 이 녀석들이 우리보다 잘해서 우리 임무를 가로챌까 봐 걱정입니다. 알아서 잘해 보라고 하는 게 나을 것 같은데요."

소대장이 한 말을 듣고 나는 그곳 상황을 금방 알아챘다. 델타 소대장과 부대원들이 자존심에 위협을 느낀 것이다. 그러나 라마디 같은 위험한 환경에서는 기존 부대의 도움이 없으면 아무리 정예 부대라고 해도 죽어 나가기에 십상이었다. 자존심을 앞세울 때가 아니었다. 나는 단도직입적으로 말했다.

"안 돼. 그런 생각은 절대 하지 마. 내 말 잘 들어. 적이 바로 코앞에 있어."

우리의 적은 라마디 도처에 은신한 반군이었다. 같은 캠프 안에 있는 동맹군이 아니었다. 우리는 반군 퇴치라는 같은 목표를 향해 서로 힘을 합쳐야 했다. 자존심 때문에 일을 그르칠 수는 없었다. 내가 계속 말을 이어 갔다.

"새로 온 부대는 미군 자문관과 최고의 이라크 병사들로 이루어진 조직

이야. 자네는 무슨 수를 써서라도 그 친구들을 최대한 도와야 해. 그들이 자네 팀보다 뛰어나서 임무를 가져가면 그건 좋은 일이야. 그러면 내가 자네에게 다른 임무를 맡기면 되니까. 우리의 임무는 반군을 물리치는 거야. 절대 임무보다 자존심을 앞세워선 안 돼."

델타 소대장이 말했다.

"알겠습니다, 대장님."

영리하고 겸손한 소대장은 자신의 생각이 잘못됐음을 금방 깨닫고 태도를 바꿨다. 어느 부대가 작전을 맡느냐는 전혀 중요하지 않았다. 어떻게 해서든 목적을 달성하고 승리를 거두는 것이 중요할 뿐이었다. 지금까지 델타 소대장과 대원들은 맡은 일을 훌륭하게 해 왔다. 캠프 코레히도르에 머무는 몇 주 동안 10여 차례 총격전에 참여했고, 그 과정에서 아군으로부터도 많은 지원을 받았다.

다행히 델타 소대장은 자존심을 접었지만, 유감스럽게도 그렇지 못한 이들이 있었다. 델타 소대 신규 부대원들 중 일부는 506부대뿐만 아니라 델타 소대 다른 부대원들과 처음 접촉하는 과정에서 거슬린 행동을 했다. 존중과 겸손의 태도를 보이기는커녕 해당 부대 전통을 따르라는 지시를 무시하고 헐렁한 복장으로 기지 내를 돌아다녔다. 장발에다 수염까지 덥수룩하게 기른 이들도 있었다. 멀리 떨어진 고립된 지역으로 파견된 군부대 중에는 지역 주민이나 같이 일할 외국 군대와 어울리기 위해 일부러 복장 규정을 풀어 주는 경우가 있다. 하지만 군기가 엄격한 기지에 파견 나간 경우에 이런 행태는 마찰만 일으킬 뿐이었다.

새로 온 부대원들의 행동에는 자신들은 506부대장의 엄격한 복장 규정을 따르지 않아도 된다는 과시욕이 담겨 있었다. 물론 깨끗한 군복이 홀

룽한 군인을 만드는 것은 아니니까 그 정도는 서로 봐줄 수 있었다. 그러나 문제는 여기서 그치지 않았다. 새로 온 이라크 부대의 미군 자문관들도 이런 뛰는 대원들에게 영향을 받아 506부대원들에게 존중의 태도를 보이지 않았다. 이들은 사병뿐 아니라 고참 장교들에게도 무례하게 대했다. 이들이 앞으로 평생 치르게 될 전투보다 더 많은 전투를 506부대원 전원이 진작 경험했다는 점을 생각하면 그래서는 안 되는 노릇이었다.

더 나쁜 소식은 그들이 우리 델타 소대마저도 무시한다는 것이었다. 그들은 우리에게 조언을 듣거나 뭔가를 배울 마음이 전혀 없다고 선언했다. 지난 몇 주 동안 라마디 최악의 지역에서 지속적인 전투를 치르면서 델타 소대원들이 체득한 전투와 생존 노하우는 무시할 만한 것이 아니었다. 어떤 장비가 필요한지, 탄약은 얼마나 소지해야 하는지, 작전에 필요한 물은 얼마인지, 효과적인 전술과 커뮤니케이션 계획은 어떻게 짜야 하는지 등등은 아무리 뛰어난 부대라도 반드시 알아야 하는 것들이다. 그것은 506부대와 함께 수많은 작전을 수행하며 체득한 실전 노하우였다. 그런데 새 부대의 자문관은 이런 소중한 정보 전수를 거절했다. 이처럼 적대적인 지역에서 과도한 자신감은 독이나 다를 바 없다. 대부분 실수는 진정한 시험을 치러 본 적 없는 전사들에게서 나오는 법이다.

라마디 전역에서 활개를 치는 중무장한 수천 명의 반군과 대적하려면 모든 미군 부대가 매우 신중하게 계획을 조율하고 서로 도와야만 했다. 반군의 대규모 공세에 소규모 미군 부대가 몰살될 위험이 늘 도사리고 있었다. 따라서 모든 부대가 최대한 상세하게 작전 계획을 공유하고 함께 움직이는 게 무엇보다 중요했다. 대규모 대대급 작전부터 단순한 화물 운송에 이르기까지 생존 가능성을 높이고 아군 간 교전을 피하려면 다른 부대에 정보를 제공하고 서로 조율하는 것이 필수적이었다. 하지만 이라크 정예 부대는 506부대 작전 지역 내에서 전투를 계획하면서도 시간과 장소 등 기본적인 내용조차 공유하기를 거부했다. 심지어 506부대장에게도 알릴 필요가 없다고 여겼다. 그런데 이들이 작전 지역에 들어가 전투를 벌이다가 만약 일이 잘못되면 506부대가 지원을 나가야 한다. 이런 이유로 506부대 작전 장교가 항의하며 상세한 작전 계획을 요구하자 새로운 부대의 부대장은 이렇게 말했다.

"필요하면 나중에 알려 드리겠습니다."

506부대 작전 통제실에서 작전 지역의 상세 위치라도 알려 달라고 했다. 이는 아군 간 교전을 막고, 필요할 경우 작전 통제실에서 지원병을 보내기 위한 표준 절차다. 그러자 부대장은 네 자릿수 좌표를 보내왔다. 이는 병력이 수천 제곱미터 내 어딘가에 있을 거라는 이야기였다. 쓸모없는 정보였다. 사실상 위치를 알려 주지 않겠다는 것이나 다름없었다. 정보 공유가 잘 안 되면 아군 간 교전이 벌어질 가능성이 크다. 한 작전 지역 내에 중무장한 다수의 반군과 여러 아군 부대가 뒤엉켜 있는 상황에서 이런 독단적 태도는 사형 선고나 다름없었다. 나는 델타 소대장으로부터 새 부대와 506부대 간의 심각한 마찰에 대한 보고를 받았다. 내 충고는 간단했다.

"그들이 원하는 대로 해 주고, 가능하면 도와줘. 그런데 보나 마나 자업자득이겠군."

불행하게도 소대장에게 도와줄 기회가 오지 않았고 상황은 더 악화됐다. 2주가 채 안 돼 506부대장은 새 부대에게 기지를 떠나라고 명령했다. 출중한 능력을 갖춘 이라크 정예 부대는 라마디 전투에 크게 기여할 수도 있었다. 하지만 506부대는 자존심 때문에 융화를 거부하는 이들과 함께 전투를 치르는 위험을 감수할 생각이 없었다. 그 결과 이라크 정예 부대는 델타 소대와 506부대가 말랍 구역에서 수많은 반군을 사살하며 역사적인 라마디 전투를 치르는 모습을 멀리서 지켜만 봐야 했다. 라마디 치안 확보와 안정이라는 전략적 목표에 기여할 기회도 함께 날아가 버리고 말았다.

승리의 원칙
자신감은 살리고 자존심은 죽여라

과한 자존심은 모든 것을 어지럽힌다. 계획을 수립하고, 충고를 받아들이고, 건설적인 비판을 수용하는 것 등에 자존심이 개입하면 판단이 흐려진다. 심지어는 자존심이 자기 보호 본능마저 마비시킬 때도 있다.

누구나 자존심이 있다. 자존심은 대체로 성공의 원동력이다. 네이비씰에서도, 군에서도, 기업에서도 마찬가지다. 자존심 강한 사람들은 이기고 싶어 하고 최고가 되길 원한다. 이것은 좋은 일이다. 하지만 자존심이 판단력을 흐려 세상을 있는 그대로 바라볼 수 없게 만들면 치명적인 실패를 하게 될 확률이 높아진다. 개인적 사안을 팀이나 목표보다 앞세우면 성과는 떨어지고 목표 달성은 실패하게 돼 있다. 어느 팀에서나 불협화음이 생기는 원인을 찾아보면 자존심으로 귀결될 때가 많다.

극한의 오너십은 이런 자존심을 경계하고 겸손해질 것을 요구한다. 실수를 인정하고, 책임을 받아들이며, 위기를 극복할 방안을 마련하는 것은 승리를 위한 필수 요소다. 그러나 자존심을 내세우면 리더가 자기 자신과 팀의 성과를 현실적으로 평가하기 어려워진다.

네이비씰에 있을 때 우리는 자신감을 갖되 자만하지 않으려고 노력했다. 우리는 네이비씰의 역사와 유산에 무한한 자긍심을 느끼며, 우리가 가진 뛰어난 기량에도 자신감을 갖고 있었다. 남들은 하지 못하는 어려운 작전을 기꺼이 맡을 준비가 돼 있었다. 하지만 우리가 너무나 뛰어나서 실패할 리 없다거나, 적들은 별것 아니어서 우리의 약점을 파고들 능력이 없다는 생각은 하지 않았다. 절대 안주해서는 안 된다. 자존심을 통제하는 것, 최후의 승리를 위한 가장 중요한 요소다.

원칙 활용법
아랫사람이 독단적으로 일을 처리하면 어떻게 해야 할까?
- 레이프 바빈

"우리 회사에 큰 문제가 생겼어요. 도움이 필요합니다. 바로 연락 좀 주세요."

게리가 음성 사서함에 남긴 메시지였다. 게리는 우리가 세운 컨설팅 회사 '에셜론 프런트'에 12개월짜리 리더십 프로그램을 의뢰한 어느 회사 운영 부서의 중간 관리자였다. 몇 주에 한 번씩 우리는 그 회사 본사를 방문해 여러 부서 중간 관리자들을 상대로 훈련 프로그램을 진행했다. 강연 외에도 현장 지도와 멘토링 프로그램을 통해 일상에서 경험하는 리더십 관련 위기에 대처하는 방법을 가르쳤다.

그동안 게리와 여러 번 통화하면서 리더십과 관련한 고민들을 해결해주고 팀을 효율적으로 만드는 데 도움을 줬다. 그는 아주 성실한 사람이었다. 자기 일과 팀에 늘 헌신적이었다. 배우려는 열의도 강했다. 교육을 통해 그가 리더로서 성장하는 모습을 지켜보며 큰 보람을 느꼈다. 그는 우리를 만난 후 예전보다 훨씬 더 자신감 있게 팀 성과 개선에 관련된 결정을 내릴 수 있게 됐다. 그런 그가 리더십과 관련한 중요한 문제에 봉착했다는 것이다. 나는 기꺼이 돕고 싶어 재빨리 전화를 걸었다.

"어떻게 지내요, 게리?"

"죽겠습니다. 중요한 프로젝트가 있는데 큰 문제가 생겼어요."

"무슨 일인데요?"

나는 게리가 맡고 있는 분야의 전문성에서는 그를 따라갈 수 없다. 하지만 리더십과 관련한 문제나 커뮤니케이션, 팀 운영과 관련된 문제라면 도움을 줄 수 있다. 게리가 흥분해서 말했다.

"우리 굴착 담당 현장 관리자가 중요한 장비를 자기 마음대로 다른 걸로 바꾸겠다는 겁니다. 이건 회사가 정한 절차를 위반하는 거예요. 제가 상관이니까 제 결재를 받아야 하는 일이거든요. 제가 전에 이런 일을 어떻게 처리해야 하는지 분명히 알려 줬는데도 그러네요. 이건 이 친구가 저를 대놓고 무시하는 겁니다!"

현장 관리자가 자기를 거치지 않고 마음대로 결정을 내렸다는 사실에 게리의 자존심이 크게 상한 상황이었다. 게리가 말을 이었다.

"이런 결정은 저를 거쳐야 한다는 걸 그 친구도 압니다. 알면서도 일부러 안 한 거예요. 그가 잘못된 결정을 멋대로 내리는 바람에 프로젝트 마감이 며칠 더 늦어져서 비용도 그만큼 더 들어갈 판국입니다."

이 업계에서는 프로젝트가 하루 늦어질 때마다 수십만 달러씩 손해가 발생한다. 내가 물었다.

"현장 관리자에 관해 얘기해 보세요. 그가 왜 그랬다고 생각하세요?"

"그거야 저도 모르죠. 제가 자기 상사라는 걸 그 친구도 알아요. 그런데 그 친구가 저보다 이 업계에 훨씬 오래 있었어요. 경험도 아주 많죠. 가끔 저를 보면서 '네까짓 게 뭘 알아' 하는 표정을 지을 때가 있어요. 자기가 저보다 훨씬 잘났다는 거죠."

"어쩌면 그가 당신이 어디까지 참는지 시험해 보려는 건지도 모르겠네요. 이 일을 그냥 넘기면 어떤 문제가 생길까요?"

"그것도 문제예요. 제가 뭐라고 하면 어떻게 나올지 모르겠어요. 이 친구는 아는 것이 많고 경험도 풍부해서 우리 팀에 필요한 사람이에요. 그를 내보낼 순 없어요. 제가 그를 불러서 혼을 냈는데 오히려 저한테 화를 내면 곤란해요. 아마 우리 사이가 지금보다 더 나빠질 거예요. 솔직히 이 업계에서 이 친구 정도 경험이 있으면 당장 내일이라도 다른 직장을 찾을 수 있거든요."

"그렇다면 당신이 자존심을 접고 그와 이야기해서 문제를 푸는 수밖에 없겠군요. 이렇게 생각해 보죠. 당신이 보기에 그가 고의로 굴착 작업을 멈추고 회사에 손해를 끼치려는 걸까요?"

"아뇨. 자기 딴에는 지금 상황에서 이게 최선의 방법이라고 생각하는 것 같습니다."

"전략적 측면에서 볼 때, 현장에서 직접 임무를 실행하는 사람들에게 큰 그림을 이해시키는 게 매우 중요합니다. 자기가 하는 일이 회사 전체와 어떻게 연결되는지 말이죠. 그 현장 관리자는 공기(工期)를 못 맞추고 승인 없이 부품을 바꾸는 게 회사에 얼마나 큰 손해를 입히는지 잘 모를 수도 있어요. 당신이 보기엔 어떤가요?"

"굴착 분야의 전문가라는 사실은 틀림없지만 그는 큰 그림은 볼 줄 몰라요."

그는 현장 관리자가 악의를 갖고 반항한 게 아닐 수도 있다는 생각에 이르렀다. 그의 분노와 상처받은 자존심이 조금은 가라앉았다.

"그에게 큰 그림을 설명할 책임은 리더인 당신에게 있습니다. 다른 현장 관리자들에게도 마찬가지고요. 그게 리더십의 아주 중요한 부분입니다."

자존심 싸움으로 일을 망치지 않으려면

하지만 게리는 현장 관리자를, 특히 그의 자존심을 어떻게 다뤄야 할지 걱정이었다.

"어떻게 하면 그의 성미를 건드리지 않고 애기할 수 있을까요? 우리가 이 문제로 얼굴을 맞대면 서로 얼굴을 붉힐 게 뻔하잖아요."

내가 재빨리 답했다.

"그게 리더십의 또 다른 중요 포인트예요. 남의 자존심을 다루는 것. 그럴 때는 당신이 리더십 프로그램에서 배운 걸 활용하면 됩니다. 극한의 오너십 말입니다."

"오너십요? 일을 망친 건 그 친구예요, 제가 아니라."

게리의 자존심이 문제 해결을 방해하고 있었다. 나는 단호히 대답했다.

"그건 그 사람 잘못이 아니에요. 당신 잘못입니다. 당신이 책임자니까 그가 절차를 안 따른 것도 당신 잘못이죠. 그게 사실입니다. 믿어야 해요. 그와 대화할 때 이렇게 해 보세요. '우리 팀이 실수를 저질렀고, 그건 내 잘못이다. 회사가 왜 이런 규정을 만들었는지, 규정을 따르지 않으면 수십만 달러의 손해가 날 수 있다는 걸 확실히 설명해야 했는데 그걸 하지 못한 내 잘못이다. 당신은 기술이 출중하고 아는 것도 많은 뛰어난 현장 관리자다. 앞으로는 이런 일이 다시는 발생하지 않도록 당신에게 재량 범위를 먼저 알려 주고, 반드시 나를 거쳐야 하는 결정들은 어떤 게 있는지도 미리 짚어 주겠다.'"

게리가 못 믿겠다는 듯 물었다.

"그게 효과가 있을까요?"

"네, 확신합니다. '그'가 잘못했고 '그'가 고쳐야 하고 '그'에게 문제가 있다는 식으로 나가면 자존심 싸움밖에 안 됩니다. 하지만 당신이 자존심을 억누르고 '내'가 잘못했다고 하면 그 역시 자존심 때문에 흐려진 판단력을 되찾고 문제를 직시하게 됩니다. 그렇게 되면 회사 표준 운영 절차, 즉 언제 상사와 소통해야 하고, 그의 재량권이 어디까지인지를 확실하게 이해시킬 수 있습니다."

"그런 방법은 생각 못 해 봤네요."

"본능과는 다르니까요. 사실 일이 잘못됐을 때 부하를 비난하는 건 자연스러운 일입니다. 자존심은 비난받는 걸 좋아하지 않아요. 하지만 부하들 각자의 역할과 책임, 그리고 그들의 행동이 전략적 큰 그림에 어떤 영향을 미치는지 명확히 알려 주지 못했다면 그건 의사소통에 실패한 리더의 잘못입니다."

나는 말을 계속했다.

"이걸 명심하세요. 이건 당신에 대한 문제도, 굴착 담당 현장 관리자에 대한 문제도 아니에요. 조직의 목표를 어떻게 잘 달성할 수 있을까의 문제입니다. 그래서 당신이 먼저 모범을 보이면 당신 팀은 항상 승리하게 될 겁니다."

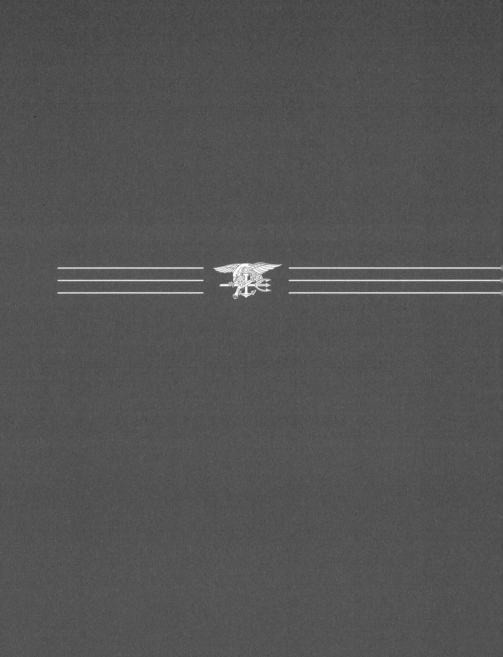

PART 2

전쟁의 기술

압도적 승리를 위한 네 가지 세부 전략

CHAPTER 5

엄호 이동

우리 팀만 잘하면 된다는 생각을 버려야 답이 보인다

── 레이프 바빈 ──

"그래서 이제 우리 어떡하죠?"

선임 중사가 물었다. 초조함 속에 시간이 재깍재깍 흘러가고 있었다. 우리 앞에 있는 선택 사항 중 똑떨어지는 묘안은 없었다. 어떤 선택을 하더라도 치명적인 결과를 낳을 수 있었다. 하지만 나는 명령을 내려야 했다.

언제 어떤 일이 터질지 모를 봉쇄·수색 작전

우리 네이비씰 부대는 '저격 감시'라는 임무를 자주 수행했다. 저격수와 기관총 사수들을 곳곳에 배치해 지상에 있는 아군 병력을 보호하는 임무다. 높은 건물을 확보해 네이비씰 저격수를 배치한 다음 지켜보다가 적

네이비씰 브루저 기동대 대원들이 라마디 중부에서 작전 수행 중 한 건물을 확인하고 있다. 반군들은 건물의 문과 창문 뒤, 또는 옥상에 숨어 있다가 불시에 기습 공격을 하곤 했다. 건물을 확인하는 중에도 적의 박격포와 소총, 기관총, RPG-7 로켓포, 사제 폭탄이 날아들었다.

군이 나타나면 사살하는 방식이다. 반군이 진용을 갖추기 전에 위협을 제거하거나 적을 교란하는 것이 주요 목적이다. 이 임무를 통해 잠재 위험을 낮춰 미군과 이라크군이 안전하게 순찰 임무를 수행하도록 도왔다. 미군 병사들이 본토에 있는 가족의 품으로 무사히 돌아갈 날도 그만큼 가까워지는 셈이었다.

미 육군 제1기갑사단 소속 레디 퍼스트 여단은 반군이 장악한 라마디를 탈환하기 위해 급진적이면서도 기발한 전략을 내놨다. '장악, 정리, 유지, 건설'이라는 정직한 이름의 전략으로, 미군이 적 점령지에 진입해 반군을 물리친 다음 그곳에 영구적인 미군 전투 기지를 건설해 후속 작전의 전초 기지로 삼는다는 내용이었다. 이라크군도 이 전략에 함께 참여한다. 일단 발판을 마련한 후에는 점령지마다 미군들이 주변을 돌아다니며 주민들과 교류한다. 격렬한 전투가 연일 이어지고 있음에도 불구하고 라마디에는 민간인 수십만 명이 거주하며 생존을 위해 발버둥 치고 있었다. 치안을 확보해 민간인들 사이에 숨어 있는 극단주의 반군들로부터 주민의 생명을 보호하는 것이 승리의 열쇠였다. 이 전략이 성공하려면 봉쇄와 수색이 필요했다. 한 구역의 모든 가옥을 수색하는 이 작전은 주로 낮에 이뤄졌다. 수색을 담당하는 미 육군, 해병대, 이라크군에게 어떤 일이 벌어질지 아무도 예상할 수 없었다. 이들은 한 마을 또는 구역에 저지선을 친 다음 모든 골목과 건물을 샅샅이 수색했다. 수색 대상에는 당연히 도시에서 가장 위험한 지역들도 포함돼 있었다.

미 육군 37기갑연대 1대대 브라보 중대 불도그팀이 계획한 대규모 수색 작전도 이런 전략의 일환이었다. 적의 심장부인 라마디 중남부에 위치한 전투 기지 팰컨 주변의 몇 블록에 이르는 지역을 봉쇄하고 수색하는 작전이었다. 이 작전에 보병 100여 명과 M1A2 에이브럼스 탱크, M2 브래들리 장갑차가 동원됐다. 여기에 불도그팀을 지원하기 위해 대대에서 추가로 파견한 병력이 합세했다.

여러 차례 위험한 전투 작전을 함께하면서 우리는 불도그팀과 돈독한 관계를 유지했다. 불도그팀 중대장은 내가 지금까지 만나 본 가장 뛰어난 전투 지휘관 중 한 사람이었다. 그와 불도그팀 병사들은 남다른 전사들이었다. 적 점령지 한가운데에서 날마다 치열한 전투를 벌이며 살아가는 그들의 용기와 투혼에 우리는 말할 수 없는 존경과 경의를 가졌다. 우리 네이비씰 대원들은 팰컨 기지를 근거지로 활동하면서 알카에다의 작전 지역 깊숙이 침투했다. 우리가 종종 적의 격렬한 공격에 시달릴 때면 불도그팀 중대장은 직접 탱크를 몰고 부대와 함께 달려와 포격을 날렸다. 이 뛰어난 군인들은 적을 박살 내겠다는 의지로 충만했고, 우리는 그들의 이런 점을 무척 좋아했다.

불도그팀의 봉쇄 및 수색 작전에 우리 브루저 기동대 찰리 소대가 저격 감시를 지원했다. 우리 전투 자문관들은 이라크군과 함께 지상 정리 작업에 참여했다. 조코 소령은 육군 대대 작전 장교와 함께 작전을 조율하고 병력을 총지휘하는 임무를 맡았다.

지상 수색 작업에 나서는 육군과 이라크군을 지원하기 위해 우리는 네이비씰 저격감시팀을 주요 지점에 배치하기로 했다. 북쪽 측면을 보호하기 위해 첫 번째 저격감시팀은 팰컨 기지에서 동쪽으로 약 300미터 떨어진 4층짜리 대형 아파트에 배치했다. 이 팀은 찰리 소대 부소대장이 지휘했다. 나는 네이비씰 대원 8명과 이라크군 7명으로 구성된 두 번째 저격감시팀을 지휘했다. 우리는 지상수색팀의 남쪽 측면을 보호하기 위해 팰컨 기지에서 남동쪽으로 1킬로미터가량 떨어진 지점에 자리를 잡았다. 이 지역에는 사제 폭탄이 집중적으로 매설돼 있었다.

현지 시각으로 오전 두 시, 내가 이끄는 저격2팀은 팰컨 기지를 나와 위험한 라마디 거리의 어둠을 헤치며 도보로 이동했다. 거리는 너무나 조용했지만 적군이 어느 모퉁이에 도사리고 있을지 모르는 일이었다. 저격1팀은 한 시간 후에 출발할 예정이었다. 거리가 우리보다 가깝고 전에도 목표 지점을 활용한 적이 있어 주변 지리에 밝았기 때문이다. 우리 팀은 이동 거리도 멀 뿐 아니라 목표한 지점에 한 번도 가 본 적이 없어 좋은 위치를 잡는 데 시간이 좀 더 필요할 것으로 판단했다. 정찰 이동을 하면서 지휘관인 나는 맨 앞에 선 척후병 바로 다음에 섰다. 우리는 언제 나타날지 모를 적에 대비해 사주 경계를 하며 최대한 빠른 속도로 이동했다. 사제 폭탄이 매설돼 있을 가능성이 컸으므로 바닥에 떨어진 쓰레기 더미나 다른 수상쩍은 물건을 밟지 않으려고 주의를 기울였다. 낮에 대규모 장기전이 발생할 가능성에 대비해 모두 무기와 탄약, 물 등을 잔뜩 짊어지고 있는 상태였다.

목표 지점 근처는 제2차 세계 대전 영화 속 세트를 그대로 갖다 놓은 것 같았다. 벽에는 총알 자국이 벌집처럼 나 있고, 거리에는 불에 탄 차들이 나뒹굴며, 무너진 건물 주위에는 여기저기 포탄 구멍이 나 있었다. 거의 모든 것이 파괴된 곳을 걷자니 초현실적인 세계에 온 것 같은 느낌마저 들었다. 우리는 사주 경계를 유지하며 먼지와 쓰레기로 뒤덮인 거리를 나아갔다. 군데군데 켜져 있는 가로등을 피해(다른 가로등은 대부분 총에 맞아 부서지거나 전기가 끊겼다) 좁은 골목길 사이를 지나갔다. 이때 가장 조심해야 할 것은 길거리를 배회하는 개들이다. 행여나 개들이 우리를 보고

짖으면 위치가 발각될 수 있기 때문에 조심스럽게 나아갔다. 우리는 어느 2층짜리 건물을 감시 지점으로 삼을 계획이었다. 시야가 탁 트인 그곳에서는 수색팀의 남쪽 측면을 보호하기가 수월할 터였다.

이러지도 저러지도 못할 상황에 처하다

약 20분 뒤 우리는 별 사고 없이 목표 지점에 도착했다. 담장으로 둘러싸인 건물에 이르러 전 대원이 대문 주위에 경계 대형으로 섰다. 이어 2명의 이라크 병사를 담장 너머로 넘겼다. 그들은 재빨리 대문 잠금장치를 해제했고, 대원들은 대문을 통해 마당 안으로 들어갔다. 우리는 조용하면서도 재빠르게 집의 현관을 향해 이동했다. 이라크 병사들이 문을 두드려 집 안에 있는 사람들에게 문을 열라고 지시했다. 한 이라크 남자가 당황한 표정으로 문을 열었다. 대원들은 모든 방과 2층 발코니, 옥상, 안마당 등을 샅샅이 점검해 이상 없음을 확인했다. 이제 경계 위치를 정할 차례였다.

집의 한 면에서는 큰길을 따라 넓은 시야를 확보할 수 있었다. 하지만 반대쪽 면의 경우 툭 튀어나온 발코니 외에는 시야를 확보하기가 어려웠다. 경계 위치를 이런 곳으로 정했다가는 주변 건물에서 공격받을 때 노출될 위험이 있었다. 우리 팀 저격수와 선임 중사가 나에게 심각한 우려를 전했다. 난처한 상황에서 선임 중사가 한 가지 제안을 했다. 그는 내가 소대에서 가장 신임하는 사람 중 하나였다.

"옆 건물을 차지해서 경계 병력을 분산 배치하면 어떨까요?"

훌륭한 생각이었다. 우리는 즉각 그 제안을 실행하기로 했다.

주력 병력을 지금 건물에 남겨 놓고 일부 정찰팀을 인접 건물로 보냈다. 하지만 막상 가서 보니 실망스러웠다. 원래 건물에 비해 나은 점이 없었다. 또 경계 병력을 둘로 나누면 전력이 분산돼 약화될 우려가 있었다. 중무장한 '무즈'들이 활개 치는 이 동네에선 매우 위험한 방법이었다. 옳은 선택이 아니라고 판단한 나는 이 문제에 대해 선임 중사와 다시 이야기를 나눴다. 아직은 깜깜했지만 동틀 녘이 머지않은 시점이었다. 곧 모스크 첨탑에서 기도 시간을 알리는 목소리가 울려 퍼지며 도시를 깨울 것이다. 결정을 내리고 자리를 잡아야 할 시간이 다가오고 있었다. 곧 미 육군과 이라크군이 이 지역에서 봉쇄 및 수색 작전을 시작할 것이다. 우리 팀이 그들을 엄호해야 한다. 나는 한숨을 쉬며 말했다.

"별다른 수가 없겠는데. 아무래도 전 병력을 원래 건물로 집결시켜서 최대한 위치를 사수하는 게 낫겠어."

선임 중사도 이에 동의해 즉각 실행에 옮겼다. 원래 건물에 상당한 약점이 있다는 걸 알았지만, 현재로서는 위험성을 낮추기 위해 최선을 다하는 수밖에 다른 방법이 없었다. 저격수들은 지상 병력을 가장 잘 방어할 수 있는 자리에 위치했고, 나머지 대원들은 저격수들을 보호할 수 있는 지점에 자리를 잡았다. 그중 한 사람은 어쩔 수 없이 발코니로 올라갔다. 위치 선정이 끝난 후 통신병이 저격1팀에 연락해 우리의 위치를 알렸다. 이어 불도그팀과 함께 팰컨 기지에 대기 중인 조코 소령에게도 위치를 보고했다. 그가 지상에 있는 다른 부대와 우리를 통제할 수 있게 하기 위해서였다.

"아아아아아알알알알라후우우우우 아크바르……."

첫 기도 시간을 알리는 목소리가 모스크 첨탑에 달린 스피커를 통해 온 도시로 퍼져 나갔다. 동이 텄음을 알리는 목소리였다. 곧 동쪽 지평선에서 한 줄기 햇살이 솟아오르며 라마디가 잠에서 깨어나기 시작했다. 전쟁으로 찢긴 이 도시에서도 삶은 계속되고 있었다. 사람들이 집 밖으로 나오고, 자동차와 트럭들이 시내 쪽으로 움직이기 시작했다. 양치기 소년들은 양 떼를 몰고 비옥한 유프라테스강 변 쪽으로 향했다. 벌써부터 따가운 햇살이 내리쬐고 있었다. 오늘도 낮 최고 기온이 46도까지 치솟을 것이다.

무선을 통해 불도그팀이 작전을 시작했다는 보고가 들어왔다. 네이비씰 자문관과 이라크군을 포함해 수십 명의 병력이 에이브럼스 탱크와 브래들리 장갑차를 대동하고 팰컨 기지를 나섰다. 탱크 궤도가 아스팔트에 부딪치는 육중한 마찰음과 가스 터빈 엔진 소리가 수백 미터 떨어진 우리 팀에게도 들려왔다. 나는 지상팀과 함께 이동 중인 조코 소령에게 무선으로 연락을 취했다. 모든 게 계획대로 진행되고 있었다.

적의 공격이 시작되기까지는 오랜 시간이 걸리지 않았다. 첫 공격은 북쪽에서 시작됐다. 달려드는 두어 명의 반군을 향해 저격1팀 저격수들이 총을 발사했다. 곧이어 2팀 저격수들도 적군 3명이 AK-47 소총과 RPG 로켓포를 들고 아군 지상군 쪽으로 이동하는 모습을 목격했다. 저격수가 총을 발사해 셋 중 둘을 쓰러뜨렸다. 나머지 하나는 지원을 요청하러 달아났다. 한 시간 뒤 우리의 위치를 어렴풋이 파악한 적군이 우리가 있는 건물 쪽으로 기관총을 쐈다. 발코니에 자리 잡은 네이비씰 저격수의 머리 위로 총알들이 스쳐 지나갔다. 하지만 그것은 시작에 불과했다. 적들은 이후 산발적으로 우리가 있는 건물을 공격하면서 우리 병력의 위치를 탐색했다. 위치를 정확히 파악한 후에는 더 대담하게 공격할 게 틀림없었다.

봉쇄와 수색 작전을 진행하는 동안 산발적인 총격전이 수시로 이어졌다. 네이비씰 저격수들은 적의 본격적인 공격을 초기에 저지할 수 있는 위치에 자리 잡고 있었다. 탱크를 대동해 경계 중인 불도그팀도 적의 공격을 저지하는 데 문제가 없어 보였다. 동이 튼 지 두 시간 만에 지상 병력은 모든 건물에 대한 수색을 마친 뒤 안전하게 팰컨 기지로 복귀했다. 작전은 비교적 수월하게 끝났다. 이 위험한 남부 라마디 중심부에서 무사히 작전을 끝낸 것은 기적 같은 일이었다. 미군이나 이라크군 사상자는 없었다. 네이비씰 저격감시팀과 미군의 공조 아래 작전 계획과 실행이 원활하게 이뤄졌다는 의미였다.

봉쇄와 수색 작전 병력이 팰컨 기지로 복귀하면서 우리 저격감시팀의 임무도 완료됐다. 하지만 표준 작전 절차에 따라 우리는 밤이 될 때까지 기다렸다가 어둠 속에서 기지로 복귀해야 했다. 대낮에 소규모 병력이 적 점령지를 돌아다녔다간 적과 맞닥뜨릴 확률이 매우 높기 때문이었다. 적의 기관총과 RPG-7 로켓포, 사제 폭탄은 치명적인 피해를 준다. 하지만 우리 팀이 현재 위치에 머무는 것 또한 위험하기는 마찬가지였다. 적이 우리의 위치를 대략 알고 있었기 때문에 대규모 공격을 감행할 가능성이 매우 컸다. 만약 그렇게 된다면 우리 쪽 피해도 만만치 않을 것이었다. 다수의 적군에 둘러싸여 좁은 건물에 완전히 갇혀 오도 가도 못하는 상황에 빠질 수도 있었다.

나는 리더로서 심각한 딜레마에 빠졌다. 선임 중사에게 의견을 물었다.

"여기에서 밤이 될 때까지 기다렸다가 이동할 수도 있고, 지금 당장 여기를 빠져나가 기지로 걸어 돌아갈 수도 있어. 아니면 브래들리 장갑차 (브래들리 장갑차는 6명이 탈 수 있다) 지원을 요청할 수도 있고. 브래들리는 시간이 좀 걸리는 게 흠이긴 하지만."

브래들리 보병 장갑차는 소형 무기의 공격에 끄떡없이 버틸 수 있으며, 25mm 체인건과 7.62mm 동축 기관총을 장착해 화력도 막강했다. 하지만 탱크병들에게 상황을 설명하고 우리가 있는 곳으로 오기를 기다리려면 다소 시간이 걸렸다. 게다가 브래들리의 소음도 문제였고, 운전병들이 폭탄 공격에 노출된다는 단점도 있었다. 우리가 있는 주변 지역은 너무 위험해서 폭발물 처리 요원이 아직 손을 쓰지 못한 상태였다. 그러므로 도로에 매설된 폭탄이 터져 탱크병들이 죽거나 크게 다칠 위험이 있었다. 만에 하나 그런 일이 실제로 벌어진다면 사상자를 구조하기 위해 더 많은 차량과 병력이 필요할 터였다.

브래들리 장갑차가 오려면 30분은 더 기다려야 한다. 우리가 브래들리에 탑승한다 해도 사제 폭탄이 매설된 도로 위를 달려야 한다는 위험은 사라지지 않는다. 그렇다고 표준 작전 절차에 따라 어두워질 때까지 기다리자니 앞으로 최소한 여덟 시간 이상 혹시 모를 적의 공격에 대비해야 한다. 적이 우리의 약점을 알아내기라도 하면 꼼짝달싹 못 하는 처지에 빠져 대규모 화력 지원을 요청해야 한다. 그것은 더 많은 병력이 큰 위험에 노출된다는 뜻이다.

당장 이곳을 빠져나가 기지로 돌아가다가는 적들과 마주칠 가능성이 크다. 하지만 적들도 우리가 이 시간에 철수하리라고는 예상하지 못했을 테니 대규모로 공격하지는 못할 것이다. 우리가 좁은 골목길을 따라 신속하게 이동하면 위험을 어느 정도 줄일 수 있다. 적들은 팰컨 기지로 향하는 우리의 경로를 정확히 예측하지 못할 것이고, 매복도 어려울 것이다. 하지만 적의 공격이 아무리 서툴다 해도 우리 중 누군가 죽거나 크게 다칠 위험은 여전했다. 선임 중사가 물었다.

"그래서, 이제 우리 어떡할까요, 소대장님?"

생각지도 못했던 실수

시간이 재깍재깍 흘러가고 있었다. 나는 명령을 내려야 했다.

"철수한다. 모두 재빨리 짐을 챙겨 신속하게 이곳을 빠져나간다."

"알겠습니다."

선임 중사가 말했다. 그가 나머지 팀원들에게 명령을 전달하자 병사들은 재빨리 장비를 챙기고 빠진 게 없는지 재차 점검했다. 그동안 통신병은 저격1팀에 연락해 도보 귀환을 통보했다. 팰컨 기지에 있는 불도그팀에게도 이 사실을 알렸다. 봉쇄와 수색 작전에 참여한 네이비씰 대원 2명과 조코 소령은 이미 기지로 복귀해 있었다. 1팀은 팰컨 기지에서 겨우 300미터 떨어져 있었기 때문에 우리 팀만큼 고민할 필요가 없었다. 근처에 있는 탱크와 중기관총의 엄호를 받으며 수월하게 기지로 걸어 돌아갈 수 있었다. 1팀은 무선으로 자신들도 철수하겠다고 알려 왔다. 그런데 그 사실을 조코 소령에게는 알리지 않았다. 실수를 저지른 것이다. 조코 소령은 부대 이동 상황을 정확히 파악하지 못하게 됐다.

"알겠다."

우리 팀 통신병이 1팀의 무전에 응답했다. 우리는 우리 팀의 철수에만 신경을 집중하고 있던 터라 1팀의 철수 정보를 대수롭지 않게 여겼다. 지체할 시간이 없었다. 시간이 흐를수록 공격당할 확률은 올라간다. 몇 분내에 전원이 준비를 마쳤다. 나는 간단히 계획을 설명했다. 빠르게 움직여야 한다는 것을 특히 강조했다.

전 대원이 계획에 동의했다. 다들 총격전에 휘말릴 수 있다는 것을 알고 있었다. 어차피 벌어질 총격전이라면 우리가 선제공격을 하는 편이 낫다. 모든 준비를 마치고 건물을 빠져나왔다. 혹시 모를 전투에 대비해 사주 경계로 주위를 살피며 거리로 나섰다. 이라크 주민 몇몇이 놀란 눈으로 우리를 쳐다보고는 이내 아무것도 보지 못했다는 듯이 눈길을 돌렸다. 그들은 총을 든 사람을 어떻게 대해야 하는지 잘 알고 있었다. 중무장한 네이비씰 대원들의 눈길을 끄는 것은 심각한 문제를 자초하는 꼴이었다. 우리는 주차된 차들과 쓰레기 더미를 지나 빠른 속도로 전진했다. 이런 시가지에는 위협이 어디에나 도사리고 있다. 모든 대문과 쪽문, 골목 모퉁이와 교차로, 머리 위에 있는 지붕, 발코니, 창문 등 중무장한 무즈 전사들이 어디에서 튀어나올지 모른다. 이때 우리가 채택한 전술은 가장 기본적인 '엄호 이동'이었다. 수없이 훈련하고 실행해 본 전술이다. 우리는 팀을 4개의 작은 팀으로 나눴다. 한 팀이 이동하는 동안 다른 팀은 경계와 엄호를 맡는다. 그 뒤 역할을 반복해서 수행한다. 이런 식으로 개구리 뛰기 하듯 엄호 이동을 유지하면 적의 공격에 대비하면서 동시에 전진할 수 있다.

팰컨 기지를 향해 500미터가량 전진했을 무렵 갑자기 지옥이 펼쳐졌다. 뒤쪽에서 일제 사격이 개시된 것이다. 우리를 뒤따라온 반군이 발사한 AK-47 소총과 PKC 기관총 탄환이 발밑과 주변 벽을 때리며 자욱한 먼지를 일으켰다.

우리도 즉각 대응 사격에 나섰다. 사수들은 적들의 쏟아지는 총탄에도 아랑곳없이 기관총을 발사해 적들을 쓰러트렸다. 우리는 정교한 기계처럼 '센터 필(center peel)' 전술을 실행했다. 두 조가 교대로 적군과 교전하며 안전한 지역으로 대피하는 전술이다. 나는 퇴각하는 동안 적들을 견제하기 위해 40㎜ 유탄 발사기 두어 발을 머리 위로 발사했다. 엄호팀이 대응 사격을 하는 동안 우리는 빠른 속도로 골목길을 돌아 팰컨 기지로 퇴각했다. 기지 입구에 도달한 대원들은 다른 대원들이 퇴각할 수 있게 엄호 사격을 했다. 철조망과 콘크리트 벽을 지나 마침내 기지에 도착했을 땐 모두 가쁜 숨을 몰아쉬고 있었다. 우리는 중무장한 채 늦은 아침의 열기 속에서 기지까지 총을 쏘며 달려왔다. 다행히 아무도 다치지 않았다. 나와 선임 중사는 마주 보며 웃음을 터뜨렸다. 거리에서 거센 교전을 치르고 적들을 때려눕히면서도 상처 하나 없이 무사히 복귀한 것이다. 대단한 일이었다. 팀원들의 사기가 하늘을 찔렀다.

　기지에는 우리 소대 주임 상사가 이미 복귀해 있었다. 그는 조코 소령과 다른 네이비씰 대원, 그리고 이라크 병사들과 함께 봉쇄와 수색 작전에 참가했다가 막 돌아온 참이었다. 그런데 주임 상사의 심기가 불편해 보였다. 잠시 뒤 그가 나를 옆으로 불러 심각한 목소리로 물었다.

"도대체 무슨 짓을 한 겁니까?"

　나는 방어적인 태도를 취하며 되물었다.

"무슨 말씀입니까?"

　주임 상사는 백전노장의 지휘관이었다. 20년 가까운 경력을 지닌 네이비씰 기동대 최고참인 그의 지도력에 모든 대원이 존경심을 가졌다. 그는 전투에서 절대 물러서지 않으며, 언제나 적을 박살 내려는 의지와 용기로 충만한 사람이었다. 그런 주임 상사가 치열한 총격전 끝에 무사히 돌아온 나에게 왜 이렇게 퉁명스럽게 구는지 영문을 알 수 없었다.

"왜 다른 저격감시팀에 엄호 요청을 하지 않았느냐는 말입니다."

나는 잠시 생각한 뒤 그의 말이 맞았음을 깨달았다. 내가 너무나도 큰 실수를 저지른 것이었다.

"우리 팀 복귀에만 신경 쓰느라 1팀과 공조할 생각을 미처 못 했습니다. 반드시 그렇게 해야 했는데 말입니다."

이것은 조코 소령이 우리에게 가르친 교전 수칙 제1항이었다. 엄호하며 이동하라. 내가 그것을 어긴 것이다. 2팀 내부에서만 엄호 이동을 활용했을 뿐 더 큰 규모에서 생각하는 것을 잊고 말았다. 우리는 1팀과 따로 행동했고, 서로 돕는 데 실패했다. 1팀이 복귀하겠다고 연락했을 때 그들을 그 자리에 남겨 둬야 했다. 그러면 지형의 이점을 활용해 우리가 기지로 복귀할 때 엄호해 줄 수 있었다. 우리가 기지에 도착한 후에는 1팀이 복귀할 때 그들을 엄호해 주면 되었다.

단독으로 복귀한 것은 바보 같은 실수였다. 우리는 작은 팀으로 나뉘어 떨어져 있었지만, 같은 목표를 추구하는 한 팀이었다. 적은 우리 모두를 노리고 있었다. 우리는 라마디를 점령한 무자비한 적들을 상대하기 위해 모든 자원과 이점을 최대한 활용해야 했다. 1팀에 엄호 요청을 해야 했던 것이다.

그것은 충격적인 깨달음의 순간이었다. 나는 우리 팀에 닥친 위기와 세부 사항에만 몰두한 나머지 다른 팀에 대해서는 까맣게 잊고 말았다. 그들이 우리를 위해 무엇을 해 줄 수 있는지, 우리가 그들을 어떻게 도울 수 있는지를 먼저 고려해야 했는데 말이다.

그 후로 나는 주임 상사의 가르침을 결코 잊지 않았다. 우리는 이후 모든 작전에서 엄호 이동 원칙을 최대한 활용했다.

'함께 일하는 모든 팀은 서로를 지원한다.'

이 깨달음을 실천한 덕분에 우리는 수많은 생명을 구하고 피해를 최소화할 수 있었다. 또한 이 원칙은 우리가 임무를 달성하고 승리를 쟁취하는 데 밑거름이 됐다.

승리의 원칙
우리 팀만 잘하면 된다는 생각은 버려라

엄호 이동. 이것은 가장 근본적인 전술이다. 전투에 필요한 유일한 전술이라고 해도 좋다. 엄호 이동은 한마디로 팀워크를 의미한다. 거대한 조직의 각 팀은 공통의 목표를 향해 서로 협력해야 한다. 목표를 이루기 위해서는 조직 내 각 그룹이나 부서는 벽을 허물고 서로 돕고 의지해야 한다. 우리가 누구에게, 누가 우리에게 의지하고 있는지 알아야 한다. 이 원칙을 어기고 각자 따로 움직이거나 서로의 발목을 잡으면 재앙적인 결과가 초래된다.

어떤 조직이든 더 작은 규모의 소조직들이 있다. 소조직은 눈앞에 있는 자신의 임무에만 몰두한 나머지 다른 소조직들이 어떻게 움직이고 있는지, 어떻게 하면 다른 소조직과 협력할 수 있을지 잊기 쉽다. 다른 소조직과 경쟁하게 될 수도 있다. 특히 어려움이 생겼을 때는 서로 반감을 갖거나 상대방을 비난하는 일도 생긴다. 이는 마찰로 이어져 전체 조직의 성과를 저해한다. 이때 전략적 목표에서 시선을 떼지 않을 책임이 바로 리더에게 있다. 리더는 구성원들에게 우리는 더 큰 조직의 일원이며 전체 조직의 전략적 목표가 최우선임을 늘 상기시켜야 한다.

모든 팀원이 팀의 성공에 없어서는 안 될 일을 맡고 있지만 주된 업무와 부수적 업무는 명확하게 구분되어야 한다. 팀원 중 일부가 임무에 성공했더라도 팀이 실패하면 팀원 전체가 실패하는 것이다. 서로 손가락질하며 비난하는 것은 팀이나 개인 사이에 더 큰 불화만 야기한다. 그러므로 개인이나 팀은 협력하고, 소통하며, 서로를 도울 방법을 모색해야 한다. 어떻게 하면 임무를 완벽하게 해낼 수 있을지에 모든 초점이 맞춰져야 하는 것이다. 거꾸로 말해 팀이 성공하면 팀원 전체와 이를 지원한 모든 이가 성공하는 것이다. 전체 조직 내의 모든 개인과 팀이 성공을 나눠갖는다.

전략적 목표 달성이 최우선 과제이다. 그러므로 각 팀원, 각 부서, 그리고 모든 지원 자원은 '엄호 이동'을 해야 한다. 서로 돕고, 함께 일하며, 서로의 승리를 지원하는 것이다. 이것은 어떤 조직에서든 승리를 쟁취하기 위한 필수 불가결의 원칙이다.

원칙 활용법
적은 옆 팀이 아니라 다른 회사임을 잊지 말 것

생산 담당 매니저가 말했다.

"그 녀석들은 답이 없어요."

운송을 담당하는 계열사를 향해 던진 말이었다.

"제때 일을 마치는 꼴을 못 봤어요. 그 녀석들 때문에 우리까지 일이 제대로 안 됩니다."

그가 담당하는 부서와 계열사 간에 상당한 문제가 있는 게 틀림없었다.

조코와 나는 어느 회사 회의실에서 U자 모양으로 둘러앉은 중간 관리자들을 대상으로 강의를 진행하고 있었다. 12개월짜리 리더십 훈련 프로그램의 두 번째 세션으로 교전 수칙을 중심으로 한 강의와 토론이 한창이었다. 우리는 참가자들에게 리더십과 관련한 문제들을 구체적으로 이야기해 보라고 했다. 이야기를 듣고 방금 가르친 네이비씰 교전 수칙에 입각해 해결책을 제시할 참이었다.

　생산 담당 매니저가 조업 중단 시간을 최소화하는 데 어려움을 겪고 있다고 토로했다. 조업이 중단되면 제품 출하가 끊겨 매출에 상당한 타격을 입는다. 이 매니저가 맡은 부서는 조업 중단 시간이 업계 평균보다 훨씬 길었다. 회사의 이익에 상당한 타격을 줬고, 매니저는 조업 중단 시간을 단축하라는 질책과 압박에 시달려야만 했다. 그러자 함께 일하는 계열사가 비난의 희생양이 됐다. 매니저가 말했다.

　"그들(계열사)을 기다리는 데 엄청난 시간을 낭비하고 있어요. 그 때문에 우리 작업까지 지연돼서 죽겠습니다. 회사 매출에 심각한 타격을 입히고 있다고요."

　내가 물었다.

　"당신이 그 계열사를 도울 방법은 없나요?"

　그가 대답했다.

　"없어요! 제 밑에서 일하는 사람들도 아니고, 모시는 임원도 달라요. 그들은 다른 회사니까요."

　회사가 다르다는 그의 말은 일견 맞지만, 두 회사는 결국 같은 모회사 아래에 있었다.

　"게다가 그들은 제 소관이 아니에요. 저는 우리 팀 챙기기에도 바쁘단 말입니다."

내가 대답했다.

"그들의 문제는 '당신' 문제인 것 같은데요."

매니저는 계열사에 대한 불평을 계속 이어 갔다.

"어떻게 보면 그럴 수도 있겠죠. 하지만 같은 그룹사라는 게 정말 끔찍해요. 그런 회사랑 어쩔 수 없이 계속 일해야 하니까요."

조코가 대답했다.

"당신이 끔찍하다고 여기는 부분이 사실은 최대 장점일 수도 있습니다. 같은 모회사 아래에 있다는 건 같은 목표를 공유한다는 뜻이니까요. 중요한 것은 당신 팀이 아니라 그룹 전체입니다. 그룹 내 모든 부서, 모든 자회사, 모든 납품 업체가 서로를 도와야 합니다."

내가 창밖을 가리키며 덧붙였다.

"적은 저 밖에 있어요. 당신 회사의 고객을 빼앗아 가려고 노력하는 경쟁사가 바로 당신의 적입니다. 적을 내부에 둬서는 안 됩니다. 동일한 리더십 아래에 있는 모든 부서와 계열사가 한 팀입니다. '우리 대 그들'이라는 시각을 버리셔야 해요. 모두가 서로 협력해야 합니다."

매니저는 자기 부서와 눈앞의 과업에만 초점을 맞춘 나머지 그룹 내 다른 모든 부서와 계열사 또한 같은 목표를 향해 달리고 있다는 사실을 잊고 있었다. 몇 년 전 내가 라마디 전장에서 그랬던 것처럼 말이다. 내가 주임 상사로부터 소중한 가르침을 얻었듯이 이제 매니저도 한발 물러서서 팀이 그룹 전체에서 어떤 역할을 하는지 생각해 볼 차례였다. 내가 말했다.

"더 큰 전략적 목표를 봐야 합니다. 계열사가 좀 더 효율적으로 일할 수 있게 당신이 도울 수 있을까요? 그렇게 되면 계열사도 당신 팀이 목표를 달성할 수 있도록 도울 테고, 결국 둘 다 승리하게 되는 겁니다."

매니저가 생각에 잠겼다. 그는 여전히 회의적이었다.

조코가 충고했다.

"그들과 교류하세요. 개인적인 친분을 만드세요. 당신이 그들에게서 무엇을, 왜 필요로 하는지 설명하세요. 그리고 당신이 어떻게 도울 수 있을지 물어보세요. 그들을 당신 팀의 일부로 생각하는 겁니다. 핑곗거리가 아니라요. 우리가 네이비씰에 있을 때 다른 팀의 지원에 의지했다는 얘기를 기억하시죠? 육군이나 해병대에 대한 통제권은 우리에게 없었어요. 각자 다른 상관을 모셨죠. 하지만 우리는 그들에게 의지하고, 그들도 우리에게 의지했어요. 그래서 우리는 그들과 좋은 관계를 유지하면서 라마디 치안 유지라는 공통의 목표를 위해 서로 협력했어요. 이게 엄호 이동입니다. 당신도 그래야 합니다. 승리를 위해 협력하라는 말입니다."

생산 담당 매니저에게 진정한 팀워크의 의미를 알려 주고 싶었다. 문제가 되는 계열사와 협력하지 못하면 결국 자기 팀이 실패할 수밖에 없기 때문이다.

매니저가 생각을 바꾸자 일어난 일들

생산 담당 매니저는 그 후 몇 달에 걸쳐 계열사와 교류하면서 서로 의견을 교환하고 더 나은 협력 관계를 맺기 위해 노력했다. 그러면서 조업 시간 단축에 영향을 미치는 다양한 원인을 파악하고 문제를 해결하기 위해 무엇을 해야 하는지를 이해하게 되었다.

계열사 사람들은 '끔찍한' 사람들이 아니었다. 그들이 매니저를 애먹인 건 자원과 인력이 부족하기 때문이었다. 계열사가 고의로 자기 팀을 골탕 먹이려는 게 아니라는 사실을 알게 되자, 그는 그곳을 도울 방법을 찾기 시작했다. 계열사의 효율을 높여 자기 팀의 생산 지연을 줄이는 방법을 찾아 나선 것이다. 이를 통해 이들은 따로 노는 적대적인 관계에서 서로 협력하는 관계로 탈바꿈했다.

　마음가짐을 고쳐먹은 매니저는 자기 아래에 있는 현장 책임자들에게도 계열사에 대한 시각을 바꿀 것을 권했다. 훼방꾼이 아니라, 더 큰 규모의 같은 팀에 속한 중요한 자원으로 생각해 보라고 한 것이다. 그러자 생산팀 현장 책임자들도 계열사 일선 책임자들과 마주 앉아 활발하게 업무를 협의하기 시작했다. 몇 달 뒤 '우리 대 그들'이라는 마음가짐은 사라졌다. 마음속의 벽을 부수자 더 이상 서로 반목도 하지 않게 됐다. 생산팀의 조업 중단 시간은 극적으로 감소해 업계 최저 수준이 됐다. 이제 그들은 한 팀으로 일하게 됐다. 서로 엄호 이동하게 된 것이다.

CHAPTER 6

단순함의 힘
누구나 이해할 수 있어야 실전에서 통한다

조코 윌링크

"콰쾅!"

대규모 폭발이 펠컨 기지 건물 벽을 흔들었다. 내 몸속 깊은 곳에서 아드레날린이 뿜어져 나와 온몸으로 퍼져 나갔다. 몇 초 후 또 한 번의 폭발음이 기지를 흔들었다. 곧이어 다급한 외침이 들렸다.

"박격포다!"

반군들이 120㎜ 박격포탄을 펠컨 기지 중심부에 정확히 꽂아 넣고 있었다.

120㎜ 박격포는 무서운 무기다. 1센티미터 두께의 철갑으로 둘러싸인 탄환에 10킬로그램 이상의 고성능 폭약이 들어 있어 폭발 시 뾰족한 파편이 사방으로 퍼지며 엄청난 사상자를 낸다. 방금 전 폭발로 펠컨 기지

미군 자문관과 동행하는 이라크 병사들, 브루저 기동대 소속 네이비씰 대원, 미 육군 101 공
수사단 506 낙하산 보병연대 소속 병사들이 이라크 라마디 순찰 중 반군의 공격을 피하기
위해 연막탄을 쏜 후 이동하고 있다.

내에 있던 미군 여러 명이 다쳤다. 그중 한 사람은 치명상을 입어 결국 사망하고 말았다. 세 번째 박격포탄은 내가 있던 건물 옥상에 떨어졌다. 다행히 불발이어서 다친 사람은 없었다. 반군의 박격포 공격은 놀랍도록 정확했다. 우리가 상대하는 적이 얼마나 출중한지 새삼 놀랐고, 우리가 얼마나 위험한 곳에 주둔하고 있는지도 알게 되었다.

대규모 기습 작전

전날 밤, 레이프가 이끄는 네이비씰 브루저 기동대 찰리 소대는 해병 기동정에 올라탔다. 앵글리코(공중-해상 폭격 연락 중대), 소규모 저격감시팀, 이라크 병사들이 찰리 소대와 함께 이동했다. 강둑에 도착한 이들은 기동정에서 뛰어내려 반군 점령지로 은밀하게 침투했다. 라마디에서도 폭격이 가장 빈발한 지역이었다. 미군은 수백 명의 육군 보병과 탱크, 전투기를 동원해 대규모 기습 작전을 감행하려던 참이었다. 적의 심장부에 전투 기지를 건설하기 위한 첫 번째 작전이었다. 네이비씰이 그 작전의 선봉에 선 것이다.

  강둑에 내린 지 몇 분 만에 찰리 소대는 새벽어둠 속에서 순찰을 돌던 반군 한 사람을 사살했다. 소대는 팰컨 기지로 쓰일 건물 단지를 장악하고 정리한 다음 몇 시간 동안 안정을 유지하는 임무를 맡았다. 그사이 폭발물 처리 요원이 도로를 정리하면 수십여 대의 탱크와 장갑차가 그곳에 도착할 예정이었다. 소대 저격수들이 이들을 엄호하기로 했다. 나는 미군 제1기갑사단 37기갑연대 소속의 밴딧 기동대와 함께 M2 브래들리 장갑차에 탑승해 찰리 소대를 통솔하며 밴딧 기동대와 작전을 조율하는 임무를 맡았다.

우리가 도착하자 찰리 소대는 장악 중이던 건물 단지를 밴딧 기동대에 인계했다. 이후 레이프와 대부분의 대원은 건물에서 수백 미터 전진한 지점에 자리를 잡고 저격 감시에 들어갔다. 육군 공병들은 팰컨 기지 구축 작업을 시작했고, 나는 육군과 소대의 저격감시팀을 조율했다. 진지 구축은 광범위한 계획과 협력, 장시간의 고된 노동이 투입되는 작업이었다. 3만여 개의 모래주머니를 쌓고 수백 미터에 이르는 콘크리트 담장과 철조망을 설치해야 했다. 작업은 밤새도록 이어졌다. 그동안 산발적인 소규모 교전이 있었지만, 심각한 수준은 아니었다.

그러나 동틀 무렵 기습적인 박격포 공격으로 우리 쪽에 사상자가 발생했다. 하지만 작업을 늦출 수는 없었다. 육군 공병들은 적의 총탄이 날아다니는 와중에도 대수롭지 않다는 듯 망치를 두드리고 중장비를 가동하며 작업을 멈추지 않았다. 누구 하나 예외 없이 모두 용맹한 병사였다. 뜨거운 이라크의 태양이 하늘로 떠오르며 사람들이 잠에서 깨어나자 반군의 규모가 더 불어났다. 곧 큰 총성이 울려 퍼졌다. 기지에서 2300미터 떨어진 4층짜리 건물 옥상에 자리 잡은 찰리 소대 저격수가 쏜 총이었다. 레이프는 무선을 통해 팰컨 기지를 공격하려는 반군을 발견해 발포했다고 보고했다.

하지만 진지 구축은 이제 시작에 불과했다. 해야 할 일이 아직 많이 남아 있었다. 우리가 적의 영토 한복판에 전투 기지를 세운 주목적은 지역 주민들에게 앞으로 미군과 이라크군 연합군이 이곳에 머물 것이며, 우리는 지난 수년간 라마디를 무주공산으로 다스려 온 알카에다를 두려워하지 않는다는 점을 보여 주려는 것이었다. 그러나 기지 안에 숨어 있는 것만으로는 이런 목적을 달성할 수 없었다. 병력이 기지 밖으로 나가 주변 동네 '안으로' 들어가야 했다. 작전명 '주둔 순찰'. 별다른 설명이 필요 없을 만큼 직설적인 작전명이었다. 한 무리의 병사들이 적 점령지에 들어가 지역 주민들에게 우리의 존재를 알리는 것이다. 그러려면 미군과 이라크군 간에 긴밀한 협력과 공조가 필요했다.

복잡하다는 것은 잘 모른다는 것이다

미군인수팀(이라크군을 훈련시키고 전투에 대한 자문에 응하기 위해 미 육군과 해병대에서 파견한 팀) 소속 한 장교는 이라크 병사들을 이끌고 주변 지역을 순찰하는 계획을 세웠다. 그는 이라크 병사들의 패기를 시험해 볼 수 있다는 사실에 들떠 있었다. 이라크 북부의 한 도시에서 병사들을 여러 달 동안 훈련시켜 왔으며, 그들을 이끌고 몇 차례 가벼운 순찰과 전투 임무도 수행해 봤기 때문에 자신감이 넘쳤다. 하지만 여기는 라마디였다. 라마디에서의 순찰은 결코 단순한 일이 아니다. 적군은 결의에 차 있고, 좋은 무기를 소지했으며, 싸울 준비가 돼 있었다. 그들은 미군과 이라크군을 죽이는 일이라면 물불을 가리지 않았다. 그 장교는 그런 위험성을 제대로 인식하지 못한 듯 보였다. 그가 이끄는 이라크 병사들이 순찰 도중 벌어질 격렬한 시가전에 제대로 준비가 돼 있는지도 미심쩍었다. 그래서 나는 네이비씰 대원 몇 명을 그들에게 붙여 주었다. 그들을 지휘 통제하며 유사시에 지원하기 위해서였다.

그 지휘관이 우리에게 와서 지도를 펼쳐 들고 순찰 경로를 설명했다. 나는 네이비씰 대원들을 이끌고 이라크군과 동행할 찰리 소대 젊은 장교 한 사람과 함께 그의 설명을 들었다. 그는 라마디 중남부의 골목길을 지나 동쪽에 자리한 이글스 네스트 기지까지 순찰한다는 계획을 세웠다. 위험한 적들이 도사리고 있는 적의 점령지 한복판을 약 2킬로미터나 행군할 셈이었다. 그가 계획한 경로는 미군 폭발물 처리 요원의 손길이 전혀 미치지 못한 곳이어서 폭발물이 대거 매설돼 있을 가능성이 매우 컸다. 그들이 위기에 처하면 미군 장갑차와 지원 병력이 출동해야 하는데 폭발물 때문에 지원 병력마저 위험에 빠질 수 있다는 의미였다.

게다가 그의 예상 순찰 경로는 여러 미군 부대의 작전 지역을 지나고 있었다. 미 육군 1개 중대, 육군 1개 대대, 그리고 해병대가 각각 이 경로를 나누어 관할하고 있었다. 각 부대는 고유의 표준 작전 절차를 따르고 있고, 통신 네트워크도 따로 썼다. 즉 비상시에 이 모든 부대와 구조 계획을 세우고 조율하는 과정에서 심각한 문제가 생길 소지가 있었다. 섭씨 46도가 넘는 한낮의 라마디에서 그처럼 장거리를 행군하려면 가지고 가야 할 물의 양이 엄청났고, 적진 깊숙이 침투하려면 탄약도 평상시보다 훨씬 많이 소지해야 했기 때문에 작전 수행 능력이나 속도가 떨어질 수밖에 없었다. 이 모든 게 병사들에게는 큰 부담이 되는 형국이었다. 라마디보다 훨씬 평온한 지역에서도 여러 부대의 작전 지역을 지날 때는 매우 복잡하고 정교한 계획이 필요하다. 그런데 이라크에서 가장 위험한 전장인 라마디, 그것도 최악의 지역에서 경험도 없는 병력이 그 임무를 수행하겠다는 건 한마디로 미친 짓이었다.

나는 지휘관의 계획을 경청하며 그에 얽힌 복잡성을 파악한 뒤 그에게 말했다.

"자네의 용기는 인정한다. 하지만 최소한 처음 몇 번은 계획을 단순하게 만들 필요가 있어."

"단순하게요?"

그가 믿을 수 없다는 듯 물었다.

"그냥 순찰일 뿐입니다. 복잡할 게 뭐 있습니까?"

나는 존중의 뜻으로 고개를 끄덕였다.

"나도 '그냥' 순찰이라는 걸 알아. 하지만 여기는 너무 위험해. 언제 어떤 일이 벌어질지 몰라."

그가 자신 있게 말했다.

"제가 이라크 병사들을 잘 훈련시켰습니다. 무슨 일이 벌어져도 잘 대처할 겁니다."

라마디 같은 환경에서 작전을 수행한 경험이 없는 그에게 계획의 복잡성을 완전히 이해시키는 건 어렵겠다는 생각이 들었다.

"자네가 그들을 잘 훈련시켰다는 건 나도 알아. 그들이 훌륭한 팀이라는 걸 의심하는 건 아니야. 그런데 자네 계획을 한번 보자고. 이 경로는 육군 2개 부대와 해병대 1개 부대, 총 세 부대의 작전 지역을 지나지. 또 폭발물 매설 예상 지역도 포함돼 있어. 그 말은 곧 사상자 구출이나 탱크 화력 지원이 필요할 때 큰 위험에 노출된다는 뜻이야. 아예 지원이 불가능할 수도 있어. 또 자네는 이라크 병사들과 오랫동안 함께해 왔겠지만 우리 네이비씰 대원들은 그렇지 않아. 그러니 이번 첫 순찰만이라도 경로를 단축해서 여기 불도그팀 작전 지역 내에서만 순찰하는 게 어떻겠나?"

그가 곧장 반박했다.

"그러면 겨우 몇백 미터밖에 안 되는데요."

"그래, 너무 짧아 보이겠지. 하지만 시작은 단순하게 하고, 경험을 쌓으면서 거리를 늘려 가는 게 나아."

단순함이 핵심이라는 걸 몸소 깨달으려면 실제 작전을 해 보는 수밖에 없었다. 의논 끝에 그 지휘관은 순찰 경로를 훨씬 짧고 단순화하는 데 동의했다. 그 후 그 지휘관과 이라크 병사들, 그리고 네이비씰 대원들이 작전 명령을 듣기 위해 집결했다. 이는 임무에 들어가기 전 대원들에게 작전의 세부 사항을 설명하는 절차다. 이라크군에게는 이번 작전이 라마디에서의 첫 임무였다. 아침에 있던 적의 박격포 공격으로 미군 여러 명이 부상당하고 지금도 여기저기서 끊임없이 총소리가 들리고 있지만, 이라크군은 무사태평해 보였다. 지휘관도 마찬가지였다. 심지어 네이비씰 대원들을 이끌고 그들과 동행할 찰리 소대 장교도 그랬다. 다들 이번 순찰 작전을 대수롭지 않게 생각하는 눈치였다. 나는 당장은 아니더라도 적군과 교전 가능성이 매우 크다는 것을 알고 있었다.

브리핑이 끝나고 그들은 각자 흩어져 최종 점검에 들어갔다. 물을 챙기고, 탄약과 무기를 점검하며, 각자 임무를 전달받았다. 나는 작전 통제실로 들어가 네이비씰 장교와 함께 다시 한번 경로를 점검하며 지형지물을 살폈다. 눈에 쉽게 띄는 건물, 독특한 모양의 교차로, 급수탑, 모스크 첨탑 등 유사시에 언급할 수 있는 지형지물을 숙지했다. 이어 지도를 펼쳐 놓고 각 건물에 매겨 놓은 번호들도 확인했다. 건물 번호를 숙지해 놓으면 비상시에 순찰팀과 적군의 위치를 간단명료하게 주고받을 수 있기 때문이다.

이후 전원이 집결해 순찰에 나섰다. 나는 펠컨 기지에서 300미터 떨어진 4층짜리 건물에 자리 잡고 있는 저격감시팀에게 순찰팀을 엄호하라는 지시를 해 두었다. 혹시 모를 비상 상황에서 정교한 저격수들과 기관총,

로켓포로 무장한 저격감시팀이 순찰팀을 든든하게 지켜 줄 터였다.

그리고 순찰팀 병력의 태도를 유심히 지켜봤다. 아직도 위험성을 제대로 실감하지 못하고 있었다. 나는 네이비씰 장교에게 다가가 눈을 바라보며 주의를 당부했다.

"이번 작전에서 분명히 적과 교전하게 될 거야. 눈 깜짝할 사이에 일이 벌어질 수도 있어. 그러니까 정신 똑바로 차려야 해. 알겠나?"

내가 심각한 어조로 말하자 그가 천천히 고개를 끄덕이며 대답했다.

"알겠습니다, 소령님."

출동한 지 12분 만에 무너진 지휘관의 자신감

나는 순찰팀이 팰컨 기지 정문을 빠져나가 적진으로 진입하는 모습을 지켜봤다. 적과 교전하기까지 몇 분이나 걸리는지 보려고 순찰팀이 출발하는 순간 스톱워치 버튼을 눌렀다. 이번 작전은 연합군이 라마디 중남부에서 아주 오랜만에 실시하는 주둔 순찰이었다. 인근 지역에서 활동하는 브루저 기동대 델타 소대는 지난 2개월간 순찰에 나설 때마다 반군의 공격을 받았다. 나는 순찰팀의 진행 경로를 확인하며 무선 통신에 귀를 기울였다.

그런데 갑자기 커다란 총성이 울려 퍼졌다.

"다다다다다다!"

적군이 발사하는 AK-47 소총 소리가 가까운 거리에서 들려왔고, 그와 동시에 "부부부부부부부부부" 하는 네이비씰 기관총이 응사하는 소리가 들려왔다. 곧이어 다른 무기들이 합세해 소나기 같은 총격전이 벌어졌다. 네이비씰 대원들이 본격적인 교전에 돌입한 것이었다. 총격전이 벌어졌을 때 그처럼 거침없는 화력을 퍼부을 수 있는 부대는 네이비씰밖에 없기 때문이었다. 나는 시계를 쳐다봤다. 순찰팀이 팰컨 기지를 출발한 지 12분이 막 지난 시점이었다.

사격이 계속됐다. 아군과 적군 사이에 대규모 총격전이 벌어지고 있었다. 나는 팰컨 기지에서 자리를 지키며 무선에 귀를 기울였다. 무선 전파가 통과할 수 없는 두꺼운 콘크리트 벽들 때문인지 소리가 계속 끊기고 엉켰다. 네이비씰 장교의 목소리라는 건 알았지만 무슨 말인지는 알아들을 수 없었다. 다행히 레이프는 고지대에 자리 잡고 있어 우리 양쪽 모두와 통신이 원활했다. 레이프로부터 순찰팀의 상황을 대신 보고받을 수 있었다. 아군 2명이 부상을 입었고, 사상자 구출과 화력 지원이 필요하다는 내용이었다.

신속하게 탱크와 구조팀을 보내려면 현장에 있는 네이비씰 장교에게 직접 위치를 확인해야 했다. 나는 재빨리 팰컨 기지 내에서 가장 높은 건물 옥상으로 뛰어 올라가 안테나를 최대한 길게 펼쳤다.

"레드 불(작전에서 네이비씰에게 부여된 통신명), 레드 불, 조코다."

순찰팀과 함께 있는 네이비씰 장교가 대답했다.

"말씀하십시오."

"상황이 어떤가?"

"2명 부상. 사상자 구출과 화력 지원 요청 바람."

그는 교육받은 대로 간단하고 명료하게 핵심 정보를 전달했다.

"알겠다. 위치는?"

"J51번 건물입니다."

"전 병력이 J51에 있나?"

"예, 그렇습니다. 전 병력 J51에 있습니다."

"알겠다. 탱크와 사상자구출팀을 바로 보내겠다."

나는 임시 작전 통제실이 있는 1층으로 뛰어 내려갔다. 불도그팀 중대장이 이미 지원 병력과 탱크에 출동 대기를 지시한 뒤 위치 정보를 기다리고 있었다. 그가 나를 보자마자 물었다.

"어떻게 되고 있습니까, 소령님? 뭐가 필요합니까?"

"J51번 건물로 화력 지원과 사상자구출팀 즉시 보내. 아군 병력 전원이 J51에 고립돼 있다. 부상자도 2명 있고."

나는 벽에 걸린 대형 지도에서 J51번 건물을 손가락으로 가리켰다.

"바로 여기야."

"알겠습니다. 탱크 두 대, M113(보병 수송 장갑차) 한 대를 J51번 건물로 보내겠습니다. 현재 전 아군 건물 내 위치, 부상자 2명 확인합니다."

모든 정보를 정확하게 숙지했음이 확인됐다. 그는 재빨리 밖으로 나가 대원들에게 상황을 설명한 뒤 직접 탱크에 올라탔다. 그와 부하들은 적에게 포위된 네이비씰 대원과 미군인수팀 지휘관, 이라크 병사 등을 구조하기 위해 폭발물이 매설된 거리를 내달리는 데 아무 망설임이 없었다. 그들은 부상자들의 목숨을 구하기 위해 온 힘을 다할 것이었다.

그러는 사이 고지대를 점령한 레이프와 저격감시팀은 순찰팀에게 공격을 퍼붓는 반군 병사들과 싸웠다. 강력한 저격총으로 J51번 건물에 잠입하려는 반군들을 모조리 사살했다. 반군이 건물을 향해 일제히 돌격할 때는 기관총 사수가 총알 세례를 퍼부어 적을 격퇴했다.

몇 분 만에 불도그팀 탱크와 M113 장갑차가 현장에 도착했다. 탱크를 보자마자 반군 대부분이 부리나케 달아나 민간인 지역으로 사라졌다. 부상자 2명은 이라크 병사였고, 둘 다 총상을 입었다. 그중 한 사람은 거리를 지나다 총에 맞았는데 동료 이라크 병사들은 그를 버리고 달아났다. 다행히도 네이비씰 대원 2명이 소나기처럼 쏟아지는 적군의 총탄 속에서 목숨을 걸고 그에게 접근해 안전지대로 끌고 나왔다. 부상자는 모두 후송되었다. 그중 한 사람은 살아남았고, 다른 한 사람은 결국 사망했다. J51번 건물에 갇혀 있던 나머지 병력은 빠져나와 대형을 갖춘 뒤 앞뒤로 탱크의 호위를 받으며 팰컨 기지로 복귀했다. 마치 제2차 세계 대전 때의 한 장면 같았다. 불도그팀 탱크가 후방을 경계하고 있는 사이에도 RPG-7 로켓포를 짊어진 반군 한 사람이 골목 모퉁이에 나타났다. 하지만 포를 발사하기 직전에 탱크 위에 앉아 있던 불도그팀 중대장이 그를 발견하고 가슴에 M2 브라우닝 기관총 총탄을 꽂아 넣었다.

나는 기지 입구에서 순찰팀을 맞이했다. 네이비씰 장교와 눈을 마주친 나는 말없이 고개를 끄덕였다.

'수고했어. 그런 상황에서도 평정을 유지하며 구조 요청을 한 건 대단한 일이야. 자네가 제대로 구조를 요청한 덕분에 팀이 살았어.'

네이비씰 장교가 내 마음을 읽었다는 듯 고개를 끄덕였다.

미군인수팀 지휘관은 넋이 나간 표정이었다. 이것은 그가 처음으로 치른 심각한 전투이자 리더로서 처음 겪은 진짜 시험이었다. 다행히도 네이비씰 대원들이 그의 곁에 있었기에 순찰팀이 목숨을 건질 수 있었다. 그가 불가피한 상황 전개에 대비해 복잡한 계획을 단순화하는 데 동의한 것도 천만다행이었다. 그러지 않았다면 더 끔찍한 상황이 벌어졌을 것이다. 그가 원래 계획한 경로에서 전투가 벌어졌다면 팰컨 기지에서 멀리

떨어진 적진 한가운데에서 육군과 해병으로부터 개별적 지원을 받아야
했다. 그들은 각자 고유의 작전 절차를 따르고 서로 다른 주파수를 쓰기
때문에 일이 복잡해질 수밖에 없다. 하마터면 미군인수팀 지휘관과 그가
이끄는 이라크 병사 전원이 몰살될 뻔했다.

　나는 네이비씰 장교에게 한 것과는 다른 의미로 그 지휘관에게 고개를
끄덕였다. '이래서 우리가 단순함을 강조하는 거야'라는 뜻을 담았다. 그
와 눈이 마주쳤다. 비록 한마디도 하지 않았지만 무슨 말을 하려는지 눈
빛으로 알 수 있었다.

　'이제 알겠습니다. 이해했습니다.'

승리의 원칙
모두가 이해할 수 있도록 최대한 단순하게

인생과 마찬가지로 전투에도 복잡성이 켜켜이 내재해 있다. 이를 최대한
단순화하는 것은 성공에 결정적인 역할을 한다. 계획이나 명령이 너무
복잡하면 부하들이 이해하지 못할 가능성이 크다. 만에 하나 일이 잘못
되면 여러 문제가 상호 작용을 일으켜 통제 불능 상태에 이르고 총체적
난국에 빠진다. 문제는 일은 늘 계획과 다르게 흐르고 잘못될 수밖에 없
다는 사실이다. 그러므로 계획과 명령은 간단명료하고 정제된 방식으로
수립하고 전달되어야 한다. 작전에 참여하는 모든 사람이 자신의 역할을
이해하고 만약의 사태에 어떻게 행동할지 숙지하고 있어야 한다. 리더가
명령이나 계획, 전략과 전술을 아무리 잘 설명하더라도 팀원들이 이를
알아듣지 못하면 아무 소용이 없다. 그것은 리더가 계획을 잘 세우지 못

했다는 뜻이고 결국 실패한 것이다.

모든 계획은 팀의 말단 구성원들도 확실히 이해할 수 있게 설명해야 한다. 팀원 일부가 잘 이해하지 못했을 때 질문할 수 있는 환경을 조성하는 것 또한 매우 중요하다. 리더는 자유로운 의사소통을 장려해야 하며, 팀원 전원이 목표를 완벽하게 이해할 때까지 충분한 시간을 할애해야 한다.

단순함, 이 원칙은 전투 현장에만 국한되지 않는다. 기업 경영이나 인생에도 늘 복잡성이 내재해 있다. 그 어떤 상황에 처하든 계획과 의사소통을 단순화하는 것이 필수다. 승리하고 싶다면 이 원칙을 반드시 명심하라.

원칙 활용법
복잡한 수당 체계가 불러온 역효과

"이게 무슨 말인지 전혀 모르겠어요."

한 직원이 서류 한 장을 들고 말했다. 그가 받는 수당 체계가 설명된 서류였다.

"0.84? 이 숫자가 무슨 뜻인지 도통 이해가 안 돼요. 제가 아는 건 이번 달 제 수당이 423.97달러라는 겁니다. 왜 그런지도 몰라요. 지난달에는 279달러 받았어요. 역시 이유는 모릅니다. 저번 달이나 이번 달이나 일은 똑같이 했거든요. 생산량도 별 차이 없어요. 그런데 저번 달은 수당이 절반 정도밖에 안 돼요. 이게 어떻게 된 건지 당최 모르겠습니다."

내가 물었다.

"회사가 당신에게 바라는 특정한 업무가 있는 게 아닐까요?"

"솔직히 전혀 모르겠어요. 저야 수당을 많이 받으면 좋죠. 하지만 제가 어디에 주력하기를 원하는 건지 모르겠습니다."

나는 한 제조 공장을 방문해 생산 라인 기술자 여러 명과 이야기를 나눴다. 그때마다 비슷한 대답이 나왔다. 직원들은 어떤 업무에 힘을 쏟아야 하는지 전혀 감을 못 잡고 있었다. 수당이 어떻게 계산되는지, 왜 어떤 달은 늘고 어떤 달은 줄어드는지도 몰랐다.

다음 날 나는 수석 엔지니어와 공장 관리자를 만났다. 둘 다 매우 똑똑하고 회사에 대한 열정과 제품에 대한 자부심이 넘치는 사람들이었다. 직원들과의 소통이 부족하다는 사실도 인지하고 있었다. 그런데 공장 관리자가 좌절감 어린 말투로 말했다.

"우리 생산 라인의 생산성을 최대한으로 끌어올리지 못하고 있어요."

수석 엔지니어가 맞장구를 쳤다.

"맞는 말씀입니다. 우리 생산 라인에서는 소규모 다품종으로 제품을 생산해요. 제품마다 약간씩 차이가 있어요. 그렇다고 큰 차이가 있는 건 아니고요. 수당제를 도입하면 생산성이 오를 줄 알았는데, 생각만큼은 아니네요."

공장 관리자가 거들었다.

"맞아요. 직원들이 이 수당 체계를 잘만 활용하면 상당한 수당을 받을 수 있어요. 그런데 정작 직원들은 새로운 수당 체계에 별로 관심이 없는 것 같아요."

내가 말했다.

"이 수당 체계가 어떻게 작동하는지 설명을 좀 해 주시죠."

공장 관리자가 말했다.

"좋아요. 그런데 이게 약간 까다로워요."

"괜찮습니다. 너무 어렵지는 않겠죠."

지나친 복잡성은 어디에서든 큰 골칫거리가 된다는 사실을 나는 잘 알고 있었다. 따라서 최대한 단순하게 만들어 모두를 이해시키는 것이 필수적이다.

공장 관리자가 말했다.

"솔직히 말하면 이게 상당히 복잡해요. 제품 생산에서 강조해야 할 측면이 많다 보니 우리가 직원들에게 바라는 요소가 수당 체계에 다양하게 반영돼 있거든요."

"그렇다면 가장 기본적인 것만 설명해 주시죠."

"일단은 기본 생산성에서 시작해요. 여기서 제품 여섯 종을 조립하는데, 조립 난이도가 다 달라요. 그래서 제품마다 가중치를 둡니다. 우리가 제일 많이 생산하는 모델은 가중치가 1.0이에요. 가장 복잡한 모델은 1.75이고, 가장 단순한 모델은 0.5예요. 다른 모델들은 조립 난이도에 따라 그 사이에서 가중치가 결정돼요."

수석 엔지니어가 나섰다.

"이것들은 '기본 가중치'예요. 주문량에 따라 특정 모델의 생산량을 늘려야 할 때가 있어요. 그래서 우리는 가변 가중치 곡선을 써요. 즉 구체적인 수요에 따라 가중치가 위아래로 변동될 수 있는 거죠."

공장 관리자가 말을 이어받았다.

"여기서부터 아주 정교해져요. 가중치를 적용한 생산 총량과 등급별 생산성 측정 시스템을 도입했거든요."

자기들이 개발한 복잡한 수당 체계에 대한 자부심이 말투에서 묻어났다. 수석 엔지니어는 '가변 가중치 시스템'이 작동하는 복잡한 세부 원리와 등급별로 직원들이 매달 얼마씩의 수당을 받게 되는지 설명했다.

공장 관리자가 마무리를 했다.

"경쟁심을 유발하면서도 과도한 수당 지출을 방지할 수 있는 거예요. 부작용을 줄이는 거죠."

수당 체계에 관한 그들의 설명은 여기서 끝나지 않았다. 직원의 직전 6개월간 생산량에 대한 등급을 매겨 상위 25퍼센트를 유지할 경우 추가 수당을 받을 수 있다며, 생산성 측정 시스템이 작동하는 세부 원리에 관한 자세한 설명을 덧붙였다.

그들은 품질까지 평가 대상으로 삼았다. 수석 엔지니어와 공장 관리자는 불량품을 수리가 가능한 '경미한 결함'과 재사용이 불가능한 '치명적 결함'으로 분류했다. 불량품이 발생하면 그 종류에 따라 누진 가중 시스템이 작동해 직원 수당에 일정 비율을 곱해 그만큼을 차감하게 된다. 또 불량품이 없는 직원에게는 비슷한 방식으로 점수를 매겨 추가 수당을 얹어 준다. 그들은 자신들이 만든 수당 체계에 상당한 자부심을 보였지만, 내가 보기엔 어처구니없을 만큼 복잡하기만 했다.

"이게 다예요?"

"음, 우리가 계산식에 넣는 미묘한 변수가 몇 가지 더 있어요."

"정말요? 대박이네요."

그들은 내가 비꼬고 있다는 걸 눈치채지 못했다. 공장 관리자가 방어적으로 물었다.

"대박이라고요? 뭐가요?"

그들은 자기네가 설계한 수당 체계에 대한 자부심이 넘쳤다. 완벽한 제도가 왜 효과를 발휘하지 못하는지 의아해했다. 이 정교한 체계의 치명적 결함, 즉 팀원들이 아무도 이해하지 못한다는 사실을 놓치고 있었다. 내가 말했다.

"이건 복잡한 계획이에요. 복잡해도 너무 복잡합니다. 반드시 단순화하셔야 합니다."

수석 엔지니어가 대답했다.

"글쎄요. 복잡하긴 하죠. 하지만 우리가 그림으로 설명하면 이해할 수 있을 거예요."

"제가 이해하느냐 못 하느냐가 중요한 게 아닙니다. 중요한 건 직원들이 이해하느냐예요. 막연하게 이론적으로 이해하는 거 말고 별다른 생각이 필요 없을 정도로 직관적으로 이해해야 합니다. 직원들의 마음속에 항상 자리 잡고 있어야 해요."

"하지만 직원들을 우리가 의도한 방향으로 이끌려면 인센티브가 필요합니다."

수석 엔지니어가 대꾸하자, 공장 관리자가 맞장구를 쳤다.

"맞아요. 여러 변수를 고려해야 직원들을 꾸준히 좋은 방향으로 유도할 수 있어요."

그들은 이 수당 체계를 만드는 데 분명 막대한 시간과 노력을 쏟아부었을 것이다. 결함이 뻔히 보이는 수당 체계를 지키려고 안간힘을 쓰는 것도 그 때문이리라. 내가 물었다.

"그럼 이 수당 체계가 잘 작동하고 있습니까? 방금 직원들이 수당 체계를 활용하지 않는다고 말씀하셨죠. 수당에 별로 관심이 없는 것 같다고 하셨고요. 너무 복잡해서 어떻게 해야 수당을 받을 수 있는지 모르는데,

의도한 대로 굴러갈 리가 없습니다. 쥐를 대상으로 행동 실험을 할 때도 언제 보상을 받고 언제 처벌을 받는지 확실히 이해시켜야 합니다. 어떤 행동과 보상 또는 처벌 사이에 확실한 인과 관계가 없으면 행동은 절대 수정되지 않습니다. 쥐도 내가 왜 설탕을 받는지, 왜 전기 충격을 받는지를 알아야 변하는 겁니다."

수석 엔지니어가 놀리듯 말했다.

"그래서 우리 직원들이 쥐라는 얘긴가요?"

"아뇨, 전혀 아니죠. 하지만 인간을 비롯한 모든 동물은 행동과 결과 사이의 연관성을 알아야만 뭔가를 배우거나 적절하게 반응합니다. 여러분이 만든 수당 체계에서는 직원들이 이런 연관성을 파악하는 것이 불가능해요."

"글쎄요. 시간을 갖고 열심히 들여다보면 파악할 수 있다고 보는데요."

"물론 그럴 수는 있겠죠. 하지만 그런 사람은 거의 없어요. 사람들은 보통 가장 쉬운 길을 택합니다. 그게 우리 본성이에요. 이렇게 물어보죠. 이 수당 체계 덕분에 생산량이 늘어났나요?"

"솔직히 말하면, 의미 있는 증거는 없어요. 우리가 기대한 수준에 크게 못 미치죠."

"사실 저는 전혀 놀랍지 않습니다. 여러분이 세운 계획은 우리가 전투에서 엄수하는 가장 중요한 원칙에 위배돼요. 단순함이라는 원칙요. 젊은 네이비씰 지휘관들은 훈련에서 임무가 떨어지면 생각할 수 있는 모든 가능성을 담아 계획을 짜려고 합니다. 그렇게 되면 계획은 극도로 복잡해지고 실행하기도 몹시 어려워지죠. 부대원들이 각자 맡은 임무를 잘 이해한다 해도 계획이 복잡하면 큰 그림을 이해할 수가 없어요. 일이 수월하게 진행되면 처음 한두 번은 그냥 넘어가겠죠. 그런데 이걸 기억하셔야 해요. 결정권은 적에게 있다는 것을요."

"적에게 결정권이 있다고요? 무슨 뜻이죠?"

"작전이 어떻게 흘러갈지 아무리 생각하고 세밀하게 계획해 봐야 적이라는 변수는 통제할 수 없다는 얘깁니다. 적은 어떻게 해서든 당신 계획을 방해할 거라는 뜻이죠. 그렇게 해서 뭔가 잘못되면 복잡한 계획에 혼란이 더해지면서 얽히고설켜 결국에는 엉망이 되어 버립니다. 계획대로 진행되는 작전은 거의 없어요. 그런데 처리해야 할 변수가 너무 많으면 손을 쓸 도리가 없습니다. 이 때문에 단순함을 핵심이라고 하는 겁니다. 계획이 단순하면 모두가 이해할 수 있고, 그러면 각자가 자기 행동을 빠르게 수정할 수 있습니다. 계획이 너무 복잡하면 팀이 환경 변화에 빠르게 적응하는 게 불가능합니다. 기본적인 이해가 결여돼 있기 때문이죠."

"일리가 있네요."

나는 말을 이어 갔다.

"우리는 언제나 이 규칙을 지켰습니다. 우리의 표준 작전 절차는 늘 최대한 단순하게 유지됐습니다. 의사소통 방법 역시 매우 단순합니다. 무선 통신으로 연락을 주고받을 때도 가능한 단순하고 직설적으로 합니다. 장비나 인원수를 점검할 때도 마찬가지죠. 그래야 언제든 빠르고, 정확하고, 쉽게 할 수 있으니까요. 업무 처리 방식 전반에 단순함이 자리 잡으면 팀원들은 자신이 뭘 하는지, 또 자신의 업무가 조직 전체의 목표와 어떻게 연결되는지 확실하게 이해할 수 있어요. 핵심을 분명하게 이해하면 서로 뒤엉켜 넘어지지 않고 상황 변화에 빠르게 대처할 수 있습니다."

"분명 큰 이점이 되겠네요."

공장 관리자의 말에 내가 다음과 같이 매듭을 지었다.

"자, 좋습니다. 우리는 잃을 게 없어요. 여러분의 수당 체계를 작동시키는 최선의 방법은 다시 칠판 앞으로 가서 새로운 모델을 만드는 겁니다. 단, 평가 요소는 두세 가지, 아무리 많아도 네 가지를 넘겨서는 안 됩니다."

단순한 수당 체계가 가져온 변화들

수석 엔지니어와 공장 관리자는 사무실로 돌아가 내 제안을 참고하여 보상 체계를 손보기로 했다. 다음 날 다시 만났을 때 그들은 화이트보드에 새로운 보상 체계를 그려 놓았다. 평가 요소는 두 가지뿐이었다. 가중 생산량, 그리고 품질이었다. 내가 그들에게 물었다.

"이게 다예요?"

"네. 아주 간단하죠. 직원들은 가능한 한 많이 생산하기만 하면 되죠. 우리는 수요에 따라 모델별로 가중치를 두긴 할 겁니다. 하지만 월요일에 정한 가중치를 금요일까지 그대로 유지할 거예요. 특정 모델에 대한 주문이 갑자기 늘었을 때도 다음 주분 가중치를 변경할 여유는 있을 겁니다. 그리고 모델별 가중치를 게시판에 걸어 놓기로 했어요. 그래야 생산라인 직원들이 그걸 보고, 이해하고, 생각해 볼 수 있을 테니까요. 품질 평가는 매달 할 겁니다. 95점 이상의 품질 점수를 기록한 직원은 수당을 15퍼센트 인상해 줄 거고요."

나는 당연히 마음에 든다고 대답했다. 새 수당 체계는 전에 비해 직원들에게 설명하기도, 이해시키기도 훨씬 쉬웠기 때문이다. 그날 오후 수석엔지니어와 공장 관리자가 새로운 수당 체계에 대해 각 작업반장 및 오후 근무자들과 토론하는 모습을 지켜봤다. 반응은 기대 이상이었다. 이제 직원들은 수당을 받으려면 어떻게 해야 하는지 충분히 이해하게 됐다. 이제야 비로소 수당이 직원들의 행동을 변화시키는 강력한 동기가 된 것 같았다.

그 후 몇 주 동안, 공장 관리자와 수석 엔지니어는 생산성이 즉각적으로 개선되는 현상을 목격했다. 대부분의 직원은 수당을 더 받을 수 있는 모델 생산에 몰두했다. 이는 당연히 회사의 목표와도 일치하는 것이었다. 부수적인 효과도 있었다. 생산성 높은 직원들이 더 많은 수당을 받기 위해 경쟁적으로 일하게 되자 생산성 낮은 직원들은 할 일이 없어졌다. 한 달 후 회사는 수당 점수가 가장 낮은 직원 4명을 내보냈다. 늘 저조한 실적으로 팀 전체의 성과를 깎아 먹는 이들이었다. 나머지 직원들의 생산성이 크게 올라 더 이상 이들을 붙잡아 둘 필요가 없었다.

가장 인상적인 부분은 성과 개선이 중요한 공정 변화나 신기술 도입 없이 이뤄졌다는 점이다. 오랜 세월에 걸쳐 전해진 리더십 원칙 하나가 이런 놀라운 변화를 만들어 냈다. 단순함의 힘은 그만큼 강력하다.

CHAPTER 7

우선순위
위기 상황에서 가장 먼저 해야 할 일

레이프 바빈

무시무시한 적의 공격이 온종일 이어졌다. 적의 일제 공격이 내뿜는 엄청난 충격에 벽이 흔들리고 창문이 산산조각 났다. 적의 철갑탄이 두꺼운 콘크리트 벽을 뚫고 들어와 박히기도 했다. 집중 사격이 쏟아지는 상황에서 우리 네이비씰 대원들과 폭발물 처리 요원, 이라크 병사들이 할 수 있는 일이라곤 머리를 숙인 채 바닥에 납작 엎드리는 것밖에 없었다. 우리의 머리 위를 스치듯이 비껴간 총탄에 맞은 유리와 콘크리트 파편들이 비처럼 쏟아졌다.

"젠장! 저놈들 사격 좀 하는구먼!"

바닥에 납작 엎드린 대원 하나가 소리쳤다. 이런 궁지에서도 웃음이 터져 나왔다.

'옥상에 개구리맨(frogman : 잠수부라는 뜻으로 네이비씰 애칭)'은 네이비씰 대원이 고지대에 위치하고 있음을 아군에게 무선으로 알릴 때 쓰는 암호다. 옥상에서 네이비씰 기관총 사수 마크 리가 적과 교전하는 동안 다른 대원 2명이 상황을 지켜보며 목표물을 살피고 있다.

잠시 뒤 RPG-7 로켓포 서너 발이 연속으로 담장에 부딪치며 커다란 폭발음을 냈다. 건물 안에 웅크리고 있던 우리는 뼈를 뒤흔드는 폭발과 날카로운 파편에 가까스로 버텼다. RPG 로켓포 한 발이 빗나가 건물 너머로 날아갔다. 구름 한 점 없는 이라크의 여름 하늘을 가로지르는 로켓포 모습이 마치 미국 독립 기념일의 폭죽 같았다. 물론 그 로켓포가 창문에 명중했다면 뾰족한 금속 파편들이 사방으로 튀어 대원들 몸에 박히고도 남았겠지만 말이다.

적의 격렬한 공격이 이어지는 와중에도 우리는 4층짜리 대형 아파트 건물 안에서 각자의 위치를 사수했다. 적의 공격이 잦아들자 저격수들이 곧바로 맹렬한 반격에 나섰다. 그들은 건물을 향해 달려오는 적군들을 한 치의 오차 없이 처치했다. 사살 확인한 적만 해도 10명이 넘었다. 전 대원을 통솔하는 소대장인 나는 각 층과 방을 오가며 대원들의 상태를 점검하고, 교전 정보를 수집해 작전 통제실에 무전으로 전달했다.

"자네들 괜찮나?"

저격수와 기관총 사수가 경계 중인 방 안으로 몸을 굽혀 들어가며 내가 물었다. 다른 대원들은 휴식 중이었다.

"문제없습니다."

그런데 다른 방에서 선임 중사와 마주치는 순간 갑자기 적의 총알이 창문을 뚫고 쏟아져 들어왔다. 황급하게 방구석으로 대피한 선임 중사는 나를 향해 웃으며 엄지손가락을 치켜세웠다. 저런 강심장이 있을까 싶었다. 기관총 사수가 소리를 듣고 방으로 달려왔다. 우리가 적의 방향을 가리키자 사수가 재빨리 적을 향해 7.62㎜ 탄환을 퍼부었다.

네이비씰 사수인 라이언 잡은 적의 공격에도 아랑곳하지 않고 창문 앞에 서서 적들에게 조준 사격을 퍼부었다. 한 무리의 반군들이 우리 쪽으로 몰래 다가오려고 양 떼 우리에 몸을 숨기려는 순간 라이언이 재빨리 공격해 물리쳤다. 오가는 공격에 양 몇 마리가 쓰러졌다.

"젠장, 애꿎은 양들이 당했군."

나의 말에 라이언이 웃으면서 대답했다.

"양을 살리려다간 우리가 죽어요."

나는 적들을 향해 40㎜ 고성능 유탄 발사기로 몇 발을 발사했다. "펑!" 하는 소리와 함께 탄약 한 발이 적의 근처에서 제대로 터졌다. 적어도 잠시 동안은 적을 잠잠하게 만들 터였다.

적의 점령지 한복판으로 들어가다

이날 해가 뜨기 한참 전, 그러니까 모스크 첨탑에서 첫 기도 소리가 울려 퍼지기 전 우리 네이비씰 찰리 소대원들은 폭발물 처리 요원들(소속은 달랐지만 우리와 같은 소대나 다름없었다), 이라크 병사들과 함께 도보 순찰에 나섰다. 어둠에 몸을 숨긴 채 먼지로 뒤덮이고 돌무더기가 나뒹구는 거리에 발을 내디뎠다. 선임 중사는 이런 위험한 작전에 나서는 우리를 두고 '진격의 개구리맨'이라고 했다. 개구리맨은 수중 임무를 수행하는 잠수 요원들을 가리키는 말이자 네이비씰 대원의 애칭이기도 하다. '진격의 개구리맨'은 까다롭고 중요한 임무에 나서는 대원들을 존중하는 의미로 우리 찰리 소대 내부에서 통용되는 별명이었다. 진격의 개구리맨이 된다는 것은 부단히 육체를 단련하고, 엄청난 위험을 감수하며, 고통을 인내해야 함을 의미했다. 적진 깊숙이 침투하는 작전은 개구리맨들이 한 단계 더 진화했음을 의미했다. 우리는 이곳에서 적과의 교전 가능성이 매우 크다는 것을 알고 있었다. 선임 중사의 표현을 빌리자면 이런 종류의 작전은 대개 '진격의 개구리맨 출동, 생난리, 개구리맨 귀환' 순서로 진행됐다. 작전을 마치고 기지로 복귀하면 식당으로 달려가 '한바탕 회식'으로 무사 귀환을 기념하곤 했다.

이른 아침, 우리는 어둠을 뚫고 빽빽한 2층짜리 건물들과 콘크리트 담장, 육중한 철문을 지나 팰컨 기지를 빠져나왔다. 무거운 장비와 무기를 소지한 채 약 1.5킬로미터를 걸어 잔혹한 적들이 점령하고 있는 지역으로 들어섰다. 동쪽과 서쪽에서 미군의 공격을 받아 퇴각한 반군은 라마디 중심부인 이곳에 집결해 결사 항전의 각오를 다지고 있었다. 우리는 어느 모스크와 마주 보는 건물에 자리를 잡았다. 모스크 첨탑 스피커에서는 수백 명의 중무장한 무즈를 향해 성전(聖戰)을 촉구하는 외침이 울려 퍼지곤 했다.

얼마 전 바로 이 거리에서 미 해병대가 대규모 반군에게 포위되어 몇 시간 갇혀 있다가 구출된 일이 있었다. 2주 전에는 이곳에서 남쪽으로 반 블록 떨어진 지점에서 미군 지뢰 제거 차량이 사제 폭탄 공격을 받아 파괴된 일도 있었다. 이 지역에서 파괴된 미군 탱크와 장갑차만 십여 대에 달했다. 파괴된 차량은 캠프 라마디 내에 있는 차량 묘지에 야적됐다. 검게 그을리고 뒤틀린 차량의 잔해를 보며 우리는 이 지역의 위험성을 새삼 깨닫고, 죽거나 다친 전우들을 떠올리곤 했다.

우리가 이 건물을 택한 이유는 사방이 한눈에 들어오기 때문이기도 했지만, 더 중요한 것은 건물이 적진의 뒷마당에 위치하고 있어서였다. 이곳에서는 반군들이 마음 놓고 활보하고 있었다. 쏟아지는 적의 기관총 세례와 RPG 로켓포는 이곳에서 우리가 전혀 환영받지 못하는 손님이라는 사실을 증명하는 듯했다. 말벌집을 건드린 셈이었다. 하지만 그것이야말로 바라던 바였다. 적들이 전혀 예상치 못한 곳에 불쑥 나타나 그들을 혼란에 빠뜨리고 최대한 많은 적을 사살해 적의 화력을 약화시키는 게 우리의 목표였다. 더 이상 숨을 곳이 없다는 것을 적들에게 분명하게 각인시키고 싶었다.

하지만 적의 점령지 깊숙이 들어가는 것은 엄청난 위험이 따르는 일이다. 여기서 가장 가까운 미군 전투 기지는 직선거리로 1.5킬로미터밖에 떨어지지 않았지만 곳곳에 적군과 사제 폭탄이 도사리고 있어 아군 탱크나 장갑차 화력 지원을 받는 게 거의 불가능했다. 요청만 하면 우리 전우들이 기꺼이 달려올 테지만 그것은 그들을 커다란 위험에 빠뜨리는 노릇이었다. 그 대신 우리는 근처에 주둔 중인 미 해병대에게 배운 요긴한 전략을 써먹기로 했다. 긴급한 사상자가 있지 않은 한 화력 지원을 요청하지 않고 위치를 사수한 채 웅크리고 있는 것이다.

우리 네이비씰 부대가 점거하고 있는 아파트 건물은 전략적으로 매우 탁월했다. 주변 건물 위로 높이 솟아 있어 시야 확보가 용이하고 두꺼운 콘크리트 담장 덕분에 적의 공격을 막기에도 수월했다. 그런데 치명적인 단점이 하나 있었다. 출입문이 2층에 딱 하나밖에 없다는 것이었다. 이 문을 지나 좁은 계단을 내려가면 곧바로 도로와 연결됐다. 건물 안에서 주변 도로를 감시하는 동안 적들은 손쉽게 출입문 계단 주변에 폭탄을 매설할 수 있었다. 우리가 있는 곳에서는 출입문 근처에 시야가 확보되지 않아 그들을 저지할 방법이 없었다. 자칫하다간 건물을 빠져나갈 때 큰 피해를 볼 가능성이 컸다. 다른 해병대 저격감시팀과 미군 부대에 실제로 이런 사례가 있었다는 이야기를 들은 적이 있다. 나는 선임 중사와 함께 맞은편 건물을 장악해 입구를 감시하는 방법을 검토했다. 하지만 병력이 충분치 않았다. 뾰족한 대안이 없었기에 단점을 감내하는 수밖에 없었다. 밤에 건물을 빠져나가기 직전 폭발물 처리 요원들이 출입문 주변을 샅샅이 뒤져 폭발물을 점검하는 것으로 대비책을 세웠다.

적의 공격은 온종일 이어졌다. 한동안 잠잠했다가 다시 거센 공격을 퍼붓기를 반복했다. 적의 공격은 사방에서 가해졌다. 그때마다 네이비씰 저격수들이 응사해 많은 적을 사살했다. 다른 대원들은 콘크리트 담장 뒤에 숨어 있는 적들을 향해 대전차 로켓포와 40mm 유탄 발사기를 날렸다. 보통은 자기 몸 간수하기에 바쁜 이라크 병사들도 적극적으로 전투에 참여했다. 날이 저물고 태양이 지평선 너머로 사라지자 적들의 공격이 잠잠해졌다. 총격과 폭발도 멈췄다. 으스름한 적막과 어둠이 라마디에 내려앉자 저녁 기도 시간을 알리는 확성기 소리만 먼지로 뒤덮인 지붕 위로 퍼져 나갔다.

탈출 직전 입구에서 발견된 폭탄

우리는 장비를 챙겨 떠날 준비를 했다. 길을 나서기 전 폭발물 처리 요원 2명에게 출입문 주변을 점검하라고 지시했다. 나는 발코니에서 야간 투시경으로 입구 주변을 훑어봤다. 주변 도로에는 쓰레기와 폭발 흔적이 곳곳에 남아 있었다. 그런데 싸한 느낌이 들었다. 동트기 전 이른 아침 어둠 속에서 본 출입문의 모습과 뭔가 달랐던 것이다. 유심히 보지 않았다면 그냥 지나쳤을 만한 작은 물체가 플라스틱 방수포에 싸인 채 출입문에서 불과 30센티미터 떨어진 담벼락 밑에 놓여 있었다. 방수포 틈으로 살짝 삐져나온 은색의 매끈한 원통형 물체가 눈에 띄었다.

폭발물 처리 요원이 내게 전했다.

"수상한 물체가 있습니다."

빠져나갈 통로가 하나밖에 없는 상황에서 반갑지 않은 뉴스였다. 나는 간부들을 긴급히 불러 모았다.

"입구로는 못 나가. 다른 방법을 찾아야 해."

하지만 말처럼 쉬운 일이 아니었다. 건물 2층에서 도로까지의 높이는 약 6미터였다. 우리에겐 밧줄이 없었다. 짊어진 장비와 무기가 너무 무거워 뛰어내렸다가는 다치기에 십상이었다. 한 사람만 다쳐도 팀 전체 기동력이 크게 떨어진다. 게다가 인근에 폭탄이 추가로 매설되어 있을 게 분명했다. 저들이 폭탄을 하나만 설치했을 리 없었다. 그중 하나라도 건드리면 지옥문이 열릴 터였다. 그때 누군가 만화에나 나올 법한 탈출법을 제안했다.

"침대 시트를 길게 연결해서 옆집 옥상으로 건너가면 어떻겠습니까? 옆집으로 빠져나가는 건 안전하지 않겠습니까?"

황당한 소리였지만 그만큼 상황이 급박했다. 2층은 삼면이 창문이나 발코니로 뚫려 있었고, 한쪽 벽만 콘크리트로 막혀 있었다. 단층짜리 옆집은 그 막힌 벽 쪽에 위치했다. 벽을 우회하거나 타 넘는 것은 불가능해 보였다. 건너가려면 벽을 뚫는 수밖에 없었다. 선임 중사가 말했다.

"진격의 개구리맨들이 나서야 할 때인 것 같네요."

육체적 한계를 시험하는 무모한 도전에 나서야 한다는 의미였다. 우리 찰리 소대는 수많은 고난과 역경 속에서도 어떻게든 살아남아 승리했다는 데 큰 자부심을 느꼈다.

"해머 가져와!"

우리는 건물이 잠겨 입구를 만들어야 할 때를 대비해 항상 대형 해머를 가지고 다녔다. 선임 중사가 있는 힘껏 해머를 휘둘러 벽을 내리치기 시작했다. 그가 해머를 휘두를 때마다 "퍽" 하는 소리가 크게 울렸다. 선임 중사와 나머지 대원들이 번갈아 가며 해머를 잡고 두꺼운 벽을 내리쳤다. 허리가 끊어질 것 같은 고통스러운 작업이었다. 배낭과 무거운 장비를 짊어진 대원들이 빠져나가려면 큰 구멍이 필요했다.

그사이 폭발물 처리 요원들은 입구 근처에서 폭탄 수색을 이어 갔다. 주변을 샅샅이 뒤진 끝에 130mm 로켓포 발사체 두 발을 발견했다. 뾰족한 탄두 끝에 플라스틱 폭약인 셈텍스가 가득 채워져 있었다. 아무 생각 없이 입구로 빠져나갔으면 소대원 절반이 날아갈 뻔했다. 폭탄을 그대로 뒀다간 다른 미군 병사들이나 이라크 민간인이 피해를 볼 염려가 있었다. 폭발물 처리 요원은 폭발물을 안전하게 처리하기 위해 조심스럽게 기폭 장치를 설치했다. 모든 준비가 끝난 뒤 내가 '점화' 지시를 내리면 폭발물 처리 요원이 시한 신관을 작동해 폭발을 유도하기로 했다.

20분에 걸친 분노의 해머질 끝에 마침내 콘크리트 벽에 구멍이 뚫렸다. 대원들은 숨을 헐떡이며 비 오듯 땀을 흘렸다. 그 덕분에 사제 폭탄을 우회할 다른 출입문을 갖게 됐다. 두고 가는 것은 없는지 재차 점검한 뒤 전 대원이 벽에 난 구멍 앞에 일렬로 섰다. 이제 여기를 벗어나는 일만 남았다. 나는 모든 대원에게 지시를 내렸다.

"탈출 준비."

네이비씰 대원들과 이라크 병사들이 배낭을 어깨에 걸쳐 멨다. 마지막으로 폭발물 처리 요원에게 말했다.

"점화."

한 사람이 퓨즈를 점화하는 사이 다른 한 사람은 스톱워치를 켜고 폭발까지 남은 시간을 재기 시작했다. 폭탄의 위력이 상상을 초월하기 때문에 이곳에서 최대한 멀리 벗어나야 했다. 시간이 많지 않았다. 우리는 울퉁불퉁 뚫린 구멍을 통해 옆집 옥상으로 뛰어내렸다. 대원들은 주변 건물로부터 날아들지도 모를 공격에 대비하기 위해 일사불란하게 산개하여 경계 태세를 유지했다. 전술적으로 이 집의 입지는 최악이었다. 옥상은 엄폐물 하나 없이 사방이 훤히 뚫려 있는데 그 주변을 높은 건물들이 둘러싸고 있었다. 게다가 이곳은 온종일 격렬한 전투를 치른 적진의 뒷마당이었다. 나는 재빠르게 선임 중사에게 지시했다.

"인원 파악한다. 전원 무사한지 확인하라."

이미 대기 중이던 선임 중사가 인원수를 확인했다. 그 순간 어이없는 일이 벌어졌다. 갑자기 옥상 가장자리에 있던 대원 한 사람이 6미터 아래 바닥으로 추락한 것이다. 콘크리트에 강하게 부딪히는 둔탁한 소리가 났다. 알고 보니 그가 있던 자리는 뚫린 바닥을 플라스틱 방수포로 덮어 놓은 곳이었다. 어둠 속이라 미처 알아챌 수가 없었다.

'이런 젠장!'

우연한 사건 하나가 대혼란을 불러왔다.

바닥에 떨어진 대원은 고통스러운 신음을 내고 있었다. 나는 무선으로 그에게 연락을 취했다.

"괜찮나?"

대답이 없었다. 우리는 즉각 그를 구할 방법을 찾기 시작했다. 그러나 옥상에서 아래로 내려가는 유일한 문은 철제 빗장과 쇠사슬로 단단히 잠겨 있었다.

전 대원의 안전 확보 vs 부상병 구하기

최악의 상황이었다. 엄폐물 하나 없는 옥상에 전 대원이 속수무책으로 노출돼 있고, 사방은 높은 건물로 둘러싸여 있다. 게다가 여기는 적들이 마음 놓고 활개 치는 적진 한복판이다. 온종일 우리를 공격한 반군은 우리의 위치를 알고 있다. 더군다나 타이머를 맞춰 놓은 사제 폭탄의 폭파 시간은 재깍재깍 다가오고 있었다. 머지않아 초강력 폭탄이 굉음과 함께 터지고 금속 파편이 사방으로 날릴 것이다.

그런데 우리는 아직 인원수 파악조차 못 했다. 저 밑에는 대원 하나가 방어 능력을 상실한 채 속수무책으로 쓰러져 있는데 당장 그를 구조할 방법도 없다. 그 대원은 목이나 허리가 부러지거나 두개골에 금이 가는 부상을 입었을지도 모른다. 즉각 의무병에게 데려가야 하는 상황이지만 철문을 부수지 않고는 다가갈 도리가 없다. 상황의 엄중함이 나를 짓눌렀다. 아무리 유능한 지휘관이라도 얼어붙을 만한 심각한 딜레마에 봉착한 것이다. 이 많은 난관을 어떻게 한꺼번에 극복할 것인가?

네이비씰 대원들은 고된 훈련 과정을 통해 이처럼 혼란스럽고 어려운 상황에 대처하는 법을 수없이 반복 연습했다. 우리를 압도하는 상황을 조성해 극한으로 몰아붙인 뒤 중요한 결정을 내리도록 하는 훈련이다. 소음, 혼란, 위협, 불확실성이 가득한 상황에서도 정신적 공황 상태에 빠지지 않고 평정을 유지한 채 여러 시나리오를 신속하게 점검하고, 결정을 내리며, 명령을 하는 훈련을 거듭했다.

이 훈련의 핵심은 우선순위를 정하는 것이다. 압박감이 극에 달한 상황에서는 신속하게 우선순위를 정하고 그것을 실행에 옮기는 것이 가장 중요하다. 아무리 뛰어난 전투 지휘관도 한꺼번에 모든 문제를 처리할 수는 없다. 침착함을 유지하며 당장의 감정에서 한발 물러나 팀의 최우선 과제를 결정해야 한다. 그리고 팀 전체가 최우선 과제를 실행하는 데 전력을 다할 수 있도록 이끌어야 한다. 그동안 나는 다음 과제를 정한다. 그러면 다시 팀이 다음 과제에 총력을 다하고, 그 후 다음 과제로 넘어간다. 나 자신이 상황에 압도되는 것은 용납될 수 없다. 어떤 일이 벌어지더라도 긴장을 풀고, 주위를 둘러보며, 명령을 내려야 한다. 이것이 바로 '우선순위를 정해 실행하라'라는 교전 수칙이다.

우선순위를 정해 실행하는 능력은 보통 사람들이 직관적으로 익힐 수 있는 기술은 아니다. 하지만 반복 훈련을 통해 배우고 익히면 충분히 숙달할 수 있다.

나는 마음속으로 팀의 최우선 과제를 정했다. 그리고 간결하게 명령을 내렸다.

"안전을 확보하라!"

감정적으로는 바닥에 쓰러져 있는 대원을 가장 먼저 구하고 싶었다. 하지만 그러려면 우리 자신을 보호할 수 있는 전술적 위치를 확보하는 게 급선무였다. 사방이 위험에 노출된 상황이었으므로 언제 어디서 나타날지 모르는 적들에 대비해 옥상, 건물 안, 바닥을 비롯한 적재적소에 사수들을 배치해야 했다. 내 명령 한마디에 분대장이 곧바로 실행에 돌입했다. 우리가 빠져나온 건물과 옥상 곳곳에 대원들을 배치했다. 그가 소리쳤다.

"이쪽으로 몇 명 와라!"

몇 분 만에 핵심적인 엄호 위치에 사수 배치가 완료됐다. 일단 안전이 확보된 셈이다.

그다음 과제는 옥상에서 내려가 부상병에게 닿을 방법을 찾는 일이었다. 지독한 훈련 과정을 거친 네이비씰 대원은 모두 우선순위를 정해 실행하는 습관이 몸에 배어 있다. 그래서 특별한 지시가 없었는데도 이미 선봉에 선 대원들이 대형 절단기로 철문을 열 준비를 하고 있었다.

"절단!"

명령이 떨어지기 무섭게 한 대원이 재빨리 나아가 철문을 절단하기 시작했다.

세 번째 과제는 전 대원이 건물을 빠져나왔는지 인원수를 파악하고 곧 있을 폭발로부터 안전한 장소로 대피하는 일이었다.

"인원수 점검!"

내가 선임 중사에게 명령을 내리자 그는 인원수를 체크하기 시작했다. 몇 분 뒤 그가 나에게 보고했다.

"이상 없습니다."

모두가 건물을 빠져나온 것이 확인되었다.

그 후 1분도 안 돼 철문 절단 작업이 끝났다. 마침내 전 대원이 옥상을 빠져나가 바닥에 떨어진 대원에 닿을 수 있게 됐다.

"이동!"

내 한마디에 다시 선임 중사가 대원들에게 지시를 내렸다. 먼저 일부가 옥상에 남아 엄호하는 동안 다른 대원들이 재빨리 계단을 내려갔다. 이어 나머지가 안전하게 이동할 수 있게 교대로 엄호했다. 그사이 일부 대원이 바닥에 떨어진 대원을 구조했다. 이렇게 해서 전 대원이 계단을 내려간 후 신속하게 폭발 범위 밖으로 이동했다. 잠시 숨을 고르며 다시 한번 인원수를 확인했다. 조별 보고를 취합해 선임 중사가 내게 이상이 없다고 보고했다. 불과 몇 분 만의 일이었다.

"콰아아아아아아아앙!"

곧 엄청난 폭발음과 함께 화염이 어둠을 뚫고 터져 나왔다. 사방으로 튀어 오른 파편이 비처럼 쏟아져 내렸다.

폭발물 처리 요원이 설정해 놓은 시간에 딱 맞춰 사제 폭탄이 폭발했다. 끔찍한 진동이 밤의 어둠을 뒤흔들었다. 무시무시한 파괴력을 지닌 사제 폭탄에 아군이 한 사람도 피해를 보지 않은 것은 참으로 감사한 일이었다. 옥상에서 바닥으로 떨어진 대원 역시 다행하게도 배낭 위로 떨어지면서 심각한 골절은 피했다. 약간의 뇌진탕 증세를 보이고 팔꿈치를 다친 비교적 가벼운 부상이었다. 기지로 돌아와 간단히 치료를 받은 그 대원은 다음 작전에도 함께 나갔다.

승리의 원칙
우선순위를 어떻게 정할 것인가

전장에서는 수많은 문제가 동시다발적으로 일어나 눈덩이 효과를 일으킨다. 사소해 보이는 일이 큰 사건으로 이어질 수 있기 때문에 그 무엇도 소홀히 할 수 없다. 각각의 문제는 저마다 복잡하고 중요하다. 하나같이 세심한 주의를 기울여야 한다. 리더는 그 어떤 순간에도 평정을 유지하고 최선의 결정을 내려야 한다. 이를 위해 네이비씰 지휘관은 '우선순위를 정해 실행하라'라는 교전 수칙을 활용한다.

'긴장을 풀고, 주위를 둘러보고, 명령을 내려라.'

유능한 지휘관도 여러 문제를 한꺼번에 해결하려 했다가는 압도당할 수 있다. 그러면 오히려 모든 일을 망치게 될 소지가 크다. 그런 상황일수록 최우선 과업을 정해 하나씩 실행해야 한다.

'우선순위를 정해 실행하라.'

어려운 문제가 동시다발로 터졌을 때는 반드시 이 원칙을 기억하라.

고도의 압박감, 위험한 환경 등이 전장에만 있는 것은 아니다. 인생의 여러 국면, 특히 기업 경영에서 자주 발생한다. 물론 경영상의 결정은 당장 죽고 사는 문제는 아닐지도 모른다. 하지만 기업의 리더가 받는 중압감은 전쟁터의 지휘관들 못지않게 상당하다. 팀, 회사, 투자자, 자신의 경력, 직원의 성패와 생계가 리더의 결정에 달려 있다. 이런 중압감은 엄청난 스트레스를 유발한다. 빠른 의사 결정과 실행이 요구될 때도 많다. 이런 상황에서 의사 결정을 내리려다 자칫 공황 상태에 빠져 얼어 버릴 수 있다. 그럴 때 필요한 것이 바로 우선순위를 정해 실행하는 것이다.

이때 가장 효과적인 방법은 당면한 문제에서 한발 뒤로 물러서는 것이다. 비상 계획을 주의 깊게 수립하면 리더는 실행 과정에서 불거질 문제들을 예상해 대비책을 마련할 수 있다. 그런 리더가 이끄는 팀은 승리할 가능성이 커진다.

일의 예상 경로를 미리 머릿속에 그려 놓으면 긴박한 상황에서도 압도당하지 않고 훨씬 더 결단력 있게 행동할 수 있다. 그런 예상을 바탕으로 비상 상황에서 어떤 행동을 취해야 하는지 팀원들에게 미리 설명하고 이해시키면 문제가 발생했을 때 리더가 특별히 지시하지 않아도 일사불란하게 움직일 수 있다. 이는 높은 성과를 내는 팀이 가진 공통적인 특징이다. 또 다른 중요한 요소인 '지휘권 분산'으로도 연결된다. 이는 챕터 8에서 자세히 다룬다.

작전 실행 계획이 방대하거나 계획의 세부 내용이 복잡할 경우에는 디테일에 함몰돼 큰 그림을 놓치기 쉽다. 그러므로 조직의 최상위에 있는 리더는 전선에서 한발 물러나 큰 그림을 보는 것이 매우 중요하다. 이는 팀이 올바르게 우선순위를 정하는 데 결정적인 역할을 하고 중요한 일에 에너지를 집중할 수 있게 한다. 아울러 고위 리더는 하위 조직의 리더들이 자기 팀의 우선순위를 정하는 것을 도와야 한다.

우선순위는 언제든 갑자기 변동될 수 있다. 그럴 때는 지휘 체계 위아래로 이를 빠르게 전파하는 것이 중요하다. 팀은 목표물을 고정하거나 하나의 사안에만 매달리지 않도록 주의를 기울여야 한다. 최우선 과제가 다른 것으로 바뀌었을 때 이를 놓쳐서는 안 된다. 끊임없이 변화하는 실전 상황에서 재빨리 우선 과제를 재수정하고 신속히 적응하는 능력을 갖춰야 한다. '우선순위를 정해 실행하라'라는 교전 수칙을 실행하기 위해 리더가 명심해야 할 것은 다음과 같다.

- 각 문제의 시급성을 평가한다.
- 가장 시급하게 처리해야 할 과제를 간단명료한 용어로 정리한다.
- 해결책을 모색한다. 이 과정에서 가능하면 하위 리더와 팀원들에게 의견을 구한다.
- 해결책의 실행을 지시한다. 모든 노력과 자원은 최우선 과제에 집중되어

야 한다.

- ◆ 최우선 과제가 해결되면 그다음 과제로 넘어간다. 이 과정을 반복한다.
- ◆ 팀 내에서 우선 과제가 변경될 경우 이 상황을 위아래로 전파한다.
- ◆ 우선 과제에 집중한다고 해서 그 목표물에만 매몰돼서는 안 된다. 다른 문제들을 둘러볼 능력을 갖추고, 필요한 경우 우선순위를 빠르게 변경한다.

원칙 활용법
적자에 허덕이는 회사를 구하라
– 조코 윌링크

문제는 딱 하나였다. 회사가 적자를 보고 있다는 것. 이 회사는 제약 업계에서 오랫동안 흑자를 내 왔다. 여러 차례 인수 합병으로 몸집도 불렸다. 그런데 최근 들어 매출이 감소세로 돌아섰다. 처음에는 '시장 상황'이나 '계절적 원인' 때문인 줄 알았다. 하지만 이런 추세가 계속되자 매출 감소는 일시적인 문제가 아니라 구조적인 문제라는 것이 분명해졌다.

그러자 회사 대표가 나에게 자문을 의뢰했다. 대표와 경영진은 성과 개선을 위해 마련한 전략을 내게 들려주었다. 전략은 여러 분야로 나뉘어 있었는데 실행이 쉽지 않은 새로운 추진 과제가 너무 많았다. 다수의 신제품을 출시하고 각 제품에 대한 개별적인 마케팅을 진행할 거라고 했다. 신규 시장 개척을 위해 향후 18~24개월 안에 10여 개 지역에 유통망을 확충할 것이며, 기존 거래처인 의사와 병원 쪽 판로를 이용해 실험 장비 시장에도 진출하겠다고 했다. 관리자들을 교육하고 리더로 양성하기 위한 새로운 교육 프로그램도 준비하고 있었다. 또 낡은 홈페이지를 싹 뜯어고쳐 고객 만족도를 높이고 브랜드 이미지를 개선한다는 계획도 있었다. 마지막으로 매출 증가를 위해 판매 조직과 보상 체계를 개편하는 방안도 준비 중이었다. 수익성 높은 제품 판매에 집중해 불필요한 시간과 노력을 절감하겠다는 것이었다.

대표는 꽤 그럴듯해 보이는 계획들을 상세하게 설명했다. 그는 열정이 넘치는 사람이었다. 모든 계획을 실행해 회사를 다시 정상 궤도에 올려놓을 생각으로 흥분해 있었다. 설명을 끝낸 대표가 질문이 있느냐고 물었다. 내가 물었다.

"혹시 '배수진'이라는 용어를 들어 보신 적 있나요?"

대표가 미소 지으며 대답했다.

"아뇨. 저는 군 복무를 해 본 적이 없어요."

"배수진이라는 건 어떤 부대가 안 좋은 상황에 몰려서 꼼짝달싹 못 하게 된 상황을 말합니다. 한마디로 더 이상 물러설 수 없는 상황이죠. 무조건 이겨야만 합니다. 안 그러면 죽으니까요. 그런데 대표님 계획을 들으니 엄청나게 많은 배수진을 동시다발적으로 치겠다는 것처럼 보여요."

"잘 보셨어요. 우리 회사는 얇게 펼쳐진 조직이거든요."

대표는 이 이야기가 어떻게 흘러갈지 궁금해하는 표정이었다. 잠시 후 내가 다시 물었다.

"이 많은 계획 중에 '가장 중요하다'고 생각하는 건 뭔가요? 최우선 과제가 있나요?"

"당연하죠. 판매 조직 재편이 최우선 과제입니다. 우리 판매 직원들이 제대로 일을 하게 만들어야 해요. 판매 직원들이 물건을 못 팔면 회사가 망하니까요."

"그게 최우선 과제라는 걸 직원들이 이 많은 계획 중에서 확실히 파악할 수 있을까요?"

"아마 아니겠죠."

"전투 현장에서 적과 직접 대면하는 병사들이 제대로 하지 못하면 다른 건 아무 소용이 없습니다. 필패죠. 신경 써야 할 다른 과제들이 이렇게 많은데 현장 판매 직원들이 어떻게 최고의 성과를 낼 수 있겠습니까? 만약 앞으로 몇 주나 몇 달간 판매 직원들에게 최우선 과제에만 100퍼센트 몰두하도록 하면 어떤 결과가 나타날까요?"

"아주 다른 결과가 나오겠죠."

"네이비씰에 있을 때 저도 초급 장교들이 전장에서 우왕좌왕하는 모습을 많이 봤습니다. 혼란 속에서 수많은 일을 한꺼번에 처리하려고 하는 거죠. 그런데 절대 뜻대로 되지 않아요. 그래서 저는 '우선순위를 정해 실행하라'라고 가르쳤습니다. 문제의 우선순위를 정한 뒤 하나씩 처리하는 거죠. 가장 시급한 문제부터요. 절대로 한꺼번에 하려고 하지 마세요. 그럼 결코 성공할 수 없습니다."

너무 많은 문제를 동시에 처리하려고 하다가 오히려 낭패를 볼 수 있다는 점을 설명했다.

"그럼 다른 계획들은 어쩌고요? 전부 다 회사에 도움이 될 텐데요?"

"다 갖다 버리라는 말이 아닙니다. 전부 중요하고 필요해 보여요. 하지만 그렇게 에너지를 분산하면 어느 하나에 집중할 수가 없게 됩니다. 우선 제일 중요한 한 가지에 집중하고, 그게 완료되거나 최소한 어느 정도 자리를 잡은 뒤에 다음 과제로 넘어가라는 겁니다. 그러다 보면 결국에는 모든 계획을 다 해낼 수 있어요."

"말이 되는군요. 그렇게 해 보겠습니다."

대표는 회사가 반전하기를 간절히 원하고 있었다. 그 후 몇 달 동안 판매 조직을 재편하는 데 전사적 노력을 집중했다. 판매 조직 재편이 회사의 최우선 과제라는 점을 분명히 했다. 연구소는 고객 순회 방문 행사를 마련했고, 마케팅 디자이너는 더 깔끔하고 보기 편한 안내 책자를 만들었다. 판매 부서장은 최소 영업 방문 횟수를 정해 직원들로 하여금 일정 횟수 이상 의사 또는 병원 약품 구매 담당자를 만나 제품을 소개하도록 했다. 교육팀은 최고 실적을 낸 판매 직원을 인터뷰한 영상물을 제작해 다른 직원들로 하여금 그 요령을 배우도록 했다. 매출 증대라는 최우선 과제에 회사의 모든 역량을 집중한 것이다.

회사 전원이 하나의 목표에 집중하자 실적이 빠르게 개선되었다. 회사 대표는 '우선순위를 정해 실행하라'라는 전술을 착실하게 수행하며 이 전술의 힘을 몸소 깨달았다. 어려운 상황에서 반전을 원하는가? 가장 중요한 것에 집중하라.

CHAPTER 8

지휘권 분산
네이비씰이 한 팀을 6명으로 꾸리는 이유

조코 윌링크

"옥상에 적군이 있습니다. 저격수 같습니다."

무선을 통해 다급한 외침이 들려왔다. 상황을 보고하는 병사 목소리가 잔뜩 격앙돼 있었다. 듣고 있던 이들도 귀가 번쩍 뜨였다. 적 저격수는 매우 위협적이기 때문이었다. 적군은 숙련도나 훈련, 장비 면에서 미군에 비할 바가 아니지만 몇몇 출중한 명사수가 있어 우리에게 큰 피해를 줬다. 그들의 공격에 목숨을 잃거나 치명상을 입은 아군 숫자가 상당했다.

브루저 기동대를 성공으로 이끈 결정적 요소

브루저 기동대는 두 팀으로 나뉘어 육군과 함께 적의 점령지에서 작전

라마디 중남부에 해가 뜨고 있다. M2 브래들리 장갑차가 지상 작전 중인 미군과 이라크 병
력을 호위하고 있다. 네이비씰 저격감시팀은 건물 옥상에서 이들을 엄호 중이다. 새벽 기도
소리와 함께 시작된 반군의 공격은 이날 종일 이어졌다.

수행 중이었다. 내 임무는 30여 명의 브루저 기동대, 그리고 작전에 함께 참여한 이라크군을 총괄 지휘하는 것이었다. 참여 인원이 많은 작전을 지휘하는 가장 좋은 방법은 지휘권을 분산하는 것이다. 사실 그것만이 작전을 성공적으로 수행할 유일한 방법이다.

나는 레이프를 비롯한 장교들과 하사관, 그리고 선임 병사들이 전장에서 독자적으로 결정을 내리고 부하들을 지휘할 것을 기대했다. 그런 기대에 부응할 수 있도록 가르치고 훈련시켰다. 나는 그들이 임무 완수를 위한 최선의 방법을 숙고한 뒤 전술적으로 옳은 결정을 내릴 것으로 믿었다. 그들의 상황 판단 능력을 전적으로 신뢰한 것이다. 최종적인 전략적 목표는 이런 신뢰와 작은 결정들을 바탕으로 달성된다.

라마디에서 함께 복무한 수개월 동안 그들은 나의 신뢰가 틀리지 않았음을 거듭 증명했다. 레이프를 비롯한 지휘관들은 적의 기습, 혼란과 혼돈, 아군 간 교전, 그리고 전우를 잃는 최악의 상황에서도 흔들림 없이 부하들을 이끌었다. 정보가 극히 제한된 극한 상황에서도 침착함과 용기를 잃지 않고 생사를 가를 중요한 결정들을 신속하게 내렸다. 나는 그들을 신뢰했다.

이런 신뢰는 라마디에 오기 전 수개월에 걸친 훈련을 통해 쌓인 것이었다. 나는 지난 15년간 몸으로 익혀 온 리더십 원칙들을 그들에게 가르쳐 주었다. 그들도 잘못할 때가 종종 있었지만 실수 또한 성장의 밑거름이었다. 브루저 기동대의 소대장 2명은 팀에 합류한 지 얼마 되지 않았지만 배우고 이끌려는 열의만큼은 기존 멤버들을 능가했다. 무엇보다 그들은 지휘를 하는 데 있어 겸손하면서도 자신감이 있었다.

하지만 라마디에서는 어깨너머로 지켜보며 훈수만 둘 수는 없었다. 그들에게 실제로 지휘권을 부여할 때가 된 것이다. 혹독한 훈련을 거치며 대담하고 자신감 있는 리더로 성장하는 모습을 가까이에서 지켜보았기에 그들이 어떤 상황에서도 옳은 결정을 하리라 믿었다. 그뿐 아니라 각 소대 내 하급 지휘관들이 옳은 결정을 내리는 데도 도움을 줄 것이라고 생각했다.

내가 소대장과 일선 지휘관에게 권한을 위임한 것은 우리 브루저 기동대의 성공에 결정적인 요소로 작용했다. 지휘권을 분산함으로써 나는 더 큰 그림에 집중할 수 있었다. 아군의 자원을 조율하고 적군의 동태를 살피는 등 중요한 임무에 힘을 쏟을 수 있었던 것이다. 만약 내가 전술적 세부 사항에 매달리고 있었다면 나를 대신해 전략적 목표를 관리할 사람이 없었을 것이다.

지휘권 분산을 이해하고 완벽하게 실행하려면 상당한 시간과 노력이 필요하다. 경험이 부족한 일선 지휘관에게 전권을 맡기는 것은 쉽지 않다. 그에 대한 엄청난 믿음과 확신이 있어야만 가능한 일이기 때문이다. 전권을 위임받은 일선 지휘관들 역시 전술적 목표를 명확하게 이해해야 하고 그에 부합하는 결정을 내릴 만한 능력을 갖춰야 한다. 그리고 상급 지휘관이 그들을 믿는 만큼 그들 역시 상급 지휘관을 믿어야 한다. 자신의 결정을 지지해 줄 것이라는 믿음이 있어야 제대로 된 지휘력을 발휘할 수 있다. 그런 믿음이 약하면 주저하거나 망설이게 되고 이는 결국 전투력 약화로 이어진다.

브루저 기동대의 지휘권 분산 기술은 하루아침에 생겨난 것이 아니다. 이라크에 파견되기 전 미국에서 진행된 몇 달간의 극한 훈련과 준비의 결과물이었다. 우리는 켄터키주 녹스 기지에서 진행한 시가지 군사 작전 훈련을 통해 많은 것을 배웠다. 긴박한 상황에서 고난도 과제를 수행하며 극도로 혼란스러운 순간에도 지휘권 분산 원칙을 효과적으로 실행하는 법을 반복해서 연습했다.

시가지 군사 작전 훈련장은 넓은 면적에 콘크리트 건물이 잔뜩 들어서 있는 가공의 도시다. 그곳에는 원룸부터 고층 건물까지 다양한 형태의 건물이 지어져 있다. 미군이 이라크에서 맞닥뜨릴 환경을 정확하게 만들어 놓은 것이다.

네이비씰 훈련소(훗날 내가 훈련소장을 맡았다)는 이라크와 아프가니스탄에 파견될 대원들을 훈련시킬 목적으로 만들어졌다. 교관들은 훈련에 참여한 대원들의 정신적·육체적 한계를 시험하는 고난도의 시나리오에 따라 훈련을 진행했다. 그들은 훈련생들에게 가혹했다. 훈련생들은 시나리오에 따라 가상 적군을 상대하는데, 적군 역할을 맡은 교관들은 게임의 규칙을 따르지 않고 변칙적인 작전을 사용하는 경우가 많았다. 그래서 네이비씰 대원 중에는 훈련이 비현실적이다 싶을 정도로 어렵고 교관들이 속임수를 쓴다고 비난하는 이들도 있었다.

나는 그 말에 동의할 수 없었다. 우리가 이라크에서 상대할 적이야말로 아무런 규칙이 없었다. 그들은 민간인 피해나 정치적 부담 같은 부수적 피해 따위는 전혀 신경 쓰지 않았다. 때로는 아군 간 교전도 마다하지 않았다. 이라크 반군은 우리의 약점을 파악하고 이용하는 데 도가 튼 전문가이자 잔인한 야만인들이었다. 수단과 방법을 가리지 않고 어떻게든 우리를 잔인하고 효율적으로 죽이는 게 그들의 지상 목표였다. 그러므로 훈련소 교관들은 최대한 적군처럼 행동하며 실전에 가깝게 훈련을 진행할 필요가 있었다. 그래야 훈련을 받은 대원들이 실제 전투에 더욱 잘 대비할 수 있었다.

브루저 기동대가 시가지 군사 작전 훈련을 받은 첫 며칠간 네이비씰 지휘관들은 모든 것을 직접 통제하려고 했다. 35명에 이르는 전 대원의 동선이나 위치를 일일이 지시했다. 하지만 그것은 전혀 효과가 없었다. 복잡한 전투 환경에서 모든 것을 효과적으로 지휘할 수 있는 초인은 없다는 사실을 깨달았다. 이는 긴 전쟁의 역사에서 모든 군대가 경험을 통해 체득한 교훈이기도 하다. 네이비씰 지휘관들 역시 하급 지휘관에게 의지하고 책임을 나눠 맡기는 법을 배워야 했다. 그러려면 하급 지휘관들 역시 작전이나 지휘관 의도를 충분히 이해하고 있어야 한다.

나는 브루저 기동대를 4~6명의 분대로 쪼갰다. 지휘관 한 사람이 충분히 관리할 수 있을 만한 규모다. 분대를 서너 팀 묶어 1개 소대를 만들었다. 소대장은 소대원 전원을 챙기지 않아도 된다. 분대장과 소대 선임 중사 등 3~4명만 지휘하면 되는 것이다. 기동대 지휘관인 나는 소대장 2명하고만 소통하면 충분했다.

각 지휘관은 조직 전체의 목표에 부합하는 지도력을 발휘하고 결정을 내려야 했다. 우리 기동대에서 '제가 뭘 해야 합니까?'라고 묻는 것은 금지됐다. 그 대신 '제가 하려는 것은 이겁니다'라고 말해야 했다. 지휘관들은 팀을 개별적으로 이끌었지만 전체 작전의 의도를 이해하고 공통의 목표 달성에 각자 기여했다. 그러자 매우 혼란스러운 훈련 상황에서도 조직 운영이 훨씬 수월해졌다.

브루저 기동대는 이라크 라마디에 실전 배치되어 미군이 벌인 사실상 모든 대규모 작전에 참여해 뚜렷한 족적을 남겼다. 나는 성공의 핵심 비결이 지휘권 분산이었다고 확신한다.

'어떻게 할까요?'라고 묻지 말고 '이것을 하겠습니다'라고 말하라

파병 몇 달 후 브루저 기동대는 이라크 전쟁 역사상 최대 규모의 작전에 참여하게 되었다. 이 작전에는 육군 2개 대대(각 대대 병력은 수백 명에 이르렀다), 해병대 1개 대대와 백여 대의 탱크, 그리고 다수의 전투기와 폭격기가 동원됐다. 참여 인원이 많고 각 부대가 별도의 통신 네트워크를 사용하고 있어 복잡하고 어려운 작전이었다.

우리 네이비씰 저격감시팀은 작전의 선봉에 섰다. 시야가 트인 고지대를 차지해 반군에 대해 전술적 우위를 점하고 지상에 있는 아군을 엄호하는 임무였다. 찰리 소대와 델타 소대의 저격감시팀을 통제하는 동시에 육군 및 해병대와 작전을 조율하는 것이 내 임무였다. 복잡한 작전이다 보니 자칫하면 대혼란이 야기될 소지가 있었다.

작전은 라마디를 남북으로 가로지르는 간선 도로를 중심으로 펼쳐졌다. 라마디에서 가장 위험하기로 악명 높은 말랍 구역과 J블록이 그 도로의 동쪽과 서쪽에 맞닿아 있었다. 말랍 구역은 우리 브루저 기동대가 파병된 후 첫 사상자가 난 곳이다. 파병 몇 주 후 델타 소대의 젊은 대원 하나가 반군의 철갑탄에 맞아 넙다리뼈가 부서지고 다리에 커다란 구멍이 뚫렸다. 이때 기관총 사수인 마이크 몬수어가 적에게 반격을 가하며 부상병을 안전한 곳으로 끌고 나왔다. 다행히 부상병은 목숨을 건졌지만 고국으로 귀환한 뒤 오랫동안 병원 신세를 져야 했다.

말랍 구역에 있는 캠프 코레히도르에서는 매일 총격전이 벌어졌다. 레이프가 이끄는 찰리 소대도 지속적인 교전을 벌였다. 몇 주 전에는 J블록에서 라이언 잡이 적의 총탄에 맞아 한쪽 시력을 잃었다. 라이언이 부상당한 그 날 오후 마크 리가 적의 총격에 목숨을 잃었다. 그가 피살된 곳은 라이언이 부상을 입은 데와 지척이었다. 마크는 작전 중 사망한 첫 브루저 기동대원이자 이라크에서 사망한 첫 네이비씰 대원이었다.

우리는 라마디에서 사상 최악의 전투를 치르고 그 후유증에 시달리는 상태였다. 레이프 역시 전투에서 등에 총상을 입었다. 하지만 적을 섬멸하겠다는 강한 의지로 총상을 입고도 소대를 지휘했다.

이라크 사상 최대 규모 작전이 이 지역에서 벌어지는 것은 우연이 아니었다. 이를테면 최후의 심판이 펼쳐진 셈이었다. 우리 네이비씰 대원들이 어둠을 틈타 도보로 이동하는 것으로 작전이 개시됐다. 팰컨 기지에 주둔한 찰리 소대는 서쪽으로, 이글스 네스트 기지에 주둔한 델타 소대는 동쪽으로 나아갔다. 각 소대는 이동하는 동안 주기적으로 위치를 보고했고, 팰컨 기지에 자리 잡은 나는 아군에게 정보를 전달했다.

찰리 소대와 델타 소대는 지도를 면밀히 연구한 뒤 저격감시팀 배치 장소를 미리 정해 두었다. 나는 위치 선정 임무를 각 소대에 일임했다. 현장에 도착했을 때 미리 정한 위치가 마땅치 않을 경우 자리를 옮길 권한도 주었다. 두 소대장은 미리 교육받은 대로 다음과 같은 교전 수칙에 따라 결정을 내리게 돼 있었다.

- 적의 이동 경로를 최대한 커버한다.
- 아군 간 지원이 가능한 곳에 위치한다.
- 상당 시간 적의 중화기 공격에도 맞설 수 있는 견고한 위치를 선택한다.

본인과 부하들의 생사를 책임지는 소대장들은 이 수칙을 나보다 더 잘 숙지하고 있었다. 그들의 머릿속에 단단히 박혀 있기 때문에 내가 매번 일일이 잔소리할 필요가 없었다. 소대장들에게는 작전 중 필요한 전술적 결정을 내릴 권한도 있었다. 1킬로미터 떨어진 팰컨 기지에서 전체 작전을 조율하는 나보다 현장 상황을 더 정확히 아는 것은 적과 대면하고 있는 그들이기 때문이었다.

아무리 지도를 샅샅이 연구하고 작전을 세밀하게 짜더라도 막상 현장에 도착하면 미리 정해 둔 위치가 적합하지 않을 때가 있다. 저격감시팀이 미리 찜한 건물에 당도하고 보니 건물이 지도에서 본 것보다 도로 안쪽으로 훨씬 들어가 있다거나 적을 감시하고 아군을 보호하기에 적합한 각도가 나오지 않는 경우가 있다. 건물이 '죽은 공간'에 둘러싸여 시야가 확보되지 않거나 방어가 어려운 경우도 있다. 그럴 때 임무 완수에 가장 적당한 다른 건물을 찾는 권한과 책임이 소대장에게 있었다.

요컨대 지휘권 분산은 우리에게 필수 요소였다. 그 상황에서 소대장들은 내게 연락해 어떻게 할지 물어보지 않았다. 대신 자신들이 무엇을 할지를 보고했다. 나는 예상치 못한 상황이 발생했을 때 소대장들이 지휘 원칙과 표준 작전 절차에 따라 적절하게 계획을 수정하리라 믿었다. 즉 리더로서 그들을 신뢰한 것이다. 부하 지휘관들이 명령을 내린다고 해서 자존심에 상처를 입지는 않았다. 오히려 그들의 신속한 조치와 과감한 결단이 자랑스러웠다. 현장 지휘관들이 팀을 이끌고 전술적 결정을 책임져 준 덕분에 나는 큰 그림에 집중할 수 있었다. 임무를 더 수월하게 완수할 수 있었음은 말할 것도 없다.

라마디 작전으로 다시 돌아가 보자. 찰리 소대가 미리 정한 위치는 꽤 좋았으나 델타 소대는 그렇지 않았다. 현장에 도착해 보니 미리 점찍어

둔 건물의 활용도가 떨어졌다. 그래서 델타 소대장과 선임 중사는 다른 건물을 찾아 나섰다. 소대장이 무선으로 건너편에 있는 94번 건물로 이동하겠다고 알려 왔다. 보고를 들은 내가 답했다.

"기동대장이다. 94번 건물로 이동하겠다는 보고를 수신했다. 즉시 이동하라."

델타 소대는 공동 작전 중인 다른 아군 지휘관들에게도 즉각 그 정보를 전했다. 나는 팰컨 기지에서 그 정보가 사령부에까지 확실하게 전달됐음을 확인했다. 아군 전 부대에 전파가 완료됐음을 확인한 델타 소대는 새로 정한 건물로 이동하기 시작했다.

94번 건물에 도착하고 보니 장점이 많았다. 그 지역에서 가장 높은 4층짜리 건물이다 보니 남북으로 가로지르는 간선 도로와 새 전투 기지 부지가 훤히 내려다보였다. 미 육군은 그곳에 그랜트 전투 기지를 건설할 참이었다. 게다가 94번 건물은 방어하기도 수월해 주변을 오가는 적에 맞서 사격 위치를 점하기에도 좋았다. 몇 분 후 델타 소대로부터 다시 무선 보고가 들려왔다.

"94번 건물 확보. 저격감시팀 4층 및 옥상에 위치."

나는 무선으로 알았다고 대답했다. 통신병은 그 정보를 바로 부근에 있는 아군에게 전달했다. 나는 모든 아군이 델타 소대의 새 위치를 인지했음을 확인했다. 찰리 소대와 델타 소대가 안전한 위치를 확보한 뒤 미군 병력이 진입을 시작했다. 이때가 적의 공격에 가장 취약한 단계다. 임시 방어 수단만 확보된 상태에서 육군 공병은 적진 한복판에 새 전투 기지를 건설해야 한다. 작업 현장과 내가 앉아 있는 지휘 사령부에 긴장이 감돌았다. 아군이 진입하자 수상한 동향에 대한 보고들이 무선을 통해 들어왔다.

어느 건물에서는 불이 꺼지고, 다른 건물에서는 불이 켜졌다. 차량이 시동을 걸고 도로로 이동했다. 한 건장한 남성이 골목을 지나며 아군의 움직임을 물끄러미 지켜봤다. 반군일지 모르는 두어 명의 남성이 건물을 빠져나와 흩어졌다. 무전기로 뭔가 이야기를 주고받는 남성들이 목격됐다. 어느 것 하나 허투루 넘길 수 없는 보고가 쉴 새 없이 쏟아져 들어왔다.

총격이 시작되기 전 이때가 가장 신경이 곤두서는 순간이다. 아무리 경험이 많아도 곧 일어날 전투에 대한 불안을 떨쳐 내기란 쉽지 않다. 이 작전에 투입된 우리 네이비씰 대원들과 수백 명의 미군은 지난 수개월간 그 일대에서 치열한 전투를 치러 왔다. 그 과정에서 네이비씰 전우를 비롯해 많은 미군이 피를 흘렸다. 이번에도 적의 공격은 시간문제일 뿐이었다. 그리고 그것은 그 어느 때보다 맹렬한 공격이 될 터였다.

적을 제거하는 일보다 더 중요한 것

그때 야간 적외선 투시경이 장착된 브래들리 장갑차에서 보고가 들어왔다. "건물 옥상에 무장한 적군 발견. 저격수로 추정."

동료인 라이언 잡에게 중상을 입히고 결국 목숨을 앗아 간 것은 반군 저격수의 총알 한 방이었다. 제2연락중대 소속의 젊은 해병도 불과 몇 주 전 반군 저격수의 총탄에 맞아 사망했다. 그 외에도 많은 군인이 저격수의 공격에 다치거나 목숨을 잃었다. 우리 저격수가 적에게 공포의 대상이듯 반군의 저격수도 우리에게는 악몽 같은 존재였다. 저격수는 보이지 않는 곳에서 정밀한 사격으로 타격을 입힌 뒤 유령처럼 사라진다. 그러므로 반군 저격수가 관측됐다는 보고는 우리 모두를 긴장시키기에 충분했다. 방아쇠를 쥔 병사들의 손가락에도 힘이 들어갔다.

각각 다른 위치에서 저격 감시 중이던 찰리 소대와 델타 소대도 무전으로 소식을 전해 듣고 정신을 가다듬었다. 그 저격수가 라이언과 해병 병사를 죽음으로 몰아넣은 장본인일 수도 있었다. 네이비씰 대원이라면 누구라도 기꺼이 라이언의 복수를 하고 싶을 터였다.

영화에서처럼 양쪽 저격수들이 일대일 추격전과 사격 대결을 벌이는 것은 우리가 선호하는 방식이 아니다. 우리는 반군 저격수 한 사람 대 미군 M1A2 에이브럼스 탱크의 집중포화 같은 일방적 전투를 선호했다. 반군 저격수는 모래주머니와 콘크리트 벽 뒤에 몸을 숨기고 있을 가능성이 크다. 그럴 경우 저격으로 쓰러뜨리기는 어렵지만 단단한 철갑과 첨단 전자 측정 장비, 거대한 120㎜ 포를 갖춘 탱크라면 식은 죽 먹기다. 모두 저격수를 발견한 브래들리 장갑차가 즉각 전투를 개시하기를 기다렸다.

나 역시 반군 저격수를 제거하고 싶은 마음은 굴뚝같았다. 하지만 이곳은 베테랑 네이비씰 대원조차 혼란에 빠질 수 있는 복잡한 전투 현장이었다. 혼돈 그 자체인 시가전에서는 포연이 워낙 자욱해서 명확해 보이는 상황조차 뒤죽박죽일 때가 많다.

반군 저격수 발견을 보고한 브래들리 장갑차 부대를 이끄는 사람은 미군 중대장(육군 대위)이었다. 나는 팰컨 기지 작전 통제실에서 중대장과 함께 무선 보고를 듣고 있었다. 그는 매우 뛰어난 지휘관이었다. 우리 네이비씰 부대는 그를 존경했다. 우리는 그의 부대와 여러 차례 공동 작전을 수행하면서 깊은 유대감을 쌓게 되었다. 네이비씰 저격수들은 그들의 작전을 지원했고, 그들은 위험을 무릅쓰고 우리를 구하기 위해 브래들리 장갑차를 몰고 달려왔다. 우리가 도움을 요청할 때마다 중대장은 선봉에 섰다. 중대장이 직접 브래들리 장갑차를 운전하며 적들을 물리친 뒤 부상당한 네이비씰 대원들을 구조해 내곤 했다. 그런데 방금 그 중대장의 부대가 반군 저격수를 발견한 것이다. 보고를 들은 그가 대답했다.

"목표물을 설명하라."

"옥상에 6~7명의 병력이 있습니다. 중무장한 것으로 보입니다. 일부는 스코프를 장착한 저격용 무기를 갖고 있습니다."

적이 발견된 곳에서 멀지 않은 건물 옥상에 네이비씰 대원들이 있기 때문에 내가 재빨리 끼어들었다.

"적을 봤다는 건물 번호가 뭐랍니까?"

중대장이 무선으로 브래들리 장갑차에게 정확한 건물 번호를 보고하라고 연락하자 이런 대답이 돌아왔다.

"79번 건물입니다."

중대장이 확인차 내게 물었다.

"소령님, 79번 건물은 아니죠?"

나는 전투 지도에서 79번 건물을 찾았다.

"아닙니다. 우리 대원들은 94번 건물에 있습니다, 79번이 아니라."

"좋습니다. 전투 개시!"

중대장이 적을 향해 발포하라는 지시를 내렸다. 모두 적을 섬멸하고 아군을 보호한다는 사실에 들떠 있었다. 하지만 확실히 할 필요가 있다는 생각에 내가 말했다.

"잠깐 대기. 다시 한번 확인할게요."

나는 네이비씰 대원들끼리 사용하는 무선 통신 채널로 전환했다. 그리고 델타 소대장에게 직접 물었다.

"자네들 근처에 적군의 움직임이 있다는 보고가 들어왔어. 저격수도 있다고 한다. 브래들리로 공격하려고 하는데, 자네들 위치를 다시 한번 확인해야겠어. 100퍼센트 확실한지."

"알겠습니다. 우리는 이미 세 번 체크했습니다. 우리가 있는 바로 남쪽에 91번 건물이 있고, 그 남쪽으로 도로가 있습니다. 우리가 있는 건물 옥상에 'L'자형 방이 하나 있는데 전투 지도에서도 확인 가능합니다. 우리는 94번 건물에 있습니다. 100퍼센트 확실합니다. 이상."

나는 델타 소대장의 보고를 받고 중대장에게 전달했다.

"확인했습니다. 우리 팀은 94번 건물에 있습니다."

중대장이 대답했다.

"좋습니다. 저놈들을 박살 내죠."

나는 다시 중대장을 멈춰 세웠다.

"잠깐만요. 중대장님 팀도 확인해 보세요."

"이미 확인했습니다. 적병이 있는 건물은 79번이고, 거기에 아군은 없습니다. 기회가 있을 때 공격해야 합니다."

그는 적을 제거할 수 있는 결정적 기회를 놓치고 싶지 않은 듯했다. 한시라도 빨리 적을 제거하고 싶은 건 나도 마찬가지였다. 하지만 혼란스러운 시가전에서는 어처구니없는 실수가 종종 발생한다. 나는 좀 더 확실히 하고 싶어서 중대장에게 말했다.

"부탁 하나만 할게요. 혹시나 해서 말인데, 브래들리 장갑차가 있는 교차로에서 적이 있는 건물까지 건물이 몇 개 있는지 확인 좀 해 주세요."

중대장은 약간 짜증 섞인 표정으로 나를 바라봤다. 시간을 더 지체하다가는 거꾸로 미군이 목숨을 잃는 결과를 초래할 수도 있는 상황이기 때문이었다. 그럼에도 나는 그에게 다시 간곡히 부탁했다.

"확실히 하고 싶어서 그럽니다."

중대장은 내 부하가 아니었다. 나에게는 그에게 작전을 늦추라고 지시할 권한이 없었다. 하지만 힘든 환경에서 여러 합동 작전을 수행하며 우리는 끈끈한 연대 의식을 구축했다. 그는 우리 네이비씰을 존중했으며, 우리의 막강한 전투력에 경의를 표했다. 그는 결국 내 요구를 받아들였다.

"좋습니다."

중대장은 무선 채널로 전환해 브래들리 장갑차 지휘관에게 지시했다.

"최종 확인한다. 현재 교차로에서 적군이 보이는 건물까지 건물이 몇 개 있는지 보고하라."

브래들리 장갑차 지휘관이 잠시 멈칫했다. 적군의 공격이 임박한 때 왜 이런 지시를 내리는지 의아한 듯했다. 하지만 그는 곧 지시를 이행했다.

"알겠습니다. 대기."

건물 숫자를 세는 데 길어야 15초면 충분할 터였다. 하지만 무선에서는 침묵이 길게 이어졌다. 지나칠 정도로 긴 침묵이었다. 그런데 잠시 후 뜻밖의 말이 들려왔다.

"정정합니다. 적군이 있다고 한 건물은 94번입니다. 반복합니다. 94번 건물입니다. 건물 숫자를 세어 보니 우리가 거리를 잘못 측정한 것 같습니다. 이상."

"사격 중지!"

적군인 줄 안 병력이 사실은 아군이었음을 깨달은 중대장이 대대 무선 통신을 통해 재빨리 지시를 내렸다.

"전 대원, 사격 중지. 94번 건물에 있는 병력은 아군이다. 다시 말한다.

94번 건물에 아군이 있다. 건물 옥상에 있는 건 네이비씰 저격수들이다."

"알겠습니다."

브래들리 장갑차 지휘관이 숙연한 목소리로 말했다. 자칫 실수로 아군 간 교전을 유발할 뻔했음을 깨달은 것이다. 어처구니없는 실수를 저지르기가 얼마나 쉬운지, 그 실수가 얼마나 엄청난 재앙을 일으킬 뻔했는지 경악한 중대장이 나를 바라보고 한숨을 쉬며 말했다.

"아슬아슬했습니다."

구불구불한 길에 도로 표지판이나 번지수가 없는 라마디에서는 이런 실수가 언제든 일어날 개연성이 있었다. 만약 교전이 일어났다면 그 결과는 참혹했을 것이다. 브래들리 장갑차가 퍼붓는 25mm 중기관총은 옥상을 쑥대밭으로 만들어 그곳에 있던 네이비씰 대원 여러 명을 사상자로 만들었을 것이다.

다행인 것은 우리 부대가 지휘권 분산 원칙 아래 작전을 펼쳤다는 점이다. 내 휘하 소대장들은 단지 상황 보고에 그치지 않고 어떻게 문제를 수정할지를 보고했다. 소대장들은 극한의 오너십으로 자신 있게 소대를 이끌었고, 덕분에 나는 큰 그림에 집중할 수 있었다. 그래서 나는 시시각각 변하는 상황에서도 전체 부대의 움직임을 조율할 수 있었다. 내가 멀리 떨어진 곳에서 델타 소대와 찰리 소대에게 시시콜콜한 사항까지 일일이 지시를 내렸다면 다른 중요한 일들을 놓치기 쉬웠을 것이다. 그랬다면 그 결과는 커다란 재앙이 되어 돌아왔으리라.

지휘권 분산을 활용한 덕분에 우리는 한 팀으로서 리스크를 효과적으로 관리하고, 사고를 예방하며, 임무를 완수했다. 잠시 뒤 진짜 적군이 자신의 영토를 방어하기 위해 거센 공격을 펼쳤으나 고지대를 선점한 네이비씰의 공격을 받고는 곧 퇴각하고 말았다. 지휘권 분산으로 우리는 혼란한 전장에서 더 효율적으로 작전을 펼칠 수 있었고, 육군 공병대의 전투 기지 건설을 도울 수 있었다. 이는 미군이 안전하게 집에 돌아갈 날이 한 발짝 더 가까워졌음을 의미했다. 이 작전은 이후 라마디 안정과 지역 주민 보호에 큰 효과를 발휘했다.

승리의 원칙
임무를 효과적으로 나누는 법

일반적으로 한 사람이 관리할 수 있는 인원은 6~10명이다. 특히 예상하지 못한 변수가 불쑥 튀어나오는 상황에서는 더욱 그렇다. 아무리 숙달된 지도자라도 수백 명은커녕 수십 명도 제대로 관리하기 어렵다. 관리할 인원이 많을 때는 각각 4~5명의 소그룹으로 나누고, 소그룹의 리더를 확실하게 정해야 한다. 소그룹 리더는 조직 전체의 임무와 최종 목표, 즉 지휘관의 의도를 파악해야 한다. 임무를 효과적으로 달성하려면 초급 지휘관들에게 핵심 과업에 대한 결정을 내릴 수 있는 권한이 부여되어야 한다. 팀 안의 팀은 특정 임무에 최대한 효율성을 발휘할 수 있도록 조직되어야 하며, 각 지휘관의 책임과 권한이 명확히 기술되어야 한다. 전술적 단위의 팀을 이끄는 일선 지휘관들은 '무엇을 할 것인가'뿐만 아니라 '왜 해야 하는가'를 명확히 이해해야 한다. 이유를 이해하지 못하면 이해가 될 때까지 상관에게 물어 확실히 해야 한다. 이 원칙은 앞의 챕터 3에서 언급한 '신념'과 밀접하게 연관되어 있다.

지휘권 분산은 초급 지휘관이나 멤버들로 하여금 하고 싶은 것을 하도록 내버려 둔다는 뜻이 아니다. 그것은 대혼란을 야기할 뿐이다. 초급 지휘관들은 자신에게 부여된 재량권의 범위와 한계를 명확하게 이해해야 한다. 또한 상급자와 소통하면서 재량권을 벗어난 문제에 대해서는 조언을 듣고 중요한 정보들을 보고해야 한다. 그래야 상급 지휘관이 정확한 정보를 바탕으로 전략적 판단을 내릴 수 있다. 전장의 네이비씰 지휘관들은 해야 할 일을 스스로 알아내야 한다. 상급자에게 '어떻게 할까요?'라고 묻는 게 아니라 '이것을 하겠습니다'라고 말해야 한다. 즉 수동적인 실행자가 아니라 능동적인 지휘관이 되어야 한다는 것이다.

초급 지휘관에게 의사 결정권을 효과적으로 부여하려면 자신감을 심어 주는 게 중요하다. 일선 지휘관들은 자신이 전략적 목표와 지휘관의 의도를 명확히 숙지하고 있다는 믿음을 갖고 있어야 한다. 상관이 자신의 결정을 지지해 줄 것이라는 절대적 신뢰 또한 필요하다. 이런 믿음 없이는 자신 있게 임무를 수행할 수 없을뿐더러 지휘권 분산도 제대로 이뤄지지 않는다. 이를 실현하려면 상급 지휘관은 일선 지휘관과 지속적으로 의사소통을 하면서 정보를 입력시켜야 한다. 군대에서는 이를 '상황 인식'이라고 한다. 일선 지휘관 역시 자신의 '상황 인식'을 상부에 보고해 상관이 늘 최신 정보를 유지할 수 있도록 해야 한다. 특히 전략적 결정을 내리는 데 중요한 정보라면 더욱 그렇다.

여느 기업 내 조직과 마찬가지로 네이비씰에도 스스로 너무 많은 것을 짊어지려는 지휘관들이 있다. 이런 경우 작전은 혼란에 빠지기 쉽다. 이런 문제를 해결하기 위해서는 일선 지휘관에게 권한을 부여하되 그들이 전체 임무에 맞게 팀을 운영하고 있는지 확인하는 것이 중요하다. 위에서 모든 것을 시시콜콜 관리하려고 해선 안 된다.

다른 한편으로 일선 지휘관과 단절돼 있어 전략적 목표 달성에 어려움을 겪는 상급 지휘관들도 존재한다. 이들은 겉보기엔 통제권을 갖고 있지만 실제로는 자기 부하들이 뭘 하고 있는지 전혀 모르기 때문에 효과적으로 지시를 내리지 못한다. 이런 부류를 군대에서는 '무관심 장교'라고 부른다. 부하들과 소통하지 못하는 지휘관이 이끄는 부대는 임무 완수에 늘 어려움을 겪는다.

그러므로 지휘관이 얼마나 관여하는가, 조직을 지휘 통제할 때 어디에 위치하는가는 지휘권 분산의 핵심 열쇠다. 네이비씰 부대는 '킬 하우스'라는 곳에서 근접전 훈련을 한다. 킬 하우스는 방탄벽으로 칸막이가 쳐진 여러 개의 방이 있는 시설인데, 이곳에서 네이비씰뿐만 아니라 다른 군사 조직, 경찰 등이 근접전 훈련을 한다. 젊은 네이비씰 초급 장교에게 킬 하우스 훈련은 작전에 얼마나 관여할지, 위치를 어디에 잡을지 등에 대한 세부적인 사항들을 배우는 소중한 기회다. 어떤 초급 장교들은 지나치게 의욕이 앞서는 바람에 모든 방을 일일이 점검하며 목표물과 직접 교전한다. 이런 경우 자기 눈앞의 상황에만 집중하게 돼 나머지 팀원들에게 어떤 일이 벌어지는지 파악하지 못한다. 당연히 효과적인 지휘 통제가 불가능하다. 반대로 팀의 맨 뒤에 자리 잡고 뒤처리만 하는 장교도 있다. 이런 장교는 앞쪽에서 무슨 일이 벌어지는지 알지 못하므로 팀원들에게 지시를 내릴 수 없다. 나는 이들에게 적절한 위치는 팀의 중간쯤이라고 조언하곤 했다. 너무 앞서 나가 일일이 방 점검을 해서도 안 되고, 너무 뒤에 처져 있어 앞에서 무슨 일이 일어나는지 몰라서도 안 된다.

일반적인 상식과는 달리 실제 전투에서 지휘관은 어느 특정 위치만을 고수해서는 안 된다. 시시각각 변하는 상황에 따라 가장 필요한 곳 어디로든 달려갈 수 있게 자유로워야 한다. 리더로서 적절한 위치를 잡는 것은 지휘권 분산의 핵심 요소다. 이는 전장의 군인뿐 아니라 어느 팀이나 기업, 조직에도 똑같이 적용된다.

효과적인 지휘권 분산은 어느 분야에서든 조직의 성공에 결정적이다. 시시각각 급변하는 혼란스러운 상황에서는 각급 지휘관들에게 재량권이 부여돼야 한다. 지휘권 분산은 승리의 핵심 요소다.

원칙 활용법

지휘권 분산을 위해 알아야 할 것들

"회사 조직도를 좀 볼 수 있을까요?"

내가 어느 투자 자문 그룹 지역 본부장에게 물었다. 조직도는 팀 전체의 구조와 지휘 체계를 담은 그림이다. 수십 개 지점과 수백 명의 직원을 통솔하는 본부장은 똑똑하고 의욕이 넘치는 사람이었다. 자신의 리더십에 대단한 확신은 없었지만 배우려는 열의는 충만했다. 본부장이 말했다.

"현재 공식적으로는 그런 게 없습니다. 우리는 그 정보를 공개하지 않거든요. 조직도가 밖으로 유출돼 직원들에게 알려지면 동료라고 생각한 사람이 자기 상사였다는 걸 알고 실망할 수도 있으니까요. 진작 해결해야 했는데……."

"그럼 누가 책임자인지 직원들이 어떻게 아나요? 명확한 지휘 체계 없이, 그러니까 누가 책임자인지 모르는 상태에서는 리더십이 생길 수 없죠. 네이비씰이든 회사든 조직이 성공하려면 그건 기본입니다."

"그럼 이걸 보시죠."

본부장은 컴퓨터에서 파일 하나를 열어 회의실 벽에 있는 대형 스크린에 띄웠다. 나는 일어서서 화면을 바라봤다. 본부장이 이끄는 조직은 규모가 상당히 컸다. 미국 전역에 지점이 뻗어 있었다. 그중 통일성이 결여되고 산만해 보이는 부분이 눈에 띄었다.

"여기 이건 뭔가요?"

직원 22명이 있다고 표시된 점 하나를 가리키며 내가 물었다.

"지점입니다."

"그럼 누가 이들을 이끕니까?"

"지점장요."

"지점장이 이 많은 사람을 전부 책임진다고요? 직원 모두가 지점장에게 보고하나요?"

"네, 지점장이 지점 전체를 담당합니다."

나는 조직도의 다른 부분을 바라봤다. 직원 3명으로 표시된 다른 점이었다.

"이건 또 뭡니까?"

"그건 다른 지점입니다."

"누가 이들을 이끌죠?"

"지점장이죠."

"그 밑에 2명이 있다고요?"

"맞습니다."

"그럼 어떤 지점장은 아래 직원이 21명이고, 다른 지점장은 2명이네요?"

"네, 좀 이상하죠. 하지만 그럴 만한 이유가 있습니다."

"그게 뭔가요?"

조직도가 내 눈에 이상해 보인다면 일선 현장 직원들에게도 그렇게 보일 가능성이 컸다.

"음, 큰 지점은 잘되니까 직원이 많습니다. 대개는 지점장도 더 유능하죠. 지점장이 유능해서 지점이 성장하면 직원이 더 필요하고, 그렇게 되면 직접 보고받는 양도 늘어납니다. 시간이 지나면서 일부 지점은 꽤 커졌죠."

"지점이 커지면 효율성은 어떻게 됩니까?"

"솔직히 말해서, 지점이 어느 정도 규모가 되면 성장 속도가 더뎌져요. 지점장은 고성과자에게만 초점을 맞추고 나머지 직원들은 그냥 일상 업무로 시간을 때웁니다. 시간이 갈수록 대부분의 지점장이 회사가 추구하는 큰 그림을 놓치는 것 같아요. 회사가 전략적으로 어느 방향으로 나아가려 하는지에 대해서 말이죠."

"그럼 작은 지점들은요? 이 지점들은 왜 성장하지 못하는 거죠?"

본부장은 골치가 아픈 듯 말했다.

"놀랍게도 비슷한 문제가 있습니다. 지점이 너무 작으면 지점장이 충분한 수입을 올릴 만큼 매출이 일어나질 않죠. 그러면 지점장들이 개인적인 돈벌이에 몰두하는 경향이 있습니다. 이런 경우에도 지점장은 직원들을 이끄는 데 집중하지 못하고 큰 그림을 놓칩니다. 지점을 탄탄하게 성장시키지 못하는 거죠."

"그럼 이상적인 지점 사이즈는 어떻게 보세요?"

"아마 5~6명일 겁니다. 투자 담당 직원 4~5명에 행정직 한 사람요."

"말이 되네요. 네이비씰이나 육군을 비롯해 역사상 대부분 군사 조직도 '병사 4~6명에 지휘관 1명'을 기본으로 구성했습니다. 이걸 '공격대'라고 부르죠. 지휘관 한 사람이 이끌기에 딱 좋은 숫자거든요. 그 숫자를 넘어

서면 위기가 닥치거나 조직에 대한 압력이 조금만 높아져도 통제력을 잃기 쉽습니다."

본부장이 호기심 가득한 표정으로 물었다.

"그럼 전장에서 그보다 더 큰 규모의 팀은 어떻게 지휘합니까?"

"우리 부대의 경우 어떤 작전은 투입 인원이 150명이 될 때도 있었습니다. 네이비씰 자체로는 15~20명밖에 안 되지만 이라크군, 미 육군, 해병 등과 공동 작전을 하다 보면 숫자가 100명, 150명을 넘죠. 하지만 그렇게 병력이 많아도 제가 진짜 지휘하고 관리하는 사람은 4명, 많아 봐야 6명밖에 안 됩니다."

이 대목에서 본부장의 눈이 반짝였다. 나는 계속 설명을 이어 갔다.

"소대든, 분대든, 공격대든 제가 일선에 있는 소총수에게까지 일일이 지시할 수는 없어요. 저는 소대장과 얘기합니다. 그러면 소대장은 제 지시를 받아 분대장에게 전달합니다. 분대장은 다시 공격대장에게 전달하죠. 그렇게 실행에 나섭니다. 우리가 육군 중대와 합동 작전을 펼칠 경우 저는 그쪽 중대장과 얘기합니다. 그럼 중대장이 자기 부관들에게 전달하죠."

"그러면 혼란이 발생하지 않나요? 마치 옛날 전화기 게임처럼요. 옆 사람에게 귓속말을 이어서 전달하다 보면 나중엔 엉뚱한 말이 돌아오잖아요."

"단순함이 중요한 이유가 바로 그겁니다. 지휘권을 제대로 분산하려면 단순하고 명료하며 간결한 지시가 필요합니다. 지휘 체계상 모든 이가 알아들을 수 있게 말이죠. 저는 대원들에게 저의 '지휘 의도'를 직설적으로 얘기합니다. 그래야 대원들이 작전의 궁극적 목표를 정확하게 이해할 수 있으니까요. 그렇게 되면 대원들이 일일이 허락을 구하지 않고도 전략적 목표를 위해 스스로 움직이게 됩니다. 일선 지휘관에게는 임무 달성을 위해 필요한 재량권을 반드시 부여해야 합니다. 그게 우리가 전장에서 승리한 비결입니다. 이 회사에도 큰 도움이 될 것 같군요."

본부장이 미심쩍다는 듯 말했다.

"하지만 지점 직원들이 제멋대로 행동하게 되면 어쩌죠? 뒤죽박죽되고 말 것 같은데요."

"그렇게 될 수도 있습니다. 만약 당신이 직원들에게 명확한 가이드라인을 제시하지 못한다면 말이죠. 하지만 지점장들이 재량권을 행사하는 데 명확한 가이드라인이 있으면 당신이 정한 목표를 향해 독립적으로 움직이게 될 겁니다."

"알겠습니다. 조직 강령 말씀이군요."

"그것도 포함됩니다. 하지만 그게 전부는 아닙니다. 조직 강령은 직원들에게 무엇을 해야 하는지 알려 줍니다. 그러나 직원들은 '왜' 해야 하는지도 알아야 합니다. 일선 리더와 팀원들이 작전의 목적, 전략적 목표와의 연관성, 효과 등을 제대로 이해하면 명시적 지시가 없어도 팀을 이끌 수 있습니다."

"그럴듯하군요."

내가 말을 이어 갔다.

"팀은 한 사람이 완전히 이끌 수 있을 만큼 작아야 합니다. '통솔 범위'라는 용어를 경영계에서 흔히 쓰지요. 한 리더가 얼마나 많은 사람을 효과적으로 이끌 수 있을까 하는 것입니다. 전장에서는 리더의 경험과 능력, 부대의 숙련도와 경험, 작전 지역의 위험 수준 등에 따라 그 숫자가 달라집니다. 본부장님도 팀별 최적의 숫자를 찾으셔야 합니다. 그 숫자가 팀장을 포함해 5~6명이라면 그에 맞게 팀을 꾸려야 하고요."

리더십 측면에서 볼 때 지휘권 분산의 역학을 이해하는 것이 매우 중요하다고 본부장에게 설명했다. 지휘권 분산은 훌륭한 지휘 통제의 축약판이다. 동시에 그것은 제대로 실행하기가 가장 어려운 전략이기도 하다. 리더가 방임을 하려면 힘이 필요하다. 일선 지휘관의 능력에 대한 신뢰를 갖고 있어야 하며, 더군다나 신뢰는 쌍방향이어야 한다. 상관은 부하가 제대로 해낼 것이라는 믿음을 가져야 하고, 부하는 지휘 의도에 맞게 행동하면 상관이 지지해 줄 것이라는 믿음을 가져야 한다.

신뢰는 그냥 주어지지 않는다. 신뢰를 쌓는 데는 시간이 걸린다. 그러려면 가끔 상급 리더는 한발 물러나 하급 리더가 문제를 해결하도록 놔둬야 한다. 비록 상급 리더가 그 문제를 더 잘 해결할 수 있더라도 말이다. 하급 리더에게 결정을 내릴 수 있도록 하는 것도 중요하다. 제대로 해내지 못하더라도 지지해 줘야 한다. 열린 소통은 신뢰를 만든다. 압박과 도전을 견뎌 내는 것도 마찬가지다. 비상시 부하들이 어떻게 반응하는지 지켜보는 것도 신뢰를 쌓는 데 도움이 된다.

나는 마지막으로 본부장에게 말했다.

"초급 리더들에게는 자신이 내린 결정이 비록 결과가 좋지 않더라도 상관이 자신을 지지해 주리라는 믿음이 있어야 합니다. 그 결정이 전략적 목표를 달성하려는 노력의 일환이었다면 말이죠. 부하들이 할 일을 하고, 상황에 제대로 반응하며, 올바른 결정을 내릴 것이라는 전폭적인 믿음이야말로 성공적인 지휘권 분산의 요체입니다. 또한 이것이 모든 성공하는 팀의 비밀이죠."

그제야 본부장이 고개를 끄덕이며 말했다.

"알겠습니다. 그렇게 해 보겠습니다."

PART 3

지속적인 승리

계속 승리하기 위해 지켜야 할 것들

CHAPTER 9

최악의 상황을 생각하고 움직여야
실패하지 않는다

───── 레이프 바빈 ─────

"마당엔 사제 폭탄이 매설돼 있고, 집 안에는 기관총 사수가 매복해 있습니다."

정보 장교가 걱정스레 말했다. 우리는 인질 구조 작전 중이었다. 극도로 위험한 임무다. 적을 사살하고 인질을 구해 내야 한다. 이에 대비한 훈련을 받긴 했지만 실제로 이런 상황을 접하는 경우는 매우 드물다. 그런데 브루저 기동대는 실제 상황에서 임무를 완수할 기회를 맞이했다.

테러 조직에 납치된 이라크 10대 소년 구출 작전

이라크 경찰 간부의 조카인 10대 소년이 알카에다와 연계된 테러 조직

네이비씰 팀3 산하 브루저 기동대 소속 찰리 소대 작전 계획실의 모습이다. 소총 탄창, 기관총 탄띠, 수류탄, 섬광탄, 40㎜ 유탄, 84㎜ 로켓탄 등의 탄약이 테이블 위에 가지런히 정렬돼 있다. 벽에 있는 사진은 작전 중 사망한 전우 마이크 몬수어(왼쪽), 마크 리(가운데), 라이언 잡(오른쪽)을 추모하기 위해 걸어 둔 것이다.

에 유괴되었다. 테러 조직은 가족들에게 몸값으로 50만 달러를 요구했고, 만약 그 돈을 주지 않으면 소년을 참수하겠다고 협박했다. 당시 라마디와 안바르주에서 이런 납치와 참수는 흔한 일이었다. 가족이 몸값을 지불해도 인질이 살해당하는 경우가 종종 있었다. 유괴범들은 사악하고, 단순 무식하며, 협박을 실행에 옮길 놈들이었다. 브루저 기동대는 허비할 시간이 없었다. 신속하게 작전 계획을 짜고, 대원들에게 설명한 뒤 최대한 빠르게 실행에 옮겨야 했다.

정보원에 따르면 인질은 라마디 외곽의 한 주택에 갇혀 있었다. 적이 점령하고 있는 그 일대에는 사제 폭탄이 곳곳에 매설돼 있었다. 매우 위험한 지역이었지만 소년을 구하기 위해 우리는 재빨리 진입했다가 퇴각할 최선의 방법을 강구해야 했다. 작전에 참가하는 브루저 기동대원들과 폭발물 처리 요원, 이라크 병사들의 성공 가능성을 극대화하면서 위험성을 최소화할 수 있게 계획을 짜야 했다.

브루저 기동대에는 10여 명 규모의 정보팀이 있었는데 거기에는 네이비씰 대원이 아닌 이도 섞여 있었다. 정보팀의 팀장은 해군 사관 학교를 갓 졸업한 젊은 소위였는데 네이비씰 대원이 아니었다. 그는 경험 없는 신참이었지만 영리하고 근면하며 열정적이었다. 우리는 그를 '버터스'라고 불렀다. 애니메이션 〈사우스 파크〉에 나오는 착하고 순진한 캐릭터 '버터스 스토치'의 이름을 딴 것이다. 버터스와 데이터 전문가들로 구성된 정보팀은 계획을 세우는 데 도움을 주기 위해 수백 건의 보고서를 분석했다. 그동안 우리 브루저 기동대는 작전 계획을 짰다.

찰리 소대장인 나는 네이비씰 대원 10명, 폭발물 처리 요원 1명, 이라크 병사 15명으로 구성된 습격팀을 지휘하기로 돼 있었다. 한편 브루저 기동대장인 조코 소령은 작전에 참여하는 모든 자원(습격팀, 차량, 항공기, 그 밖의 지원팀 등)을 통솔하는 임무를 맡았다.

　시간이 일분일초 흐르는 동안 우리는 작전을 분석하고, 정보를 검토하고, 가용 자원들을 점검했다. 험비 여러 대와 해군 HH-60 시호크 헬기 두 대가 사용 가능한 자원이었다. 이를 바탕으로 구체적인 작전 계획을 세웠다. 우선 소규모 네이비씰 저격감시팀이 목표물을 육안으로 식별할 수 있는 거리까지 접근해 습격팀을 엄호한다. 습격팀은 목표 건물에 진입해 모든 방을 확인하고 위협을 제거한 뒤 인질을 구출한다. 조코 소령은 차량에 남아 목표 건물이 정리될 때까지 지원 병력을 통솔한다. 그런 뒤 기지로 돌아와 인질을 의무실로 데려갈 계획이었다.

　나는 이 계획을 가지고 캠프 라마디로 달려갔다. 도시 외곽에 자리한 캠프 라마디에는 미군 수천 명이 주둔하고 있었다. 나는 목표 건물이 있는 구역을 담당하는 육군 중대장과 미팅을 가질 참이었다. 중대장과 그가 이끄는 부대는 라마디에 머문 지 1년이 넘었다. 이들은 라마디에서 적들과 전투를 치르다 용감한 병사를 여럿 잃었다. 부상당한 병사는 더 많았다. 중대장은 라마디를 손바닥처럼 훤히 꿰고 있었다. 우리가 고립될 경우 탱크와 병력을 이끌고 지원해 주기로 했다. 중대장과 그가 이끄는 부대는 주 방위군 소속이었다. 다시 말해, 이들은 전업 군인이 아니라는 의미다. 중대장은 미국에서 교사로 일했다. 하지만 이곳 라마디에서 그와 병사들은 풀타임 전사로 활약하며 주목할 만한 전과를 올리고 있었다. 특히 중대장은 탁월한 전투 지휘관이자 장교였다. 우리는 그의 경험을 매우 높이 샀다. 내가 계획을 설명하자 그는 목표 지점에 몰래 진입할 수 있는 방법을 몇 가지 알려 줬다. 그러면서 에이브럼스 탱크와 브래들리 장갑차 지원을 약속했다. 나는 그의 말을 주의 깊게 경청했다.

'샤크베이스*'라는 이름의 네이비씰 기지로 돌아온 후 계획을 최종 마무리했다. 기습 공격으로 아군의 리스크를 최소화하고 작전 성공 가능성을 높일 계획이었다. 전 대원을 작전 계획실로 불러 모아 브리핑에 들어갔다. 작전에 직접 참여하는 네이비씰 대원과 폭발물 처리 요원, 이라크 통역관뿐 아니라 작전을 측면 지원하는 핵심 인원을 모두 소집했다. 작전에 직접 참여하지 않고 작전 통제실을 지키는 이들도 포함돼 있었다. 전원이 계획을 숙지하고, 일이 잘못됐을 때 언제 어떻게 연락을 취할지 미리 정하는 것이 매우 중요하기 때문이었다. 무엇보다 인질 구출 작전이 성공하려면 속도가 핵심이었다. 나는 습격팀이 잊지 말아야 할 가장 중요한 세 가지 사항만을 간략하게 언급했다.

- 기습 시 명심할 사항 : 목표물에 접근할 때는 속도보다 은밀함이 더 중요하다.
- 문을 부수고 진입한 후에는 속도가 생명이다. 신속하게 목표 건물을 정리하고 안전을 확보하라.
- 수상한 움직임은 적극 식별할 것. 인질이 다치지 않게 주의할 것. 비상 상황에 대비해 의료팀은 항시 대기할 것.

이어 총책임자인 조코 소령이 마지막 멘트를 했다. 그는 복잡한 교전 수칙을 누구나 이해할 수 있게 간단명료한 언어로 말했다.

---

* 나중에 샤크베이스는 이라크 작전 중 사망한 최초의 네이비씰 대원인 마크 리를 기리기 위해 '캠프 마크 리'로 이름을 바꾸었다.

"방아쇠를 당기기 전에 그놈이 나쁜 놈인지 꼭 확인해라."

이것으로 브리핑은 끝이 났다. 대원들은 곧바로 군장을 갖추고 차량에 탑승한 뒤 빠르게 장비 점검을 했다. 그동안 나는 조코 소령과 함께 세부 사항을 최종 점검했다.

인질 구출 작전에서 가장 중요한 것

버터스가 방으로 뛰어들어 온 것은 그때였다. 그는 걱정과 흥분이 교차하는 목소리로 말했다.

"새로운 정보가 있습니다. 마당엔 사제 폭탄이 매설돼 있고, 집 안에는 기관총 사수가 매복해 있습니다."

그 말은 인질범들이 전투에 대비하고 있으며, 작전이 예상보다 더 위험하다는 것을 의미했다. 버터스가 근심스러운 얼굴로 쳐다보자 조코 소령이 말했다.

"자네들, 오늘 재미 좀 보겠군."

그가 신뢰에 찬 미소와 함께 고개를 끄덕였다. 그 역시 작전의 위험성을 잘 알고 있었다. 하지만 우리는 훌륭한 계획을 짰고, 대원들도 적의 위협에 맞설 준비가 돼 있었다. 나도 웃으며 조코 소령을 향해 고개를 끄덕였다.

"그런 것 같습니다."

그리고 특히 어려운 상황을 맞았을 때 우리끼리 건네는 인사를 전했다.

"굿 타임(Good time)!"

나는 바깥으로 나와 대원들이 탑승한 차량으로 다가갔다. 그리고 업데

이트된 정보가 있다고 말문을 연 뒤 사제 폭탄과 기관총에 대한 정보를 전했다. 대원들이 답했다.

"알겠습니다. 재미 좀 보죠."

그들은 불타올랐다. 그것이 브루저 기동대의 방식이었다. 그건 잘난 체나 자만심이 아니었다. 대원들은 얼마나 위험한 작전을 앞두고 있는지 잘 알았다. 자칫하다간 시체 운반 가방에 담겨 돌아올 수 있다는 것도 각오하고 있었다. 하지만 계획에 자신이 있었다. 적이 알아채기 전에 기습 공격하고 상황을 끝낼 것이다. 만약 계획대로만 잘 진행되면 인질을 무사히 구출해 나올 수 있으리라 믿었다. 브리핑을 통해 대원들은 전체 계획과 각자의 역할, 그리고 비상시 대처법을 충분히 숙지했다. 우리에게는 효율적으로 작전을 수행할 수 있다는 확신이 있었다. 작전 중에 닥칠 위험 요인들을 계산하고 대응책을 세웠다. 물론 모든 리스크를 통제할 수는 없다는 사실 또한 잘 알고 있었다. 우리가 인질을 산 채로 구출할 수 있을지 없을지는 나가 봐야 아는 일이었다.

작전이 개시됐다. 어둠 속에서 기지를 빠져나온 차량은 목표 건물에서 약간 떨어진 곳에 멈춰 섰다. 습격팀이 차량에서 내려 정찰 대형으로 도열했다. 나는 저격감시팀으로부터 무선 보고를 받았다.

"목표물은 움직임이 없습니다. 모든 게 조용합니다."

물론 그렇다고 정말 모든 게 조용한 건 아니었다. 그저 우리 눈에 보이지 않을 뿐이었다. 습격팀은 깊은 어둠 속에서 조용하면서도 신속하게 목표 건물을 향해 전진했다. 나는 정찰병이 맞는 방향으로 나아가고 있는지 거듭 점검했다. 계속 고개를 돌려 가며 목표 건물 주변과 우리 대원들을 살폈다.

건물에 가까이 다가갈수록 긴장감이 높아졌다. 목표 건물에 도착한 후 폭발물 처리 요원이 나서서 사제 폭탄을 점검했다. 곧이어 네이비씰 대원 하나가 정문에 커다란 폭발물을 부착했다.

이라크인 인질이 있으므로 우리는 동행한 이라크군이 앞장서도록 계획을 짜 두었다. 그런데 그들은 두려움에 질려 연기 자욱한 건물 안으로 들어갈 엄두를 못 내고 벌벌 떨기만 했다. 일분일초가 중요한 순간이었다. 이런 상황을 미리 대비하고 있던 네이비씰 전투 자문관이 이라크 병사들의 멱살을 잡아 문안으로 집어 던졌다. 지체할 시간이 없었다.

네이비씰 대원들은 이라크 병사들을 뒤따라 건물로 들어갔다. 하지만 다음 문 앞에서 이라크 병사들이 또다시 멈춰 섰다. 그러자 네이비씰 대원들이 재빨리 앞장서서 집 안을 수색했다. 모든 방 수색을 끝내고 집 안에 있는 사람들을 다 생포하는 데 걸린 시간은 1분이 채 걸리지 않았다.

"목표물 확보!"

나는 이렇게 외치며 대원들에게 상황이 종료되었음을 알렸다. 총알 한 발 쏘지 않고 거둔 성과였다.

이제 우리가 잡은 사람들을 살펴볼 차례였다. 그중에 어리둥절한 표정으로 무리에 어색하게 끼어 있는 이라크 10대 소년이 눈에 띄었다. 우리는 통역관을 통해 소년에게 몇 가지 질문을 던진 후 그가 납치된 인질이라는 사실을 확인했다. 습격팀 대원인 마크 리는 어떤 상황에서도 유머를 잃지 않는 친구였다. 그가 소년에게 다가가 영화 〈네이비씰〉에서 마이클 빈이 했던 대사를 흉내 냈다.

"우리는 네이비씰 대원이다. 너를 구하러 왔다. 감사할 필요는 없어. 우리는 존재하지 않으니까. 너는 우리를 본 적이 없다. 이 일도 없었던 거다."

하지만 영어를 알아듣지 못하는 소년은 그저 안도의 표정을 지으며 우리에게 감사를 표했다. 우리는 웃음을 터뜨렸다.

계획은 완벽하게 실행됐다. 문을 폭파할 때에야 비로소 적들은 우리가 왔다는 걸 알아챘다. 우리는 완벽한 기습으로 인질범들을 생포했다. 나는 건물 옥상으로 올라가 무선 통신으로 조코 소령을 호출했다.

"소령님, 레이프입니다. 목표물 확보했습니다."

털끝 하나 다치지 않고 인질을 구해 낸 우리는 모든 공을 이라크 병사들에게 돌렸다. 이라크군의 성공 경험은 전략적 효과가 매우 컸다. 잔인한 반군 손에서 지역 주민을 구출해 낸 것은 이제 막 걸음마 단계이던 이라크군에게 대단한 승리였기 때문이다.

무엇보다 아무도 다치지 않았다는 게 가장 다행스러운 일이었다. 인질범들이 무기를 소지하긴 했지만 사제 폭탄이나 기관총은 마당이나 집 안에서 발견되지 않았다. 운이 좋은 셈이었다. 하지만 그 운은 우리 손으로 만든 것이기도 했다. 적을 급습하기로 한 계획이 멋지게 맞아떨어졌다. 이런 계획 수립 능력은 우연히 얻은 것이 아니라 네이비씰이 오랫동안 갈고닦아 온 전투 기술의 산물이었다. 라마디에서 오랫동안 활약해 온 육군의 의견을 겸손하게 받아들인 것도 작전 성공에 큰 도움이 됐다.

상상할 수 있는 모든 위험에 대비하라

1년 후 샌디에이고로 돌아와 네이비씰 기초 훈련 교관이 된 나는 의사 결정 훈련 때 라마디의 작전을 예제로 활용했다. 강의실에 모인 네이비씰 초급 장교와 부사관들에게 이런 시나리오를 제시했다.

"이라크 녀석들이 인질을 잡고 있다. 장소는 파악됐다. 인질 구출 작전 계획을 세우고 출동 준비가 완료됐다. 그때 막 정보 장교가 집 마당에는 사제 폭탄이 매설되어 있고 집 안에는 기관총 사수가 매복해 있다고 알려 온다. 어떻게 하겠나?"

훈련생들의 전장 경험은 천차만별이었다. 한 초급 장교가 대답했다.

"가지 않습니다. 너무 위험합니다. 그런 위험을 무릅쓸 만한 가치가 없습니다."

다른 몇몇 교육생이 고개를 끄덕이는 가운데 한 부사관이 대답했다.

"계획을 다시 짭니다."

몇몇이 이 말에 동의했다. 나는 잠깐 수업을 멈추고 각자 숙고할 시간을 줬다. 잠시 후 다시 물었다.

"질문을 바꿔 보자. 사제 폭탄이나 기관총이 없다고 확신할 수 있는 생포·사살 작전이 있을까?"

교육생들이 고개를 저었다. 답은 뻔하다. 절대 없다. 그런 위험이 없다고 가정해서는 절대 안 된다. 어떤 작전에서든 위험 요인을 염두에 두고 계획을 짜야 한다. 그러지 않으면 리더십은 실패한 것이다. 계획 수립의 핵심은 바로 이것이다. 어떤 것도 당연시하지 말라. 상상할 수 있는 모든 위험에 대비하라. 작전 성공 가능성을 극대화하면서 대원들의 위험은 최소화하라.

작전 개시 직전에 새로운 정보가 입수됐음에도 브루저 기동대가 기존 작전을 밀어붙일 수 있던 것은 이미 그런 상황을 감안하고 계획을 짰기 때문이다. 목표 건물 주변에 매설되어 있을지 모를 사제 폭탄에 대한 대비책이 이미 있었고, 설령 집 안에 기관총이 있더라도 적이 손쓸 새 없이 제압할 수 있도록 정교한 기습을 준비했던 것이다. 그래서 계획을 다시 짤 필요가 없었다. 이미 준비가 돼 있었다. 우리가 성공을 거둔 것은 훌륭한 계획과 탄탄한 실행력, 그리고 약간의 운까지 뒷받침됐기 때문이다.

네이비씰의 작전 계획 수립 방법은 다른 분야에서도 널리 활용할 수 있다. 산업이나 기업은 모두 표준화한 계획 수립 규정이 필수적이기 때문이다.

승리의 원칙
계획을 세울 때 절대 빠트려선 안 되는 것들

'임무가 무엇인가?'

계획은 임무 분석에서 시작된다. 리더는 팀이 나아갈 방향을 명확히 제시해야 한다. 리더가 임무를 이해해야 그 임무를 직접 실행할 팀원들에게 전파할 수 있다. 임무 목표가 막연하고 애매하면 집중하지 못하고 실행 과정에서 비효율성이 증가한다. 임무가 휘청거릴 수밖에 없다. 이를 방지하려면 임무는 신중하게 정제되고 단순화되어야 한다. 그래야 큰 전략적 목표 아래에서 임무의 세부 사항에 집중할 수 있다.

임무에는 목적과 원하는 결과, 즉 '최종 상태'가 담겨 있어야 한다. 임무를 수행하는 일선 대원들은 임무의 궁극적인 목표를 이해해야 한다. 그런 의미에서 단순하게 표현된 '지휘 의도'는 브리핑에서 가장 중요한 요소다. 그것은 모든 결정과 행동에 나침반으로 활용되기 때문이다.

계획 수립 과정에서는 인력, 자산, 가용 자원 등을 고려해 다양한 행동 경로를 검토해야 한다. 임무 달성을 위한 최선의 행동 경로가 정해지면 그다음은 계획의 심화 단계다. 빈틈없는 계획 수립을 위해 세부적인 정보 수집이 필요하다. 이때 가장 자세한 최근 정보를 제공할 수 있는 전문가를 찾아 활용하는 게 필수적이다.

리더는 계획 수립 과정에서 주요 하급 리더들과 적극적으로 소통해야 한다. 각 팀장과 일선 지휘관들은 자신들의 역할에 대한 오너십을 가져야 한다. 당면한 문제에 대한 창의적이고 담대한 해결책을 찾으려면 최고참이든 신참이든 누구를 막론하고 전체 팀원의 참여가 매우 중요하다. 계획 수립에 일선 대원들이 조금이라도 참여해 오너십을 가지면 계획의 의도를 더 잘 이해하고 임무에 대한 신념을 갖는 데 큰 도움이 된다. 그러면 현장에서 계획을 훨씬 더 효율적으로 실행할 가능성이 커진다.

팀원들의 전반적인 계획 수립 과정을 감독하는 선임 리더는 디테일에 매몰되어서는 안 된다. 선임 리더는 시시콜콜한 세부 사항으로부터 거리를 두고, 전략적 목표와의 정합성을 판단해야 한다. 그래야 이른바 '한발 물러선 전술의 귀재'가 될 수 있다. 디테일에 매몰됐을 때 놓칠 수 있는 계획상의 허점이나 약점을 발견할 수 있는 것이다. 그러면 계획이 실행되기 전에 허점을 발견하고 바로잡을 수 있다.

일단 계획이 확정되면 모든 팀원과 작전 참여자에게 브리핑하는 시간을 갖는다. 이때 리더는 정보의 중요도를 단순하고 분명하게 팀원들에게 전달해야 한다. 그래야 팀원들이 정보의 홍수에 익사하지 않는다. 계획 수립과 브리핑 과정은 말단 팀원까지 참여한 토론과 질문, 확인의 장이 되어야 한다. 일선 팀원이 계획을 잘 이해하지 못했는데도 어물쩍 넘어가면 계획을 효율적으로 실행할 능력이 급격하게 떨어진다. 따라서 리더는 팀원들에게 질문을 하고 피드백을 받아 전원이 계획을 이해했는지 확인해야 한다.

브리핑을 성공적으로 마쳤다면 작전에 참여하는 모든 참가자가 전략적 목표와 지휘 의도, 소속 팀의 임무, 각자의 역할 등을 이해했을 것이다. 그러면 임무 수행 중 어떤 예상 밖의 사태가 벌어질 수 있는지, 그럴 때 어떻게 대응해야 할지도 이해하게 된다. 브리핑이 성공적이었는지 판가름하는 척도는 단순하다.

'팀원과 지원 병력 모두 계획의 의도와 목표를 완벽히 이해했는가?'

계획에는 잠재적 리스크를 줄일 방법이 포함되어 있어야 한다. 네이비씰은 아주 위험한 임무를 수행하는 것으로 알려져 있지만 실제로는 위험 요소들을 매우 신중하게 계산하고 관리한다. 좋은 계획이란 리스크를 최대한 낮추고 성공 확률을 최대한 높이는 것이다. 개중에는 통제 불가능한 리스크도 있다. 이 경우 리더는 통제 가능한 리스크에 집중해야 한다. 비상 계획을 상세히 짜 놓으면 리스크를 관리하는 데 도움이 된다. 장애물이 등장했을 때, 또는 일이 잘못되었을 때 무엇을 해야 하는지 팀원들이 미리 알고 있기 때문이다. 하지만 전장에서든 기업에서든, 리더는 어느 정도의 리스크는 감수할 준비를 해야 한다. 미국 독립 혁명기 해군 영웅이자 미 해군의 아버지인 존 폴 존스는 이렇게 말한 적이 있다.

"리스크를 지지 않는 사람은 승리할 수 없다."

최고의 팀이 되기 위해선 팀의 전략과 효율을 지속적으로 분석해야 한다. 그래야 새로 얻은 교훈과 개선된 방법론을 다음 임무에 적용할 수 있다. 간혹 그럴 시간이 없다고 투덜대는 관리자들이 있는데 이는 선택이 아니라 필수다. 어떻게든 시간을 내야 한다.

네이비씰 부대는 작전을 마칠 때마다 '작전 후 브리핑' 시간을 갖는다.

아무리 녹초가 됐어도, 다음 작전 계획 때문에 아무리 바빠도 건너뛰지 않는다. 대원들의 목숨과 다음 작전의 성패가 거기에 달려 있기 때문이다. 작전 후 브리핑에서는 계획 수립부터 실행까지 매 단계를 간결한 형식으로 점검한다. 방금 마친 전투에 대해 다음과 같은 질문을 던지는 것이다.

'무엇이 잘됐는가?'

'무엇이 잘못됐는가?'

'더욱 효율적으로 우위를 점하려면 어떤 전술을 수정해야 하는가?'

이런 자가 진단은 잘된 것은 발전시키고 잘못된 것은 개선해 팀이 계속 발전할 수 있게 만든다. 기업도 이런 시간을 갖고 다음번 계획에 반영한다면 같은 실수를 반복하는 일이 크게 줄 것이다.

기업들은 보통 자체적인 계획서 작성 규정을 갖고 있지만 타 부서나 외부 자원(가령 용역 회사나 자회사 등)도 함께 이해하려면 형식과 용어 등을 통일한 표준화 규정이 필요하다. 표준화 규정은 반복 가능해야 하며, 사용자들이 점검해야 할 체크리스트를 포함하고 있어야 한다. 계획은 실행을 담당하는 현장 직원들에게까지 전달해 명확히 이해할 수 있도록 해야 한다. 이런 계획 수립과 이행 규정이 정착되면 팀이 최고의 성과를 내고 목표를 달성하는 데 큰 도움이 될 것이다. 계획 수립 과정에서 리더가 염두에 둘 점은 다음과 같다.

- **임무 분석**
  - 상부의 지시, 지휘 의도, 전략적 목표를 분석한다.
  - 본인의 지휘 의도, 이번 임무의 목표를 분석한다.
- **가용 인력, 자산, 자원, 시간 파악**

- ◆ 계획 수립 권한 분산
  - – 팀 내 주요 하급 리더들에게 가능한 여러 실행 방안을 검토해 보도록 요구한다.
- ◆ 실행 방안 확정
  - – 가급적 단순한 실행 방안을 추구한다.
  - – 최선의 실행 방안에 노력을 집중한다.
- ◆ 정해진 실행 방안에 따라 팀 내 주요 리더들이 계획을 구체화하도록 지시
- ◆ 실행 각 단계에서 벌어질 수 있는 돌발 상황에 대한 대비책 마련
- ◆ 리스크 최소화 방법 강구
- ◆ 임무를 분담하고 주요 하급 리더들에게 설명
- ◆ 최신 정보에 맞춰 계획을 점검하고 상황에 맞는지 확인
- ◆ 계획을 참가자 전원과 지원 자원에 브리핑
  - – 지휘 의도를 강조한다.
  - – 질문과 토론을 통해 전원이 이해했는지 확인한다.
- ◆ 작전 후 브리핑 수행
  - – 이번 작전에서 배운 점을 다음 계획에 반영한다.

원칙 활용법

"안 그래도 바쁜데 또 계획서를 쓰라고요?"

한 기업의 신흥 시장 담당 부사장이 말했다.

"우리도 계획서 작성 규정을 만들어야겠어요. 지금까지는 베테랑들을 새로운 분야로 보낸 게 성공 비결이었습니다. 이들이 문제를 해결하고 계

획을 실행한 덕분에 성공할 수 있었죠. 하지만 회사가 성장하고 새로운 시장에 진출하다 보니 계획서 양식이나 작성 요령, 내용 등을 표준화할 필요성을 느끼고 있어요. 신입 사원들도 따라 할 수 있도록 말이죠."

부사장은 인상적인 리더이자 회사 성공의 일등 공신이었다. 훌륭한 네이비씰 지휘관처럼 부사장 또한 저돌적이고 극한의 오너십으로 무장한 인물이었다. 문제를 해결하고 목표를 달성하는 데 의욕이 넘쳤다. 부사장은 이런 열정이 있었기에 회사의 빡빡한 관료주의 속에서도 지금의 성공을 거둘 수 있었다. 그는 자기 팀에 매우 높은 수준의 성과를 요구했다. 그의 리더십과 노력으로 회사는 수백 개의 점포를 새로 내고 매출을 크게 늘리며 급성장했다. 그가 이끄는 부서는 다른 회사가 독점하고 있던 신흥 시장에 뛰어들어 강력한 경쟁자로 부상했다. 과감한 행보가 커다란 보상으로 돌아온 것이다.

나는 그가 이끄는 신흥시장팀을 상대로 리더십 강연을 했다. 이어진 토론에서 부사장이 계획에 대한 이야기를 꺼냈다.

"저는 계획 때문에 우리 팀을 계속 쪼고 있습니다."

부사장은 한 여성 지사장을 보면서 말을 이었다.

"내가 계획과 관련해서 잔소리하는 걸 몇 번이나 들었지?"

지사장이 대답했다.

"셀 수 없죠."

지사장은 상사인 부사장을 존경하는 듯했다. 하지만 계획의 중요성에 대해서는 동의하지 못하겠다는 태도가 느껴졌다.

'우리는 지금도 잘하고 있잖아요. 그런 계획서 때문에 일을 꼭 늘려야 하나요?'

하지만 지사장이 틀렸다. 부사장은 매우 뛰어난 전략적 시야를 갖고 있었다. 회사의 장기적인 발전에 계획이 얼마나 중요한지를 잘 이해하고 있었다. 내가 입을 열었다.

"네이비씰 장교로 복무할 때 저 역시 작전 계획을 짜는 것이 쓸모없고 부담스러운 일이라고 생각한 적이 있습니다. 하지만 제가 틀렸어요. 효율적이고 반복 가능한 계획서 작성 규정은 모든 팀의 성공에 있어서 결정적 요소입니다."

나는 제대로 된 계획과 설명이 중요하다고 깨닫게 된 계기에 관해 들려줬다. 몇 년간의 시행착오와 반복된 실수 끝에 얻은 교훈이었다. 이야기는 내가 네이비씰 훈련생이던 시절로 거슬러 올라간다.

초급 장교 시절 작전 계획을 짤 때 했던 실수

'소대장 명령은 대원들을 위한 것.'

내가 네이비씰에 처음 합류했을 때 자주 들은 말이다. 이 말에 담긴 뜻은 '작전 브리핑은 실행에 참여하는 네이비씰 대원들의 눈높이에 맞춰야 한다'는 것이다. '소대장 명령'은 베트남 전쟁 때부터 네이비씰에서 쓰기 시작한 용어다. 네이비씰을 제외한 다른 미군 부대는 '작전 명령'이라는 용어를 썼다. 9·11 테러 이후 아프가니스탄과 이라크 전쟁에서 육군, 해병대, 공군과 합동 작전을 펼치면서 네이비씰도 '작전 명령'이라는 용어를 도입했다. 하지만 어떻게 부르든 뜻은 같다. 작전 계획을 세우고 브리핑하는 것을 말한다.

브리핑에서는 누가, 언제, 어디서, 무엇을, 왜, 어떻게 작전을 펼칠지 자세하게 설명한다. 작전 명령은 작전에 참여하는 네이비씰 대원과 지원 병력에 맞게끔 준비한다. 작전에 참여하는 네이비씰 대원, 다른 미군 병력, 혹은 외국 연합군 등에게 작전의 개요, 각자의 역할, 비상시 대책, 최악의 상황 발생 시 지원 요청 요령 등을 숙지시키는 것이 주요 목적이다. 좋은 계획은 임무 완수에 필수 요소이며, 브리핑은 계획을 효율적으로 실행하게 하는 수단이다. 실행이 제대로 안 되면 아무리 잘 세운 계획도 쓸모가 없게 마련이다.

문제는 네이비씰 초급 장교이던 내게 '소대장 명령은 대원들을 위한 것'이라는 말이 전혀 와닿지 않았다는 점이다. 훈련소에서 소대장 명령 또는 작전 명령 브리핑 훈련을 받았는데, 그때는 근사한 파워포인트로 교관이나 선임 장교에게 좋은 평가를 받는 게 가장 중요한 목표였다. 1년 6개월이 넘는 훈련 기간에 교관들은 방 안에 모여 훈련생들의 브리핑을 평가했다. 그들은 매번 나의 작전 계획을 잘근잘근 씹었다. 특히 많은 지적을 받은 부분은 발표 자료 그 자체였다. 지적 사항은 한결같았다. 발표 자료 분량을 늘리고, 그래프와 차트, 사진, 그림, 표 등 시각 자료를 많이 사용하라는 것이었다. 사소하면서도 버거운 요구였다.

내 임무는 소대 간부들이 만든 전술 계획을 모아 작전 명령 자료를 만들고 브리핑하는 것이었다. 대원들이 장비를 점검하고 부사관들이 전술을 논의하는 동안 파워포인트 담당 장교는 온갖 정보를 한데 모아 발표용 자료를 만드느라 진땀을 뺐다.

군사 작전 계획 수립은 상당히 버거운 업무다. 엄청나게 많은 조각이 끊임없이 움직이므로 변수가 아주 많다. 우리가 쓰던 작전 명령 브리핑 양식은 본래 아흔여섯 시간 완성용이었다. 전투 계획을 짜는 데 최소 나흘이 걸릴 것을 상정해 만들어진 것이다. 이 양식에 들어가는 슬라이드만 해도 70페이지가 넘었다. 하지만 훈련생들에게 주어진 것은 겨우 몇 시간에 불과했다. 길고 자세한 양식을 채우려면 시간이 턱없이 부족했다. 슬라이드를 채우는 데 힘을 쏟다 보니 계획에서 정말 중요한 부분들을 간과하고 말았다.

장교로 임관한 뒤 나는 이라크 바그다드로 파병됐다. 당시 이라크에서는 많은 미군이 격렬한 전투를 치르고 있었다. 하지만 나는 기대와 달리 전투를 직접 경험하지 못했다. 우리 부대는 이라크 과도 정부 고위 관료들을 경호하는 데 시간을 대부분 보냈다. 나는 작전 통제실에 앉아 전화를 돌리거나, 무선으로 우리 팀 상황을 확인하거나, 파워포인트 슬라이드 만드는 일을 주로 했다. 나뿐만 아니라 다른 네이비씰 장교들 역시 과중한 파워포인트 업무에 짓눌려 있었다. 일부 장교들은 '파워포인트 레인저, 3000시간'이라고 적힌 패치를 군복에 붙이고 다니기도 했다. 우리의 씁쓸한 상황을 자조적으로 표현한 네이비씰 특유의 농담이었다.

운 좋게도 내 선임 장교는 젊은 장교들의 전투 경험을 중시하는 사람이었다. 그는 내게 소규모 저격감시팀 지휘 임무를 맡겼다. 바그다드 북쪽에 위치한 사마라에서 육군 보병1사단을 지원하는 일이었다. 1907년 창설된 육군 보병1사단은 노르망디 상륙 작전을 비롯해 한국 전쟁, 베트남 전쟁 등 미군이 치른 거의 모든 전쟁에서 큰 공을 세운 전설적인 부대다. 나에게 마침내 그런 부대와 함께 전쟁에 기여할 기회가 주어진 셈이었다. 하지만 3주가 지나도록 우리가 올린 실적이라곤 적군 한 사람을 사살한 것이 전부였다. 우리는 육군과 작전을 논의하긴 했지만 자세한 작전 계획 수립이나 브리핑은 하지 않았다. 계획과 관련해 나쁜 습관만 깊이 배고 만 것이다.

일생일대의 기회가 달려 있는 브리핑

그 후 네이비씰 팀3 산하 브루저 기동대 찰리 소대장으로 발령이 나 조코 소령과 함께 근무하게 됐다. 그는 다른 소규모 군 조직에서 이미 활용 중인 표준 작전 계획 수립 규정을 준수할 것을 강조했다.

"그걸 너희 것으로 만들어."

파병 전 6개월에 걸친 다양한 훈련을 통해 브루저 기동대는 한 팀으로 일하는 법을 배웠다. 각 단계 훈련의 대미를 장식하는 것은 야외 기동 훈련이었다. 훈련 성적에 따라 파병지가 결정되므로 실전과 다름없는 진지한 자세로 임해야 했다.

네이비씰 팀3 산하에 있는 3개 기동대 중 하나는 전투 임무가 별로 없는 필리핀으로 파병될 계획이었다. 다른 기동대와 마찬가지로 우리 브루저 기동대도 전장에 나가 적과 싸우며 승리에 기여하고 싶었다. 따라서 훈련은 치열한 경쟁의 연속이었다. 이라크 파병대로 선발되려면 반드시 다른 부대를 앞서야 했다.

훈련이 막바지에 다다르자 누가 어디로 파병될 것인지가 초미의 관심사로 대두되었다. 네이비씰 사령관과 작전 참모가 브루저 기동대의 마지막 기동 훈련을 참관하기로 돼 있었다. 선발되려면 홈런이 필요했다. 그때 조코 소령이 짓궂게 웃으며 소대장들에게 말했다.

"쫄지 마. 우리가 이라크로 파병되느냐 마느냐는 자네들 브리핑에 달려 있어."

극도로 긴장한 우리는 주요 간부들을 모아 놓고 기동 훈련 작전 계획 수립과 브리핑 준비를 시작했다. 하지만 취합해 놓고 보니 계획은 곳곳에 구멍이 뚫려 있었다. 방대한 분량의 파워포인트 자료는 지나치게 복잡했고, 전술의 각 부분은 아귀가 맞지 않았다. 시간은 점점 촉박해지고 있었다. 한 소대장이 조코 소령에게 말했다.

"아무래도 안 될 것 같습니다."

솔직히 말해 나도 자신이 없었다. 조코 소령은 고개를 저었다.

"잘 들어. 이 미친 파워포인트는 다 잊어버려. 나는 전 소대원이 이해할 수 있을 만큼 이 계획이 명확하길 원하는 거야. 사령관이나 작전 참모는 신경 쓰지 마. 너는 소대원들한테 브리핑하는 거야. 계획을 실행하는 건 소대원들이니까."

조코 소령이 말을 이어 갔다.

"좋은 브리핑을 정하는 기준은 상관들이 어떻게 판단하느냐가 아니야. 그 작전을 직접 실행할 대원들이 이해할 수 있느냐, 없느냐야. 그 외는 다 개소리야. 이런 복잡한 계획을 기관총 사수가 이해할 수 있겠어? 너희 계획을 들으면 대원들이 이번 작전의 목적이 뭔지, 이러이러한 상황이 닥쳤을 때 뭘 해야 하는지 이해할 수 있다고 생각하나?"

"아닙니다."

내가 대답했다.

"절대 아니지!"

조코가 말했다.

"오히려 혼란만 주겠지. 막내 대원까지 전원이 작전을 완전히 이해할 수 있도록 브리핑하란 말이야. 그게 진짜 브리핑이지. 내가 너희한테 바라는 건 그거야. 사령관이 뭐라고 해도 걱정하지 마. 내가 책임질 거니까."

조코 소령의 지시를 받고 우리는 작전 명령 자료를 다시 만들었다. 계획을 단순화해 파워포인트 분량을 줄이고, 계획에서 가장 중요한 부분에 초점을 맞췄다. 대원들이 이해할 수 없는 부분은 이해할 수 있을 때까지 질문을 받기로 했다. 또 야전에서 쓰이는 것과 똑같은 지도를 벽에 걸고 대원들에게 설명하기로 했다. 그래야 지형지물을 숙지하기가 쉬웠다. 화이트보드에다 손으로 그린 그림과 할 일 리스트도 첨부했다. 또 대원들이 임무를 완전히 이해했는지 확인하기 위해 각자 맡은 임무를 설명하게 하고 세부 사항에 관한 질문을 하기로 했다. 수백 장짜리 파워포인트 더미에 깔려 있을 땐 한 번도 못 해 본 경험이었다.

조코 소령이 우리에게 가르쳐 준 중요한 교훈은 또 있었다. 리더는 세부 사항에 매몰되지 말고 큰 그림에 집중해야 한다는 것이었다. 그는 이렇게 말했다.

"브리핑에서 가장 중요한 건 지휘 의도를 설명하는 거야."

작전에 참여하는 모든 대원이 작전의 목적과 작전이 의도하는 결과를 이해하면 특별한 지시가 없어도 스스로 알아서 판단하고 행동하게 된다는 이야기였다. 그것은 지금까지 우리가 알고 있던 것과는 완전히 다른 사고방식이었다. 우리는 조코 소령의 가르침을 실행에 옮겼다. 그는 우리에게 지휘 의도와 큰 그림에 집중하고, 세부 계획은 부사관들에게 맡기라고 했다. 조코 소령이 말했다.

"지휘관들이 부하들하고 디테일이라는 잡초만 뽑고 있으면 안 되지. 대원들하고 똑같은 걸 보는 거잖아. 그건 너희가 할 일이 아니야. 디테일을 부하들에게 맡기면 그들은 전체 계획 중 자기가 맡은 부분에 대해 오너가 되는 거야. 너희는 뒤로 물러서서 다른 시각으로 모든 걸 조망해야지. 그게 지휘관이 할 일이야. 더 높고 더 멀리서 계획을 바라보면 더 많은 게 보인다고. 실수를 찾아내고 보완할 점을 발견하게 되겠지. 그러면 너희는 전술의 귀재처럼 보일 거야. 더 넓은 시야를 갖게 되니까."

그제야 나는 조코 소령이 늘 우리에게 강조해 온 게 무엇이었는지 확실히 깨달았다.

이제는 시간과의 싸움이었다. 사령관과 작전 참모가 도착하기 직전에 부사관들이 각자 맡은 세부 계획을 완성했다. 조코 소령이 예견한 대로 부사관들이 보지 못한 허점들이 우리 눈에 띄었다. 그중 몇몇 부분을 수정해 가며 구멍을 메웠다. 우리는 조코 소령과 함께 계획을 최종 점검하고 발표 예행연습을 한 뒤 최종안을 만들었다. 우리의 자신감은 이미 충만한 상태였다. 우리 모두 확실히 알고 이해하는 내용을 브리핑하는 것이었기 때문이다. 마침내 모든 준비가 끝났다.

우리가 소대원들에게 작전 명령을 브리핑하는 동안 사령관과 작전 참모는 회의실 뒤에 앉아 있었다. 나는 다른 소대장과 함께 작전 개요를 설명했고, 곧이어 부사관들이 나와 세부 전술을 발표했다. 그다음에는 전원을 지도 앞으로 모이게 한 뒤 우리가 작전을 펼칠 지역을 설명했다. 모두 이해할 수 있도록 작전의 각 단계를 최대한 쉽게 설명했다. 계획의 핵심적인 부분에서는 대원들에게 질문을 던져 정보를 숙지했는지 확인했다. 각 대원에게 방금 들은 내용을 다시 설명해 보라고도 했다. 그들이 확실히 이해했는지, 필요할 경우 스스로 작전을 수행할 수 있는지 확인하기 위해서였다. 잘 모르는 게 있을 땐 대원들이 손을 들고 질문을 했다. 이런 모든 과정을 거친 후 그들이 계획을 잘 이해하고 있으며 각자의 역할에 대해 오너십을 갖고 있다는 확신이 생겼다.

그렇게 브리핑을 마치자 놀랍게도 사령관과 작전 참모가 브리핑이 아주 좋았다고 칭찬을 했다. 사령관은 부대를 점검하면서 들은 것 가운데 가장 귀에 쏙쏙 들어온 브리핑이었다고 극찬을 했다. 완벽한 작전 계획 수립을 위해서는 아직도 보완하고 개선해야 할 점이 많이 있었지만 반환점은 돈 셈이었다. 작전 계획과 브리핑의 본질이 무엇인지 비로소 이해했기 때문이다.

그로부터 얼마 지나지 않아 이라크 파병이 결정됐다는 통보를 받았다. 우리가 기다려 온 소식이었다. 몇 달 후 브루저 기동대는 라마디에서 네이비씰 역사상 가장 길고 격렬한 시가전의 새 역사를 써 내려가기 시작했다. 라마디의 혹독한 환경에서도 상세한 계획 수립과 브리핑은 브루저 기동대의 성공에 결정적인 역할을 했다. 우리는 수백여 건의 전투 작전 계획을 세우고 그에 따라 정밀하게 작전을 수행했다. 육군 및 해병대와 합동으로 펼친 대규모 작전 때도 우리는 작전 계획 수립과 작전 명령 브리핑에 빠짐없이 참여했다. 그중에는 지상군 1000명과 탱크 및 장갑차 백 대가 한꺼번에 참가하는 작전도 있었다.

우리는 작전 계획 수립 과정에서 오너 역할을 했다. 또한 작전이 완료될 때마다 모든 소대원을 집결시켜 세부 사항을 복기했다. 간단명료한 방식으로 잘된 것과 잘 안 된 것, 개선할 점, 작전 수립 과정에서 보완할 점 등을 분석했다. 그 결과 우리는 끊임없이 발전했다. 최고의 성과를 내며 성공을 거두고, 위험한 환경에서 예리함을 유지하며 리스크를 최소화할 수 있던 것은 모두 그 덕분이었다. 그래서 더 많은 대원이 살아서 고국으로 돌아갈 수 있었다.

작전 계획 수립은 전장에서 우리의 성공에 결정적인 역할을 했다. 제대로 된 계획 수립 요령은 매우 중요하다. 그리고 만약 그게 없었다면 우리는 결코 성공할 수 없었을 것이다.

제대로 된 계획을 짜는 법

나는 네이비씰에서 제대로 된 계획의 중요성을 깨닫게 된 사연을 들려준 다음, 부사장과 지사장에게 이를 통해 어떤 이익을 볼 수 있는지 설명했다.

"기업도 계획 수립 요령을 알면 요긴하게 활용할 수 있습니다. 그에 대한 규정을 만드세요. 회사 내 어느 조직에서나 활용할 수 있는 용어와 방법론을 활용해서 말이죠."

부사장이 대답했다.

"제가 원하는 게 바로 그겁니다. 우리는 계획 수립에 관한 표준 규정을 만들 필요가 있어요. 누구나 따라 할 수 있는 규정이 필요합니다. 그것을 우리에게 가르쳐 주실 수 있나요?"

"당연하죠."

나는 몇 주에 걸쳐 부사장과 지사장, 그리고 고위 간부들에게 자료집을 보냈다. 그 안에는 군사 작전 계획 수립에 대한 전반적인 사항이 담겨 있었다. 이미 다른 기업에서도 활용해 본 경험이 있었다. 나는 부사장과 여러 차례 전화 회의를 하면서 군의 작전 계획 수립 규정과 그런 규정을 만든 이유에 관해 설명했다. 부사장과 고위 간부들은 회사 비상 계획을 만들면서 그 규정을 시범적으로 활용했다. 계획 수립에 대한 이해가 생기자, 나는 바로 그것을 신흥시장팀에 적용하고자 했다. 신흥시장팀 간부들에게 자료집에 담긴 계획 수립 규정을 설명하고, 그들이 흔히 접하는 상황을 상정해 계획을 짜 보는 연습을 시켰다. 지사장과 내가 조교 역할을 맡았다.

한 시간쯤 지나자 간부들이 계획의 주요 내용을 발표용 자료로 발전시켰다. 네이비씰이 작전 명령 브리핑 자료를 만드는 것과 마찬가지였다. 간부들이 발표하는 동안 지사장과 내가 계획을 분석했다. 이어 우리는 계획의 장점과 단점, 모호한 부분, 현실과 다르거나 빠트린 부분 등을 지적했다. 그 뒤 지사장의 지도 아래 지적 사항을 반영해 계획을 수정하도록 했다.

한 달 후 나는 진전 상황을 살피기 위해 지사장에게 전화를 걸었다. 그녀는 처음 계획을 상세하게 다듬은 최신판을 보내 줬다.

"훌륭하네요. 처음에 비해 엄청 발전했어요."

나의 피드백에 지사장도 동의했다.

"저도 그렇게 생각해요. 이대로 실행해 봤는데 결과가 굉장히 좋아요. 계획 덕분에 팀원들이 돌발 상황을 예견하고 대처할 수 있게 됐어요. 전에는 돌발 상황이 발생하면 비용이 많이 들고 매출도 크게 떨어졌거든요. 이제는 계획 수립 규정이 작동하면서 미리 대비하고 대응할 수 있어요. 매출이 계속 늘어나고 있습니다."

"잘됐네요."

"직원들이 제 '지휘 의도'를 이해하게 되니까 일선의 현장 직원들도 알아서 올바른 결정을 내리게 되더라고요. 전에는 일일이 상부에 보고해서 물어봤는데 말이죠. 계획하는 능력이 나아지니 실행하고 승리하는 능력도 향상됐습니다."

CHAPTER 10

위와 아래를 모두 이끌어라

마치 록 콘서트장의 레이저 쇼처럼 밤하늘이 갑자기 훤히 밝아졌다. 라마디 한복판에 있는 미군 기지를 향해 강 너머에서 적의 공격이 시작됐다. 곧바로 미군도 오렌지색 예광탄과 함께 중기관총 반격을 퍼부었다. 콩을 볶는 듯한 기관총 사격 소리와 간간이 들리는 폭발음이 대기를 흔들었다. 기관총 연발 사격 중에는 목표물을 향해 제대로 쏘고 있는지 확인할 수 있게 하려고 기관총 탄띠에 실탄 다섯 발당 한 발꼴로 예광탄을 장착한다. 그 때문에 수많은 예광탄 빛줄기가 깜깜한 밤하늘에서 어지럽게 춤을 췄다. 전투는 상당 시간 계속됐다. 나는 조코 소령과 함께 전투를 지켜보고 있었는데 멀리서 F/A-18 호닛으로 추정되는 미군 폭격기 한 대가 나타났다. 날개에서 불꽃과 함께 미사일이 한 발 발사돼 하늘을 가

고지대에서의 지휘 통제. 조코 윌링크(오른쪽)와 네이비씰 선임 자문관(왼쪽), 그리고 101
공수사단 506 낙하산 보병연대 찰리 부대 중대장(가운데)이 작전명 '건파이터' 진행 상황을
지켜보고 있다. 전장에서 잔뼈가 굵은 찰리 소대원들은 매일같이 적들과 전투를 치렀다.

로지르며 날아가더니 섬광과 함께 폭발했다. 그 한 방으로 반군은 일거에 섬멸됐다. 대단한 광경이었지만 라마디에서는 일상적인 일이었다.

그들은 왜 우리를 비난하는 걸까?

적의 공격이 개시되기 전까지는 조용하고 맑은 저녁 밤이었다. 찌는 듯한 여름에서 그나마 견딜 만한 가을로 넘어가던 즈음이었다. 조코 소령과 나는 작전 통제실로 쓰는 거대한 3층짜리 건물 옥상에 앉아 있었다. 우리 집이나 마찬가지인 캠프 마크 리 안에 있는 건물이었다. 라마디에 온 지 6개월쯤 됐을 때고 우리는 조만간 고국으로 복귀가 예정돼 있었다. 드물게 야간 작전이 없는 날이라 우리는 건물 옥상에서 유프라테스강과 라마디의 야경을 감상하며 망중한을 즐기던 참이었다. 지금까지 라마디에서 겪은 일과 치러 낸 전투들을 떠올려 보았다.

브루저 기동대는 수백 건의 작전을 수행했고 방금 본 것과 비슷한 적의 맹공을 수도 없이 견뎌 냈다. 수십 차례의 총격전 속에서 셀 수 없을 만큼 많은 적의 탄환 세례를 받고, 받은 만큼 돌려줬다. 네이비씰은 적에게 심대한 타격을 입혔다. 전쟁의 판세를 바꾸고, 그 변화를 현장에서 목격했다. 그 과정에서 큰 손실도 있었다. 두 달 전 도심 한복판에서 벌어진 대규모 전투에서 소중한 대원 마크 리를 잃었다. 그는 이라크 전쟁에서 작전 중 사망한 최초의 네이비씰 대원이었다. 마크 리를 기리기 위해 기지에 그의 이름을 붙였다. 마크의 죽음은 큰 충격이었다. 가슴속에 결코 채워지지 않을 빈 자리가 생겼다. 마크가 사망한 바로 그 날 찰리 소대원인 라이언 잡도 반군 저격수가 쏜 총탄에 얼굴을 맞았다. 그는 얼굴에 큰 부상을 입었다. 우리는 라이언이 시력을 잃지 않기를 간절히 기원했다. 3주 후 그가 치료받고 있는 독일 병원에서 소식이 들려왔다. 왼쪽 눈의 시력을 영원히 되찾지 못할 것이라는 절망적인 내용이었다.

이라크 파병이 막바지에 다다랐을 즈음에는 델타 소대원인 마이크 몬수어가 목숨을 잃었다. 고국으로 돌아가기 전 마지막 작전에서였다. 마이크는 동료들을 구하기 위해 적이 던진 수류탄 위로 몸을 던졌다. 희생당한 네이비씰 대원 모두 우리가 사랑하는 전우이자 친구이며 형제였다. 우리는 영원히 그들을 잊지 않을 것이다.

그날 옥상에서 우리는 그동안 참여한 작전들을 회상했다. 브루저 기동대는 미 육군 제1기갑사단 소속 레디 퍼스트 여단이 라마디 지역의 통제권을 회복하는 데 크게 기여했다. 수개월에 걸친 노력과 끊임없는 전투 끝에 연합군은 반군에게 빼앗긴 라마디 대부분을 탈환했다. 이로써 많은 민간인을 흉포한 반군으로부터 보호할 수 있게 됐다. 훗날 지역 주민들이 알카에다에 맞서 스스로 조직한 안바르 민병대는 이런 배경에서 탄생한 것이다.

우리는 그동안 이뤄 낸 성과들을 떠올리며 뿌듯해했다. 반군 수백 명을 사살하고 그들의 은신처 수백 곳을 제거해 적들이 더 이상 마음 놓고 도시를 활보하지 못하게 만들었다. 이제는 미군 전투 기지가 라마디 전역에 건설되었다. 반군은 라마디에 대한 지배력을 상당 부분 상실했다. 하지만 방금 목격한 원거리 공격은 반군이 여전히 만만치 않은 기세를 유지하고 있음을 일깨우는 증거였다. 문득 이런 궁금증이 들었다.

'우리가 이곳에 새긴 발자취가 얼마나 오래 남아 있을까?'

오래지 않아 우리는 후속 부대와 임무 교대를 했다. 육중한 공군 C-17

화물기를 타고 집으로 돌아갈 날이 얼마 남지 않았다. 유혈이 낭자한 라마디 거리에서 평화로운 캘리포니아 샌디에이고로 복귀하는 것이다. 감격스러운 귀환이었다.

나는 심신이 많이 지친 상태였다. 우리는 이곳에서 전우들과 함께 피와 땀과 눈물을 흘리고 전우를 잃었다. 그들과 함께 집으로 돌아갈 수 없다는 것은 감당하기 힘든 마음의 짐이었다. 내가 희생해서 그들이 돌아올 수 있다면 그렇게 하고 싶었다. 내가 죽고 그들이 살았더라면 이렇게 괴롭지는 않았을 것이다. 라이언이 총상을 입고 마크 리가 사망했을 때, 그들은 내가 내린 지시를 정확히 수행하던 중이었다. 내가 지휘했고, 내가 책임자였다. 델타 소대장도 마이크 몬수어가 사망했을 때 나와 같은 심정이었을 것이다. 조코 소령 역시 마찬가지였으리라.

이른바 전문가들이 TV에 나와 이라크에 미국이 쏟아부은 '생명과 재산'을 성토하는 것을 듣고 있자면 피가 거꾸로 솟는 것 같았다. 그들에게 사망자는 그저 숫자에 불과했다. 하지만 그들은 형제이자 동료이고 친구였다. 사망자들의 가족도 엄청난 시련을 겪었다. 다시는 회복되지 못할 큰 부상을 입은 전우도 많았다. 전우들과 그 가족들의 삶은 결코 예전과 같을 수 없다. 전쟁에 참여한 미군들이 치른 진정한 희생의 크기를 일반 국민은 아마 짐작조차 하지 못할 것이다.

우리 네이비씰 내부에서도 일선 현장에 대한 비판의 목소리가 나왔다. 전장과 멀찍이 떨어진 채 책상머리에서 일하는 고위 장성들이 비판에 앞장섰다. 그들은 현장에 있는 우리가 라마디에서 이끌어 낸 변화가 무엇인지 제대로 보지 않았고, 우리가 한 일들에는 불가피한 이유가 있었다는 것을 이해하지 못했다.

분노에 휩싸인 나는 어떻게 하면 그들의 비판에 전문가답게 대응할 수 있을까 고심했다. 특히 실전 경험이 없는 고위 장성들을 상대로 말이다. 마음 같아서는 그들의 얼굴에 주먹을 날리고 싶었다. 하지만 우리가 어떤 일을 왜 했는지 이해시키고 싶은 마음이 더 컸다. 만약 누구든 브루저 기동대와 육군 레디 퍼스트 여단이 이룬 위대한 성취를 진정으로 이해한다면, 우리의 용기와 헌신에 경의를 표하고 전략적 성공에 찬사를 보낼 것이라 생각했다. 라마디와 안바르주를 재난의 구렁텅이에서 건져 낸 것은 놀라운 성취였다. 모두가 회의에 빠져 있을 때 이뤄 낸, 미군 역사상 가장 기념비적 성취라 해도 과언이 아니었다. 회의론자들은 틀렸다.

네이비씰 상부에서 나오는 비판의 요지는 우리가 너무 무모한 작전을 벌였으며, 우리의 저격 작전이 '두더지 잡기' 게임에 불과하다는 것이었다. 전통적인 특수 작전 패러다임에 갇힌 그들은 우리가 과거의 작전 방식을 어떻게 바꿨는지 전혀 이해하지 못했다. 또 대(對)반군 작전의 본질이 무엇인지, 그 작전이 얼마나 극적인 평화와 안정을 가져왔는지도 이해하지 못했다.

워싱턴에 앉아 있는 정치인과 군 수뇌부는 우리가 적을 사살할수록 더 많은 적을 양산하는 결과만 낳는다고 생각했다. 현장을 전혀 모르고 하는 소리였다. 우리가 펼친 작전은 지역 안전에 결정적인 역할을 했다. 적을 더 많이 사살할수록 미군들이 살아서 귀환할 날이 점점 가까워졌다. 라마디의 민간인들은 공포에 떨지 않아도 됐다. 이라크 민간인들을 향한 반군의 잔인한 고문, 강간, 살해도 멈췄다. 더 이상 반군을 겁내지 않게 된 민간인들이 반군에 맞서 싸우기 위해 하나둘 미군과 이라크군에 합류했다.

모든 걸 증명해 낸 단 한 장의 슬라이드

2006년 10월 브루저 기동대가 미국으로 귀환한 직후 조코 소령은 해군 사령부로부터 해군 참모 총장과 대통령 안보 보좌관 등 최고위급 인사들을 상대로 라마디 현황에 대해 발표를 해 달라는 요청을 받았다. 조코 소령은 라마디 지도 하나를 준비했다. 우리가 처음 도착했을 때 반군이 점령하고 있던 지역들을 표시한 지도였다. 전임 소대장이 이 지도를 가리키며 우리에게 했던 충고가 생각난다.

"여기는 절대 들어가지 말게. 들어가면 몰살이야, 몰살. 다른 미군 부대도 못 도와줘."

조코 소령은 이 지도를 기초로 파워포인트 자료를 만들었다. 레디 퍼스트 여단이 수개월에 걸쳐 체계적으로 수행한 '장악, 정리, 유지, 건설' 작전이 어떤 변화를 만들었는지를 한눈에 볼 수 있는 자료였다. 시간이 흐를수록 적 심장부에 미군 기지가 하나씩 건설되면서 적의 점령지가 줄어드는 모습이 담겨 있었다. 우리는 라마디 주민들에게 진정한 강자가 누구인지를 똑똑히 보여 주었다. 그 결과 지역 주민들이 우리 쪽에 합류해 반군에 맞서 싸우기 시작했다. 적의 점령지를 빼앗아 그곳에 미군 기지를 건설하는 주요 작전에서 우리 브루저 기동대가 핵심적인 역할을 수행했다는 내용도 함께 담겨 있었다.

조코 소령이 자료를 내게 보여 줬을 때, 나는 망치로 머리를 한 대 맞은 것 같았다. 거의 모든 작전 계획 수립에 참여하고, 실전에서 부대를 직접 이끌고, 다른 부대와 소통하고, 작전이 끝난 후 상세한 보고서를 작성한 사람이 바로 나였다. 그런데 정작 이 모든 작전을 연결해 생각하거나 전략적 차원에서 생각해 본 적이 한 번도 없었다. 조코 소령의 자료를 보고 나서야 전체적인 그림이 보였다. 우리가 라마디에서 무엇을 했고 어떤 변화를 가져왔는지 처음으로 실감한 것이다.

그것은 놀라운 깨달음이었다. 나는 브루저 기동대에서 조코 소령 바로 아래 선임 장교이자 찰리 소대장이었다. 하지만 전술의 세부 사항에만 몰입하다 보니 우리가 수행한 많은 작전이 전략적 목표 달성에 얼마나 크게 기여했는지 미처 알지 못했다. 나는 조코 소령에게 말했다.

"왜 전에는 이렇게 전체적으로 볼 생각을 한 번도 안 한 걸까요?"

이 한 장의 슬라이드로 그동안 우리가 라마디에서 무엇을, 왜 했는지가 분명해졌다. 그것을 안다고 해도 전우를 잃은 고통이 줄어들지는 않을 것이다. 하지만 우리가 왜 그런 위험을 무릅썼는지, 그리고 어떤 성취를 이뤄 냈는지를 이해하는 데 큰 도움이 됐다.

나는 작전 계획을 세우고 다른 부대와도 소통했으므로 일반 소대원들 보다는 훨씬 더 넓은 시야를 갖고 있었다. 그런 나조차 우리가 수행하는 작전의 전략적 파급력을 제대로 이해하지 못했는데 다른 소대원들은 오 죽했을까. 무기를 들고 작전에 임하는 소총수, 차량 정비를 담당하는 정 비병, 반군 은신처 대문 폭파를 담당하는 화약병은 아마 이런 의문을 품고 작전 브리핑에 임했을 것이다.

'다음 임무는 뭘까?'

라마디의 안전 확보라는 큰 그림에서 각자가 차지하는 위상을 파악하 기란 거의 불가능했을 거란 말이다.

그들에게 좀 더 큰 그림을 설명해야 했는데 그러지 못했다는 것을 그제 야 깨달았다. 아주 높은 수준의 전략적 시야는 시간이 지나 전체 그림을 되돌아볼 때에야 트이는 경우가 있다. 하지만 우리의 작전이 전략에 미치는 영향을 이해하고 부하들에게 그것을 제대로 전달했더라면 나는 리더로서의 역할을 훨씬 더 잘 수행할 수 있었을 것이다.

조코 소령 역시 나의 반응을 보고서 깨달은 바가 있었다. 부하들에게 작전의 의미를 더 상세히 설명해야 했다는 점이다. 겉으로는 부하들이 큰 그림을 이해하고 있는 것처럼 보여도, 실제로는 당면한 작전에 몰입한 나머지 작전 간의 연관성을 이해하지 못하거나 이를 관통하는 궁극적인 목표를 파악하지 못하는 경우가 많다. 조코 소령은 전략적인 관점에서 더 자세히 부하들에게 설명해 주어야 했다.

수개월간의 격렬한 전투로 피로감이 쌓이면서 일부는 점점 부정적으로 변했고, 일부는 여전히 긍정적인 자세를 유지했다. 돌이켜 보면 부정적인 태도를 보인 대원들은 작전 계획 수립에 소극적으로 참여한 이들이었다. 집중력과 긍정적인 태도를 잃지 않고 자신의 임무에 대한 믿음을 가지고 파병 기간을 연장하며 잔류를 원한 대원들은 모두 작전 계획을 짤 때 오너십을 가진 이들이었다. 작전 계획의 아주 작은 부분, 예를 들어 목표물에 접근하거나 빠져나오는 경로, 적의 은신처 출입구 돌파 방법, 지원 병력과의 연락, 작전에 참가하는 이라크군 관리 등 작전 계획을 자기 손으로 만들어 본 대원들은 작전의 전략적 필요성, 그에 수반되는 리스크, 비상시 대응 방법, 작전의 목적, 지휘 의도 등을 훨씬 잘 이해했다. 반대로 오너십이 없는 대원들은 어둠 속에 있는 것이나 다름없었다. 그들은 우리가 왜 이렇게 위험한 임무를 수행해야 하는지, 우리가 하는 일이 라마디 해방에 어떤 영향을 미치는지 이해할 도리가 없었다.

이런 회상을 하면서 임무에 부정적인 태도를 보이며 몰두하지 못하는 대원들에게 계획에 참여할 기회를 더 많이 주었더라면 어땠을까 하는 후회가 들었다. 나 스스로도 우리의 임무와 전략적 목표에 관해 생각해 보는 시간을 더 많이 가져야 했다. 조코 소령을 비롯한 상관들에게 더 많은 질문을 던지고, 소대원들에게도 전략적 큰 그림을 더 자주 이야기해야 했다. 그랬다면 대원들은 우리가 이룬 성취, 그리고 우리가 수행한 작전들이 라마디 안정이라는 전략적 목표에 어떻게 기여했는지를 이해했을 것이다. 섭씨 46도가 넘는 이라크의 무더위 속에서 무거운 장비를 둘러메고 적들과 목숨을 건 격렬한 교전을 벌이며 육체적 한계를 경험한 우리 찰리 소대원들은 우리가 왜 그래야만 했는지 전체 맥락을 이해할 필요가 있었다.

조코 소령이 만든 발표 자료를 보면서 나는 아랫사람들을 이끈다는 것이 과연 무엇인지 새삼 깨달았다. 생사를 넘나드는 시간 끝에 어렵게 얻은 교훈이고, 앞으로는 결코 잊지 않을 교훈이었다.

승리의 원칙
아랫사람을 잘 이끄는 법

훌륭한 리더는 특정 작전을 왜 수행해야 하는지에 대한 통찰력을 가지고 있다. 하지만 그 통찰이 저절로 부관과 일선 대원들에게 전달되는 것은 아니다. 팀의 말단 대원들은 당연히 자기가 맡은 업무와 전술적 목표 달성에 집중한다. 그들이 고위 지휘관처럼 전체적인 지식이나 통찰력을 가질 필요는 없다. 리더 역시 말단 대원들의 업무를 시시콜콜 알 필요는 없다. 하지만 서로의 역할을 이해하는 것은 매우 중요하다. 리더는 하급 지휘관과 대원 각자의 역할이 전략적 측면에서 얼마나 중요한지를 반드시 설명할 필요가 있다.

리더에게는 당연하고 명백해 보이는 것도 일반 팀원들에게는 그렇지 않은 경우가 많다. 그러므로 리더는 전체 임무에서 팀원 각자가 어떤 역할을 담당하고 있는지 수시로 설명할 필요가 있다. 그러면 팀원들은 자신이 매일 수행하는 과업이 조직의 전략적 목표와 어떻게 연결되는지 이해하게 된다. 이런 이해가 있으면 빠르게 변화하는 환경에서도 팀원 각자가 자기 업무의 우선순위를 정할 수 있다. 아랫사람을 이끈다는 것은 바로 이런 것이다. 리더는 정기적으로 팀원들과 직접 대화하며 그들이 어떤 어려움을 겪고 있는지 파악하고 자신의 지휘 의도를 전달해야 한다. 그러면 팀원들은 자신이 왜 이 일을 하고 있는지 이해할 수 있다. 그럼으로써 챕터 8에서 설명한 '지휘권 분산'이 가능해진다.

극한의 오너십을 체화한 리더는 팀원들이 자기 뜻대로 움직이지 않을 때 먼저 자기 자신을 되돌아본다. 큰 그림을 보라고 팀원들을 다그치는 대신 좀 더 간단명료한 용어로 그들을 이해시킬 방법을 찾는다. 이것이 바로 아랫사람을 이끄는 방법이다.

나를 분노하게 만든 한 통의 이메일

"장난하는 거죠? 지금 저 사람들 제정신이에요?"

작전 통제실 안에 있는 조코 소령의 사무실을 박차고 들어가며 내가 외쳤다.

작전 통제실은 유프라테스강 변에 자리한 3층짜리 건물에 있었다. 2003년 미국이 이라크를 침공하기 전에는 사담 후세인을 받드는 이라크군 장군들이 관사로 쓰던 곳이었다. 한때 화려함을 뽐내던 건물은 지금 여기저기 공격을 받아 누더기가 돼 있었다. 그곳은 이제 네이비씰 기지의 심장부가 되었다. 기지 뒤쪽으로는 미군의 대형 전초 기지인 캠프 라마디가 자리하고 있었다. 지난 천 년간 외세가 이 지역을 침공할 때마다 우리가 지금 있는 바로 이 강둑에 진을 쳤다. 바빌로니아, 아시리아, 페르시아, 그리스, 아랍, 오스만 튀르크, 그리고 영국 군대까지. 지금은 브루저 기동대 병력 일부를 포함한 네이비씰과 미군이 이곳에 머물고 있었다.

나는 조코 소령에게 분노를 쏟아 냈다.

"말이 안 됩니다. 이런 어처구니없는 질문을 하면서 어떻게 제대로 작전 계획을 짜라는 겁니까?"

조코 소령은 방금 전 네이비씰 사령부에서 온 이메일을 나에게 전달한 참이었다. 내가 이끌고 있는 찰리 소대가 몇 시간 뒤 시작할 작전에 대한 소명을 하라는 내용이었다.

브루저 기동대에는 찰리 소대와 델타 소대가 있는데, 나는 그중 찰리 소대의 소대장이고, 조코 소령은 나의 직속상관이었다. 내가 조코 소령에게 보고하면 그는 다시 사령관과 참모들에게 보고를 올렸다. 라마디에 주둔 중인 브루저 기동대와 달리 네이비씰 사령부는 동쪽으로 약 50킬로미터 떨어진 팔루자에 있었다. 팔루자는 2004년 미군이 대규모 공격으로 점령한 곳이다. 2년이 지난 지금 그곳은 상당히 안정된 상태였다. 폭력이 끊이지 않는 라마디와는 상황이 사뭇 달랐다. 우리가 작전 계획을 실행하려면 사령부와 그 윗선의 승인이 있어야 했다. 사령부는 우리가 라마디에서 작전을 수행하는 데 필요한 여러 자원을 지원해 주는 역할도 했다. 조코 소령이 씩씩거리는 나를 보며 물었다.

"뭐가 문제지? 이메일?"

조코 소령 역시 상부의 잦은 질문과 조사에 신물이 난 상황이었다.

"네, 이메일요. '저 사람들'은 여기 일을 하나도 모르지 않습니까!"

내가 말하는 '저 사람들'이란 브루저 기동대를 제외한 나머지 모두를 지칭하는 것이었다. 그러자 조코 소령이 웃으며 말했다.

"짜증이 많이 났구먼. 나도 마찬가지야."

"아니, 우리는 여기 라마디에서 죽을 고생을 하고 있는데 기동 타격대가 준비됐냐는 이따위 멍청한 질문을 한다는 게 말이 됩니까?"

기동 타격대는 네이비씰이 작전 중 적들에게 포위됐을 때 구조를 담당할 미군 지원군을 말한다. 미 육군과 해병대 장갑차, 수십여 명의 병력, 중화기로 구성돼 있다. 브루저 기동대 대원 중 다수는 이라크 파병 경험이 있지만 그럴듯한 전투를 경험한 사람은 소수에 지나지 않았다. 이전 파병 때는 기동 타격대를 실제로 요청한 사례가 거의 없었다. 하지만 언제 어디서든 압도적인 숫자의 적들에게 포위될 가능성이 있는 라마디에서 기동 타격대 요청은 아주 흔한 일이었다. 실제로 라마디에서 작전을 시작한 후 몇 달 동안 우리는 자주 기동 타격대를 호출했다.

조코 소령이 전달한 이메일에는 사령관이 작전 계획을 승인하기 전에 알고 싶은 질문들이 들어 있었다. 그 질문 중 하나가 '적절한 기동 타격대를 대기해 두었는가'였다. 나는 그 질문이 너무 모욕적으로 느껴졌다.

"그분들은 우리가 기동 타격대도 대비하지 않고 작전을 짤 거라고 생각하는 겁니까? 우리는 행정병 수송용 기동 타격대까지도 미리 준비해 놨어요. 여기는 라마디라고요. 기동 타격대 없이 나가는 건 죽으러 가겠다는 거 아닙니까?"

조코 소령은 말없이 미소만 지었다. 지난 몇 주간 그 역시 비슷한 좌절을 겪었고 그것을 내게 토로하던 참이었다. 우리는 상부에서 오는 질문들을 보며 함께 비웃었다. 얼마 전에는 찰리 소대 작전 계획을 승인하기에 앞서 적군의 박격포가 얼마나 위험한지를 묻는 질문을 받기도 했다. 약 1센티미터 두께의 철갑 안에 10킬로그램 이상의 고성능 폭약이 장착된 박격포는 하늘에서 날아와 거대한 굉음과 함께 폭발하며 날카로운 파편을 사방으로 날리는 무기다. 적의 박격포 공격은 무서울 정도로 정확했다. 우리는 작전 때마다 두꺼운 콘크리트 벽으로 된 건물을 고르고 적에게 동선을 노출하지 않기 위해 온갖 방법을 다 썼다. 하지만 박격포 공격을 완벽히 피할 수는 없었다. 우리가 통제할 수 있는 리스크가 아니었다. 계획을 짤 때는 통제할 수 있는 위험에 집중하려고 노력했다.

조코 소령은 상부로부터 이런 질문들이 날아오면 짜증을 내며 우리와 공유하곤 했다. 그런데 내가 사무실 문을 박차고 들어가 화를 내자 그는 뭔가 잘못돼 가고 있음을 깨달은 것 같았다.

'사령관과 참모들이 단지 우리를 괴롭히고 작전을 방해하려고 이러는 것은 아니다. 그들은 우리가 작전을 수행하는 데 필요한 것들을 지원해 주려고 한다. 다만, 우리와 함께 전장에 있지 않으므로 우리가 일상에서 어떤 위협을 마주하는지, 수많은 리스크를 낮추기 위해 얼마나 노력하는지 알 길이 없다. 라마디는 워낙 위험한 곳이라 아무리 철저히 대비하더라도 거의 매일 사상자가 발생한다. 사령부가 쓸데없는 질문들을 자꾸 던지는 것은 어쩌면 마음이 놓이지 않기 때문이 아닐까.'

조코 소령의 마음이 복잡하든 말든 나는 화가 나서 소리쳤다.

"이런 질문들에 대답하느라고 시간을 낭비하고 있습니다. 진짜 작전을 계획하고 준비할 시간도 모자라는데 말입니다. 이건 정말 위험합니다!"

조코 소령도 내 말에 일리가 있음을 알았다. 하지만 그는 나더러 눈앞의 문제를 넘어 큰 그림을 보라고 했다. 사령관의 눈에 우리의 전투 작전이 어떻게 보일지 이해시키려고 했다.

"모든 작전의 승인 권한은 사령관에게 있어. 작전을 원하는 대로 하고 싶으면 사령관을 안심시켜야만 해."

나는 그 말에 동의할 수 없었다.

"우리가 요구에 응할수록 저쪽에서 더 많이 요구한다고요. 작전 시작 5분 전에 차량 좌석 배치도를 달라고 합니다. 그럴 시간이 어디 있습니까. 저번에는 합동 작전에 투입되는 이라크 병사 전원의 이름을 달라고 했습니다. 작전 개시 직전에 이라크 병사 이름을 조사해야 합니까?"

내 화가 좀처럼 누그러들지 않자 조코 소령은 잠자코 고개만 끄덕였다. 그는 나를 능력 있는 리더라고 생각했다. 나를 1년간 교육하고 지도한 뒤 찰리 소대와 함께 이 전장에 풀어놓은 사람이 바로 그였다. 하지만 찰리 소대만 챙긴다고 내 일이 끝나는 것은 아니었다. 상부에 정보 보고를 하는 것 역시 중요한 임무였다. 조코 소령은 이 점을 알았지만 내 생각은 미처 거기까지 닿지 못했다. 나는 윗사람을 이끄는 게 무엇인지, 그게 왜 중요한지 생각해 본 적이 없었다.

아랫사람뿐만 아니라 윗사람도 이끌어야 하는 이유

작전 승인을 받으려면 현장에서 취합해 상부에 올려야 하는 정보와 서류의 양이 어마어마하다. 전쟁 드라마나 영화에는 결코 나오지 않는 전투 현장의 뒷면이다. 어릴 적 전쟁 영웅을 꿈꾸던 나 역시 그런 장면은 한 번도 상상해 보지 않았다. 하지만 그게 현실이었다. 잠시 뒤 조코 소령이 말했다.

"우리가 하는 작전이 이곳에서 굉장한 파급 효과를 일으키고 있다는 걸 우리는 잘 알지. 매우 중요한 일이야. 하지만 이 모든 작전은 사령관 승인을 받아야 해. 사령관 마음이 놓여야 우리도 할 일을 할 수 있단 말이지. 또 더 윗선의 승인을 받을 때도 사령관의 도움이 있어야 해. 우리가 할 수 있는 선택은 두 가지야. 종일 불평만 하면서 아무것도 안 하거나, 원하는 정보를 상부에 올리고 작전 승인을 받거나."

조코 소령의 말이 맞았다. 사령관과 참모들은 라마디에 있지 않았다. 그들은 우리가 리스크를 줄이기 위해 얼마나 애쓰는지, 다른 미군 부대와 얼마나 긴밀하게 협조하고 있는지 제대로 파악할 수 없었다. 조코 소령이 말했다.

"그들은 독심술사가 아니야. 원하는 정보를 얻으려면 우리를 닦달할 수밖에 없어. 그러니까 서면과 전화로 자꾸 보고를 요구하는 거야. 그런데도 중요한 의문들이 해소되지 않는다면 그건 우리가 일을 제대로 하지 못하고 있다는 뜻이야."

"그럼 직접 여기 와서 보면 되잖아요."

"그러면 좋겠지. 그런데 여기에 와 달라고 요청해 본 적 있나? 내 생각엔 없는 것 같은데."

조코 소령의 말은 우리의 이중적인 모습을 일깨워 주었다. 일선 부대는 되도록 사령부로부터 떨어져 있고 싶어 한다. 청소 상태나 복장 규정 같은 사소한 일로 트집 잡히고 싶지 않아서다. 부대의 군기가 잘 잡혀 있든 아니든 마찬가지다.

"우리는 여기 현장에 있어. 상부에 상황 보고를 할 의무가 있는 거지. 상부에서 말도 안 되는 질문을 한다면 그건 상부가 원하는 정보를 제대로 보고하지 못한 우리 잘못이야. 그들이 우리를 이끈다고 생각하나? 그들을 이끌어야 하는 건 우리야."

나는 그 말을 잘 이해할 수 없었다.

"지휘권은 저들이 갖고 있잖아요. 우리가 어떻게 저들을 이끈다는 말입니까?"

조코 소령도 지금의 나와 같은 기분을 느낀 적이 있다고 했다. 그는 고민 끝에 내린 답을 내게 들려줬다.

"리더십이란 지휘 계통의 아래로만 흐르는 것이 아니야. 위로도 흐르지. 우리는 우리를 둘러싼 모든 것의 오너가 되어야 해. 그게 바로 극한의 오너십이야."

나는 그의 말을 곰곰이 생각해 봤다. 함께 일한 지난 1년간 조코 소령은 나에게 잘못된 가르침을 준 적이 한 번도 없었다. 그는 내게 전투 지휘관이 되는 법을 가르쳤다. 하지만 이건 내가 지금까지 전혀 들어 보지 못한 완전히 새로운 관점이었다. 남을 비난하거나 상관의 요구에 불평을 늘어놓는 대신 문제의 오너가 되라. 윗사람도 포함해서. 조코 소령이 말을 이었다.

"우리는 스스로를 돌아보고 더 잘할 수 있는 방법을 찾아야 해. 상관들이 제대로 이해할 수 있게 더 자세한 보고서를 써야 하지. 우리가 뭘 하고 있고, 왜 이런 결정들을 내렸는지 말이야. 사령부와 더 자주 소통하고, 사령부가 원하는 정보가 있을 땐 즉각 보고해야 해. 이곳 현장 상황을 이해시키려면 말이야."

그제야 조금 납득이 됐다. 사령부는 우리를 괴롭히기 위해서가 아니라,

더 잘하기 위해서 질문을 던지고 있었다. 우리가 제출한 작전 계획을 승인하고 최상부의 승인을 얻으려면 더 많은 정보가 필요했던 것이다. 나는 스스로를 되돌아봤다. 부정적인 태도가 나를 잠식해 우리 소대의 작전 수행 능력을 갉아먹고 있었다. 나는 조코 소령의 조언을 온전히 받아들이기로 했다.

"소령님 말씀이 맞습니다. 상부가 뭘 요구하거나 조사하겠다고 하면 삐딱하게 나갈 수도 있습니다. 그러면 작전 승인을 받아 내는 데 도움이 안 되겠죠. 저들에게 원하는 정보와 우리가 하는 일에 대한 신뢰를 주면 작전 승인을 받는 것도 훨씬 수월해지겠죠. 그 결과 적들에게 더 심각한 타격을 줄 수 있고요."

"정확하네."

그날 이후 우리는 위를 이끌기 시작했다. 아주 자세한 작전 계획과 작전 후 보고서를 상부에 제출했다. 이런 깨달음을 부대 내 다른 지휘관들에게도 전달했다. 더 나아가 사령관과 작전 참모를 비롯한 지휘부에 라마디 방문과 전투 작전 참관을 요청했다. 그 후 작전 참모는 우리가 수행하는 작전에 여러 차례 동행했다. 더 많은 정보를 전달하자 사령관과 참모들이 우리를 더 잘 이해하게 됐다. 우리가 세부 작전 계획을 얼마나 꼼꼼히 준비했는지, 지원 부대와 얼마나 조율이 잘되어 있는지, 리스크를 완화하기 위해 얼마나 고심해서 대비책을 만들었는지를 이해하게 된 것이다. 시간이 갈수록 사령관은 우리가 하는 일에 대해 마음을 놓았다. 우리에 대한 신뢰가 생긴 것이다. 우리가 제출하는 작전 계획은 모두 상부의 승인을 받았다. 브루저 기동대가 전장에서 더 큰 성과를 거둘 수 있는 길이 열린 것이다.

승리의 원칙
윗사람을 잘 이끄는 법

상관이 제때 결정을 내리지 않거나 필요한 지원을 해 주지 않아도 그를 원망하지 말라. 먼저 자신을 돌아보라. 상관이 결정을 내리고 자원을 배분하는 데 필요한 중요 정보를 전달하기 위해 무엇을 더 할 수 있을지를 검토하라. 지휘 체계의 상부를 이끌려면 특히 직속상관을 요령껏 다루는 법을 익혀야 한다. 그래야 팀이 임무를 완성하고 궁극적인 승리를 거두는 데 필요한 결정과 지원을 끌어낼 수 있다. 그러기 위해서는 상부에 상황 보고를 지속적으로 하는 것이 중요하다.

윗사람을 이끄는 일은 아랫사람을 이끄는 것보다 훨씬 더 많은 요령과 기술이 필요하다. 아랫사람을 이끌 때는 직책 자체가 권위와 힘을 발휘하지만, 윗사람을 이끌 때는 그렇지 않다. 그러므로 자신의 영향력, 경험, 지식, 소통 능력을 총동원해 최고의 전문성을 발휘해야 한다.

원하는 바를 윗사람에게 관철시키기 위해서 먼저 이해해야 할 것이 있다. 윗사람도 나름의 큰 그림 속에서 한정된 자원을 배분하고 결정을 내린다는 점이다. 어떤 시기에는 당신 또는 당신의 팀이 우선순위에서 밀려날 수 있다. 또는 윗사람이 당신이 원하는 것과는 다른 방향을 선택할 수도 있다. 이를 이해하고 수용하는 겸허함을 지녀야 한다.

모든 리더에게 가장 중요한 것은 직속상관을 챙기는 것이다. 어떤 지휘 체계 아래에서든 리더는 구성원들 앞에서 단합된 모습을 보여 줘야 한다. 지휘 계통에 대한 공공연한 불복종이나 불만 표시는 각 단계 리더들의 권위를 한꺼번에 갉아먹는다. 이는 모든 조직에 재앙 같은 결과를 초래할 수 있다.

리더인 당신의 요구가 상부에서 묵살되었거나, 상관이 왜 그런 결정을 내렸는지 이해되지 않는다면 반드시 상관에게 질문해야 한다. 그 뒤 이해가 되면 아래로 전달해야 한다. 어떤 조직에서든 윗사람의 결정에 100퍼센트 동의하기는 어렵다. 하지만 어떤 길을 택할지 토론을 거쳐 상관이 최종 결정을 내렸다면, 당신이 설령 그 결정에 반대하는 입장이었더라도 당신 스스로 내린 결정인 것처럼 실행해야 한다. 그리고 당신이 원하는 지원을 받지 못했다 해도 결코 윗사람을 비난하지 말라. 대신 당신이 필요로 하는 것을 더 명확히 표현하는 방법과 당신의 영향력을 극대화할 방법을 모색하라. 그 밖에 윗사람을 이끌 때 유의해야 할 점은 다음과 같다.

- 당신 세계 안에 있는 모든 인물, 즉 아랫사람과 윗사람에 대해 비슷한 만큼의 책임감을 가져라.
- 윗사람이 당신이 원하는 것과 다른 방향을 제시할 때는 먼저 자신을 돌아보고 개선 방안을 찾아보라.
- 윗사람에게 '어떻게 할까요?'라고 묻지 말라. 대신 '이것을 하겠습니다'라고 말하고 그 이유를 설명하라.

원칙 활용법
보고서를 쓰기 전에 미리 짚어 봐야 할 것들

현장팀 팀장이 한숨을 쉬며 말했다.

"여기 일을 회사는 모른다니까요. 윗분들이 예전에 현장 경험을 해 봤는진 몰라도 그건 다 옛날얘기예요. 우리가 지금 어떤 상황인지 전혀 이해하지 못하고 있다고요. 그뿐만 아니라 말도 안 되는 질문과 추측으로 우리 일을 방해하고 있어요."

어느 고객사의 일선 현장팀을 방문했는데 팀장이 불만을 털어놓았다. 회사의 성패가 그 팀의 손에 달려 있었다. 그래서 회사는 그 팀에 모든 자원과 노력을 쏟아붓는 중이었다. 현장팀이 목표를 얼마나 달성하느냐에 따라 회사의 운명이 갈릴 참이었다.

본사에서 수백 킬로미터나 떨어져 있는 현장팀 팀장은 본사 때문에 잔뜩 짜증이 난 상태였다. 할 일이 산더미처럼 쌓여 있는데 본사의 요구가 너무 많다는 것이었다. 본사의 요구에 답하려면 보고서를 엄청나게 써야 했다. 본연의 업무를 수행하는 데 차질을 빚을 정도였다. 그는 몇 분 동안 그동안 쌓인 불만을 쏟아 냈다. 나는 잠자코 들은 뒤 조심스레 이야기를 꺼냈다.

"팀장님 심정은 충분히 이해합니다. 저도 이라크에 있을 때 지휘 계통 때문에 엄청 애를 먹었습니다. 우리가 상부에 보고서를 올리면 시시콜콜 따지고 멍청한 질문을 던져서 작전 전후로 매번 보고서를 엄청나게 썼거든요."

팀장이 놀라서 물었다.

"네이비씰이 전장에서 그런 일을 한다고요? 상상도 못 했네요."

"말도 마세요. 작전을 하려면 직속상관보다 최소 두 단계 위로부터 작전 승인을 받아야 하는데, 상관들은 우리가 어떤 적을 상대하는지 제대로 몰라요. 거리도 엄청 떨어져 있죠. 파워포인트로 복잡한 작전 계획 설명 자료를 만드는 것도 모자라서 워드 문서도 이만큼이나 첨부했어요.

고작 작전 승인 하나 받으려고요. 그런데 작전이 끝나면 처리해야 할 문서가 더 많아요. 사진을 첨부한 스토리보드, 상세한 작전 개요서 등등 끝도 없습니다. 전투에서 적을 사살하기라도 하면 서약서도 써야 해요. 보고서가 사실과 틀림없고, 각각의 사살 건에서 교전 수칙을 준수했음을 맹세하는 거죠. 라마디에서는 거의 모든 작전에서 적을 사살하는 경우가 생기니 사실상 매번 쓴다고 봐야죠. 여러 장짜리 정보 보고도 따로 올려야 합니다."

"군인들이 그런 일까지 하는 줄은 전혀 몰랐네요."

"이 회사가 아무리 크고 관료적이라 해도 미군 조직과 비교하면 새 발의 피일걸요. 매일 목숨 걸고 싸우는데 그런 일들을 겪으니 얼마나 짜증이 났겠습니까. 여러분이 여기서 겪는 것과 비슷한 분노를 저도 많이 경험했어요. 그 상황에서 저에겐 두 가지 선택 사항이 있었죠. 다 포기하고 아무것도 안 하거나, 제약 속에서도 나름대로 최선의 방법을 강구하거나. 저는 후자를 택했습니다. 하나 물어볼 게 있는데요. 본사 임원들이 현장팀이 실패하기를 바란다고 생각하세요?"

팀장은 말문이 막힌 듯했다. 그런 생각은 한 번도 안 해 봤다는 표정이었다. 내가 다시 물었다.

"임원들이 팀장님을 골탕 먹이려고 일부러 그러는 걸까요? 아니면 팀장님이 보고서에 파묻혀 허둥대는 모습을 즐기려는 걸까요? 그것도 아니면 팀장님이 할 일을 어떻게든 방해하려는 걸까요?"

물론 어느 쪽도 아니었다. 본사 임원들은 영리하고 열정적이었다. 그리고 그들은 현장팀이 목표를 완수하는 것은 물론 모든 경쟁자를 물리치고 새로운 경지에 오르기를 원했다. 팀장도 그 사실을 아는 듯했다.

"당연히 제가 실패하길 바라지는 않겠죠."

"제가 생각할 때 임원들이 계속 질문하고, 계획을 비판하고, 보고서를 요구하는 것은 그들이 중요한 정보를 필요로 한다는 뜻입니다. 라마디에서 조코 소령이 우리 기동대장일 때 저도 지금과 똑같은 대화를 한 적이 있어요. 그 대화 이후 저는 제 마음가짐을 바꾸었고, 덕분에 훨씬 더 효율적으로 일하게 됐지요."

"어떻게 해서 마음이 바뀐 겁니까?"

"제 계획에 관해 질문을 하고 추가 정보나 보고서를 요구하는 게 상부의 잘못이 아니란 걸 깨달은 거죠. 그건 제 잘못이었어요. 저는 옳은 결정을 하고 모든 리스크에 대해 충분한 대비책을 세웠다는 믿음이 있었어요. 또 우리가 라마디에서 미군의 전략적 성공에 결정적으로 이바지한다는 믿음도 있었고요. 그런데도 사령관이 제가 하는 일에 마음을 놓지 못한다면 그건 제 소통 방식에 문제가 있기 때문이라고 생각한 겁니다."

팀장이 나를 가만히 바라봤다. 그도 조금씩 납득하는 기색이었다. 잠시 후 그가 물었다.

"그럼 임원들이 질문을 하는 게 결국 제 잘못이라는 거네요? 제가 정보 보고를 제대로 못 해서요."

이는 그동안 그가 지닌 것과 정반대의 사고방식이었다. '우리 대 그들'이라는 사고방식은 어떤 조직의 지휘 계통에든 공통적으로 만연해 있다. 하지만 그런 사고방식을 깨는 것이야말로 진정으로 윗사람을 이끌고 팀의 성과를 향상시키는 핵심적인 열쇠다.

"생각해 보세요. 본사 임원들은 현장팀이 성공하기를 진정으로 원합니다. 그건 아주 명백해요. 하지만 지금 이곳에서 처한 어려움을 이해시키고 정보를 전달할 책임은 팀장님한테 있어요. 윗선에서 특정 계획에 관한 질문이나 보고서를 자꾸 요구할 때 짜증만 내면서 손을 놓아서는 나아질 게 없어요. 윗사람들에게 무엇을 원하는지 정확하게 질문해야 합니다. 팀장님 스스로 납득할 수 있게요. 상부의 요청에 성심껏 답하면 그들도 팀장님이 만든 계획의 진가를 알아보고 성심껏 도와주게 될 겁니다. 그게 바로 극한의 오너십이죠."

"그런 식으로 생각해 본 적은 한 번도 없는 것 같네요."

"그게 바로 윗사람을 이끄는 것입니다."

팀장은 마침내 본사 임원들에게 현장 상황을 정확히 이해시키려면 더 많은 노력이 필요하다는 것을 깨달았다. 더 상세하게 정보를 보고하고, 임원들과 더 긴밀하게 소통해야 하는 것이다. 나는 덧붙여 말했다.

"임원들이 현장 상황을 정확히 이해하지 못한다고 생각되면 이곳으로 와서 직접 보시라고 요청해 보세요."

그 후 현장팀 팀장이 본사 임원들을 대하는 태도는 완전히 달라졌다. 그는 임원들이 어떤 정보를 원할지 먼저 생각해 본 후 그에 맞는 정보를 취합해 보고했다. 또한 직원들이 일하는 현장으로 임원들을 초청하기도 했다. 그러자 본사와 현장 직원들 사이에 유대감이 형성되기 시작했다. 직접 대면하면서 임원들은 현장에서 벌어지는 일들과 어려움에 대해 더 잘 이해하게 됐고, 팀장 또한 임원들이 현장팀의 성공을 절실히 바라고 있음을 확인하게 됐다. 현장과 본사를 갈라놓던 장벽을 허물기 위해 그들은 지금까지 먼 길을 돌아왔다. 이제 비로소 팀장은 윗사람을 이끌 준비가 된 것이다.

CHAPTER 11

불확실함 속에서
최선의 결정을 내리는 법

—— 레이프 바빈 ——

"127번 건물 2층 창문에 조준경이 장착된 소총을 든 인물이 보입니다."

크리스 카일이 말했다. 특이한 상황이었다. 찰리 소대 척후병이자 주 저격수인 크리스는 소대 내에서 실전 경험이 가장 많고 네이비씰 전체에서도 손꼽히는 저격수였다. 그는 이미 이전 이라크 파병 때 '레전드(전설)'라는 별명을 얻었을 만큼 출중한 저격수였다. 라마디에서는 더 놀라운 반군 사살 실적을 쌓아 가고 있었다. 이 추세대로라면 미군 역사상 최고의 누적 저격 기록을 세울 듯했다.

크리스가 최고의 저격수가 된 것은 빼어난 사격 솜씨 때문만은 아니었다. 극한의 오너십이 진짜 비결이었다. 그는 저격 감시 계획을 세우고 위치를 선정할 때 적극적으로 참여해 효율을 극대화할 수 있는 시간과 장

크리스 카일(왼쪽)과 찰리 소대 저격수들이 옥상에서 지상군을 엄호하는 동안 레이프 소대
장(오른쪽)이 무선으로 아군과 교신하고 있다.

소를 찾았다. 보통 저격수들은 조준경을 한두 시간 응시하다 보면 집중력을 잃기 마련인데 크리스는 몇 시간이고 집중력을 잃지 않았다. 그가 최고의 저격수가 된 데는 운도 일부 작용했겠지만 그 운 역시 대부분 스스로 만든 것이었다.

크리스를 비롯한 네이비씰 저격수들에게는 적극적 목표물 식별(무기를 소지한 적의 적대 행위를 발견하거나 적대 행위를 할 만한 충분한 근거가 있다고 판단하는 것-옮긴이)을 통해 보고나 명령 없이 즉각 교전할 권한이 있다. 다시 말해 저격수들은 상관의 허락을 받을 필요가 없다는 뜻이다. 크리스 역시 내 허락 없이 본인의 판단으로 방아쇠를 당기면 되었다. 만약 허락을 요청한다면 이유가 충분하지 않다는 뜻이다. 그래서 특이한 상황이라는 것이다.

'빨리 놈을 죽여!'

내가 크리스에게 물었다.

"목표물 식별했나?"

"조준경이 달린 총을 가진 사람을 아주 잠깐 봤습니다. 곧바로 창가 뒤로 물러나 커튼 뒤로 사라졌습니다."

"알겠네. 건물 번호가 뭐라고 했지?"

나는 전투 지도를 펼치고 건물마다 부여된 번호를 확인했다. 눈앞에 보이는 건물과 지도상의 건물을 대조하는 것은 꽤 어려운 일이었다. 이곳은 번지수도, 도로 표지판도 없다. 무너진 건물 잔해와 폭탄 분화구로 뒤덮인 이 도시에서 눈에 잘 띄는 것이라곤 지하디스트(극단주의 무장 조직원)

들이 스프레이 페인트로 휘갈긴 낙서뿐이다. 번역하자면 대략 이런 뜻이었다.

'우리는 무조건 천국에 간다. 승리해도 가고, 순교해도 간다. 어느 쪽 천국이든 끝까지 싸울 것이다.'

물론 그들의 승리는 우리가 용납할 수 없었다.

우리는 육군과 해병대 소속 5~6개 부대가 참가하는 대규모 작전을 준비하고 있었다. M1A2 에이브럼스 탱크와 M2 브래들리 장갑차를 동반한 대규모 미군 병력이 작전을 개시하기에 앞서 네이비씰 소대는 이날 새벽부터 작전 지역을 도보로 사전 답사했다. 답사를 마친 후 육군이 새로운 전투 기지를 건설하려는 지점으로부터 수백 미터 떨어진 2층짜리 건물에 저격감시팀을 배치했다. 다시 한번 적진 깊숙이 들어와 있는 셈이었다. 이곳에서 지상군을 엄호하는 것이 우리의 임무였다.

지금은 날이 밝은 뒤 육군 수백 명이 일대 건물을 하나씩 확인하는 중이었다. 크리스를 비롯한 네이비씰 저격수들은 아군을 공격하려는 반군 6~7명을 이미 사살했다. 여느 때의 라마디와 다를 바 없는 일상이었다. 교전이 벌어질 때마다 지상에서 기지 건설 작업을 하는 제36사단 1대대 팀 워리어 부대에 무선으로 상황을 전달했다.

직접 방아쇠를 당기는 것은 장교인 내 임무가 아니었다. 나는 소대를 지휘 통제하고 주위에 있는 미군 부대들과 상황을 조율하는 임무를 수행했다. 하지만 크리스의 보고에는 미심쩍은 부분이 있었다. 그가 바라보고 있는 쪽 건물들은 방금 전 지상군들이 정리를 마친 상태였지만 다시 한번 확인할 필요가 있었다.

나는 적에게 노출되지 않도록 머리를 낮추고 포복으로 크리스에게 다가갔다. 그는 무기를 든 남자의 윤곽이 비치던 창문을 고성능 조준경으로 응시한 채 사격 태세를 갖추고 있었다.

"지금도 보이나?"

크리스가 조준경에서 눈을 떼지 않은 채 대답했다.

"안 보입니다."

옥상에서 아래를 내려다보니 전방으로 200~300미터가 시야에 들어왔다. 도로와 골목이 미로처럼 어지럽게 뒤섞여 있고 1~2층짜리 건물이 빽빽하게 들어서 있었다. 여기에 낮은 전깃줄과 야자수, 주차된 차 등이 시야를 더욱 어지럽혔다.

최근 몇 주간 이 지역에서 미군은 반군 저격수들 때문에 큰 피해를 당했다. 미군 2명이 사살되고 여러 명이 중상을 입었다. 라이언 잡이 총에 맞은 곳도 이곳에서 겨우 두어 블록 떨어진 지점이었다. 마크 리가 사살된 곳은 현재 우리가 있는 곳 바로 근처였다.

우리는 전우들의 희생을 갚아 주겠다는 복수심으로 가득 찬 상태였다. 적들을 남김없이 소탕하겠다는 전의로 불타올랐다. 지금 만약 반군 저격수를 사살한다면 그것은 완벽한 복수가 될 터였다. 하지만 그 일대는 반군뿐만 아니라 아군들도 활동이 많은 지역이었다. 확인할 필요가 있었다. 나는 무선을 켜고 팀 워리어 중대장을 연결해 상황을 설명했다.

"워리어, 여기는 레드 불. 조금 전 127번 건물 2층 창문을 통해 조준경 달린 무기를 가진 남자를 발견했습니다. 그 건물에 그쪽 병력이 없는지 확인 가능합니까?"

그러자 중대장은 현장을 책임지는 소대장에게 무선으로 물어본 다음 내게 전했다.

"그 건물에 우리 쪽 병력은 없습니다."

팀 워리어 부대가 그 건물을 정리한 것은 한 시간쯤 전의 일이었다. 이로써 127번 건물에 아군 병력이 없음이 확인되었다. 그렇다면 크리스가 본 인물은 반군 저격수가 맞을 것이었다. 중대장은 우리에게 교전을 요청했다. 반군 저격수는 아군에게 심각한 위협이었기에 중대장이나 나나 한시라도 빨리 제거하고 싶은 마음이었다.

그럼에도 크리스는 뭔가 미심쩍은 듯 평소와 달리 머뭇거렸다. 나도 찜찜한 기분을 떨칠 수가 없었다. 127번 건물과 불과 한 블록 떨어진 지점에서 수백 명의 팀 워리어 부대원들이 작전을 진행하고 있었다. 끈기 있게 조준경을 응시하던 크리스가 또 말했다.

"방금 그 녀석을 또 봤습니다."

그의 말에 따르면 커튼 안쪽에서 바깥을 슬쩍 내다보는 사람의 어두운 윤곽이 아주 잠깐 보였다고 했다. 사람 형체이고 조준경을 장착한 무기가 희미하게 보였다는 것 외에는 식별이 불가능했다. 그 후 남자가 유령처럼 어둠 속으로 스르륵 사라지더니 창문에 커튼을 쳤다. 목표물 식별이 불가능한 상황이었다. 나는 다시 팀 워리어 중대장을 호출했다.

"방금 전 동일한 장소에서 조준경 달린 총을 든 남자를 또다시 목격했습니다."

중대장이 대답했다.

"알았습니다. 그놈을 처치해 주십시오!"

몹시 흥분한 목소리였다. 틀림없이 이런 생각을 했을 것이다.

'네이비씰 녀석들아, 왜 그렇게 꾸물거리는 거야? 반군 저격수가 내 부하들을 죽일지도 모른다고. 그러기 전에 빨리 놈을 죽여!'

결단이 필요한 순간

팀 워리어 부대원들을 지키고 싶은 마음은 우리도 굴뚝같았다. 우리가 거기에 있는 것도 바로 그 때문이었다. 문제는 그 남자가 적인지 아닌지 확실하지 않다는 것이었다. 하지만 더 이상 지체할 수는 없었다. 곧 결정을 내려야만 했다. 나는 곰곰이 생각했다.

'만약 우리가 총을 쏘지 않아서 워리어 부대원이 죽거나 다친다면?'

생각만 해도 끔찍한 일이었다.

'만약 총을 쏴서 저 창 뒤에 있는 사람을 죽였는데 그가 아군으로 판명된다면?'

그건 더욱더 끔찍한 일이 될 것이었다. 아마도 나는 평생 나 자신을 용서하지 못할지도 모른다. 중대장이 압박하는 상황이었지만 일단 숨을 돌리고 큰 그림을 볼 필요가 있었다. 텍사스에 살던 어린 시절 아버지가 총기 사용법을 가르쳐 주며 강조한 말을 떠올렸다.

'표적지 뒤에 뭐가 있는지를 꼭 봐야 한다.'

나의 결정은 확실해졌다. 우리는 지금 이 상황에서 총을 발사해서는 안 된다. 그런 위험을 감수할 수는 없다. 나는 중대장에게 응답했다.

"안 됩니다. 이 지역에 아군이 너무 많습니다. 목표물 식별이 불가능합니다. 병력을 다시 보내 건물을 재확인할 것을 권유드립니다."

나는 중대장의 휘하가 아니고, 그 역시 내 상관이 아니었다. 그에게는 내게 사격을 명령할 권한이 없고, 나도 그에게 건물을 확인하라고 명령할 수 없었다. 하지만 우리는 함께 일해 본 경험이 있었다. 나는 리더로서 그를 존중했다. 그 또한 나를 그렇게 생각해 줄 거라 믿었다. 그는 나의 판단을 믿어 줄 것이다.

무선에서는 중대장이 내 요청에 대해 소대장과 상의하는 소리가 들렸다. 말투로 짐작건대 썩 유쾌하지 않은 듯했다. 그도 그럴 것이 적이 있을지도 모르는 건물에 병력을 보내는 건 부하들을 사지로 몰아넣는 것이나 다름없기 때문이었다. 자칫하면 부하들이 살해될 수도 있다. 잠시 후 중대장이 아까보다 더 고압적인 말투로 이야기했다.

"그냥 쏘세요. 저놈을 처치하라고요!"

"안 됩니다. 정말 느낌이 좋지 않습니다."

나는 단호하게 답하며 어떤 압력에도 물러서지 않겠다는 의도를 밝혔다. 중대장의 인내심이 한계에 다다르고 있었다. 그는 새로운 미군 전투기지 건설 책임자로서 100명 이상의 병력과 여러 대의 탱크를 지휘 통솔하는 쉽지 않은 임무를 수행하고 있었다. 지상군 상황을 상부에 보고하고 다른 지원 부대와 연락을 취하는 것도 그의 임무였다. 그러잖아도 진땀을 빼고 있는데 적 저격수일지 모를 인물에 대한 보고와 함께 재확인 요청을 받은 것이다. 건물을 확인하려면 현재 비교적 안전한 위치에 있는 병력을 빼내 적들이 우글거리는 대낮의 거리로 내보내야 한다. 그리고 그 건물에는 반군 저격수가 도사리고 있을지도 모른다. 큰 피해를 우려할 만한 상황이었다. 그저 우리가 꺼림칙하다는 이유로 재확인 요청을 했으니 중대장이 짜증을 내는 것도 무리는 아니었다. 사실은 그의 심정에 충분히 공감이 갔다.

그런데 크리스는 명실공히 미군 최고의 저격수였다. 그는 이미 수많은 적군을 사살한 경험이 있고, 내 지시나 허락 없이도 방아쇠를 당길 권한을 갖고 있었다. 그런 그가 망설인다면 분명히 이유가 있을 터였다. 그리고 소대장인 나는 주어진 정보 아래 최선의 결정을 내려야만 했다. 상황이 바뀌고 정보가 좀 더 확실해진 다음에도 방아쇠를 당길 기회가 남아 있을 것이라고 나는 판단했다.

조코 소령은 늘 우리에게 단호하고 과감하게 결정을 내리라고 조언하곤 했다. 자신이 내린 결정이 어떤 결과를 불러올지 정확히 알고 이해하는 것도 단호함의 일부다. 어떤 결정들은 즉각 수정하거나 뒤집을 수 있다. 하지만 사람을 쏘는 것과 같은 결정은 취소가 불가능하다. 희미한 목표물을 향해 방아쇠를 당기는 결정은 한번 내리면 그걸로 끝이다. 그래서 나는 고집을 굽힐 수가 없었다. 나는 무선으로 중대장에게 다시 말했다.

"이 상태로 교전할 수 없습니다. 건물을 확인하실 것을 재차 권유드립니다."

몇 분간 무선에서는 아무 소리도 들리지 않았다. 중대장은 끓어오르는 화를 애써 참고 있었을 것이다. 잠시 후 중대장은 소대장에게 건물을 재확인하라는 지시를 내렸다. 소대장 역시 마뜩잖은 듯했지만 명령이 떨어진 이상 어쩔 수 없었다. 그는 한 분대에게 127번 건물을 재확인하고 '조준경을 가진 의문의 남자'를 수색하라는 지시를 내렸다. 내가 소대장에게 말했다.

"우리가 엄호하겠습니다."

"제 부하들이 밖으로 나갔을 때 놈이 조금이라도 움직이면 바로 쏴 버리세요."

"알겠습니다."

적군이라는 낌새가 조금이라도 드러나면 크리스가 곧바로 방아쇠를 당길 터였다.

창문을 조준하고 있는 크리스 옆에 서서 나는 무선 헤드셋을 착용하고 워리어 부대원들과 통신을 준비 중이었다. 그때 갑자기 워리어 부대원 10명이 우리가 주시하고 있던 건물의 문을 열고 거리로 나왔다. 그 순간 모든 것이 명확해졌다. 나는 무선으로 부대원들에게 다급히 외쳤다.

"건물 확인 중단! 기지로 복귀하라!"

우리가 실수한 것이었다. 크리스와 내가 보고 있던 건물은 127번 건물에서 한 블록 떨어진 곳이었다. 지도로 봤을 때는 분명 127번 건물이라고 생각했는데, 사실은 워리어 부대원들이 집결해 있던 건물이었다. 재확인 요청을 받은 워리어 부대 소대장은 127번 건물에서 가장 가까이에 있는 부대원들에게 출동을 명령했고, 그래서 우리가 보고 있던 건물을 지키던 워리어 부대원들이 밖으로 나온 것이었다.

건물을 오인하는 것은 시가전 환경에서 흔한 일이다. 미군 지휘관들이 인정하는 것보다 실제로는 훨씬 더 자주 일어난다. 그렇다고 용납될 일은 아니다. 치명적인 결과를 초래할 수 있는 실수이기 때문이다.

크리스가 본 인물은 적군이 아니었다. 트리지콘 ACOG 조준경(트리지콘 사에서 만든 정밀 사격용 소형 조준경)이 장착된 M16 소총을 든 미군 병사였다. 나는 속으로 안도의 한숨을 내쉬었다.

'하나님, 감사합니다.'

만약 잘못된 결정을 내렸더라면

그 말이 이렇게 와닿은 적이 또 있을까. 크리스의 직감적인 첫 판단에 감사함을 느낄 정도였다. 적극적으로 식별되지 않은 목표물에 대해 사격을 보류한 판단 말이다. 그는 교전 수칙에 따라 나에게 판단을 요청했다. 경험이 적은 저격수였다면 고민하지 않고 방아쇠를 당길 수도 있는 상황이었다.

아군을 사살할 뻔했다는 생각만으로도 몸서리가 쳐졌다. 우리가 중대장의 압력에 굴복해 사격을 했다면 큼직한 탄환이 미군 병사의 얼굴에 박혔을 것이다. 누가 방아쇠를 당겼든 그 모든 책임은 당연히 리더인 나에게 있다. 나는 평생 양심의 가책을 안고 살아야 했을 것이다. 죽을 때까지 전쟁의 트라우마에서 벗어나지 못했으리라. 아군을 쐈더라면 나는 즉각 군복을 벗어야 했을 테고 지금까지 찰리 소대와 브루저 기동대가 쌓은 업적과 명성도 한순간에 무너져 버렸을 것이다. 내가 크리스에게 방아쇠를 당기라는 명령을 내렸다면, 그 모든 끔찍한 상상이 현실이 되었을 것이다. 영원히 끝나지 않는 전쟁을 치를 뻔했다.

나는 무선 통신으로 중대장에게 상황을 설명했다. 라마디에서는 이런 어처구니없는 일이 얼마나 자주 일어나는지 그 역시 잘 알고 있었다. 중대장은 깊은 안도의 한숨을 내쉬었다.

"와, 큰일 날 뻔했습니다. 내 말을 안 들어서 다행입니다."

혼돈이 난무하는 전장에서 방아쇠를 당기라는 압박을 받으면서도 나는 단호하게 행동했다. 명확히 식별되지 않은 목표물에 대한 사격을 끝내 보류시킨 것이다. 불확실성 속에서 결단력을 발휘하는 게 얼마나 어렵고 중요한 일인지 깨우쳐 주는 사례였다. 나는 라마디에서 이런 일을 수도 없이 겪었다.

인생이라는 전쟁터도 항상 불확실성과 모호함으로 가득하다. 승리를 위해 리더는 압박 속에서도 차분히 결정을 내려야 한다. 감정이 아니라 논리에 근거해 행동해야 한다. 이것이 승리의 결정적 요소다.

승리의 원칙
100퍼센트 옳은 해결책은 없지만 그럼에도 결단을 내릴 때는 단호하게

전쟁을 다룬 책이나 영화, TV 드라마에는 전투 지휘관이 겪는 불확실함과 혼란, 두려움 따위는 등장하지 않는다. 그러나 실제 상황에서 전투 지휘관이 적의 동태를 훤히 들여다본다는 것은 거의 불가능하다. 당장의 결정이 어떤 결과를 초래할지도 알 수 없다. 전장에서는 적의 공격을 인지하는 순간 쉴 새 없이 후속 공격이 이어진다. 콘크리트 조각이 난무하고 곳곳에서 부상당한 동료들의 비명이 들린다. 그러면 수많은 의문이 머릿속을 스쳐 지나간다. 어디서 쏘는 거지? 적의 숫자가 얼마나 될까? 부하들이 혹시 다쳤을까? 다른 아군은 어디 있지? 혹시 아군이 오인해서 우리를 공격한 것은 아닐까? 이런 질문에 대한 답은 금방 찾아지지 않는다. 심지어 누가 어떻게 공격했는지 영원히 모르고 넘어가는 경우도 있다. 그렇더라도 리더는 공포에 질려서는 안 된다. 그러면 아무것도 하지 못한다. 리더는 불확실함 속에서도 단호하게 행동해야 한다. 당장 활용 가능한 정보만으로 최선의 결정을 내려야 한다.

이런 깨달음은 미군 지휘관들이 이라크와 아프가니스탄에서 수년간 전쟁을 치르며 얻은 가장 값진 교훈 가운데 하나다. 100퍼센트 옳은 해결책은 없고, 완벽하게 선명한 그림도 없다. 리더는 이를 겸허히 인정하고 신속하게 결정을 내릴 줄 알아야 한다. 그리고 상황 변화와 새로운 정보에 따라 신속하게 결정을 수정하고 보완할 태세를 갖추어야 한다. 정보 수집과 연구는 중요하다. 하지만 여기에 너무 큰 기대를 걸어서는 안 되며, 이를 핑계로 신속한 의사 결정을 미뤄서도 안 된다.

신속한 의사 결정이 종종 승리와 패배를 가른다. 마냥 100점짜리 해결책을 기다리다가는 아예 결정을 못 내리거나 실행하지 못할 수도 있다. 리더는 과거의 경험과 적의 행동 방식, 예상되는 결과, 당장의 정보 등을 종합해 합리적으로 추정할 줄 알아야 한다.

이런 '불확실한 그림'의 원칙이 전쟁터에서만 유효한 것은 아니다. 사실상 모든 인간사에 다 적용된다. 가령 병원에 갈 것인가 말 것인가, 다가오는 태풍을 어떻게 피할 것인가 등을 결정할 때도 그렇다. 이 원칙은 특히 기업에서 의사 결정을 할 때 유용하다. 기업에서 목숨이 달린 결정을 내리는 일은 드물지만, 그 압박감은 전쟁터의 상황과 크게 다르지 않다. 위태로운 자본금, 출렁거리는 시장, 호시탐탐 기회를 노리는 경쟁사들, 언제 사라질지 모르는 일자리와 월급 명세서 등 매 순간 결코 소홀히 할 수 없는 결정을 해야 하는 상황과 마주한다. 결정의 결과물은 늘 불확실하고, 성공 여부는 뚜껑이 열리기 전까진 알 수 없다. 그렇다고 손을 놓을 수는 없다. 리더들은 혼돈 속에서도 의연해야 하며, 불확실성 속에서도 단호함을 보여야 한다.

원칙 활용법
"둘 중 누구를 내보내라고요?"

조코가 물었다.

"두 사람 중 누구 말을 믿으세요?"

결정을 내려야 할 때였다. 하지만 리더들은 답을 못 내리고 있었다. 지금 내리는 결정에 회사의 운명이 달려 있지만, 어떤 결과가 나올지는 불확실했다. 그래서 그들은 망설이고 있었다.

우리는 어느 소프트웨어 기업의 대표 이사인 짐, 그리고 그 자회사 대표인 달라와 면담 중이었다. 그 회사는 설립한 지 5년도 안 돼 빠르게 성장했다. 자회사는 엔지니어링 회사로, 똑똑하고 야심에 찬 젊은이들이 임원을 맡고 있었다. 우리는 회사가 안정적으로 성장할 수 있도록 리더십을 교육해 달라는 부탁을 받고 그곳에 갔다.

재능 있는 경영인 달라가 이끄는 엔지니어링 회사는 놀라운 성과를 내며 모회사의 이익에 크게 기여하고 있었다. 대형 계약을 여러 건 체결했고, 품질과 서비스 면에서도 업계 최고 수준의 명성을 쌓아 가고 있었다.

짐과 달라는 자신들의 손으로 만든 회사에 큰 자부심을 느꼈다. 그들은 각자 전에 일하던 회사에서 훌륭한 직원들을 스카우트해 왔다. 달라는 유망한 선임 엔지니어 5명을 데리고 있고, 각 선임은 5~6명으로 꾸려진 팀을 이끌었다.

달라에게 지난 1년은 아주 보람찬 해였다. 하지만 여느 조직과 마찬가지로 위기가 찾아왔다. 경쟁사들이 유능한 직원들을 빼 가려고 집요하게 접근했던 것이다. 경쟁사들의 핵심 타깃은 5명의 선임 엔지니어였다. 그들을 빼 가면 그 밑의 팀원들도 따라 나갈 가능성이 컸다. 그들이 나가면 회사의 성장 전략에 심각한 차질이 생긴다.

선임 엔지니어들은 치열한 경쟁 관계였다. 서로 협조하고 지원하기보다는 서로를 누르고 자신이 먼저 승진하려고 혈안이 돼 있었다. 그중에서도 특히 에두아르도와 나이절의 관계는 최악이었다. 자기 팀 프로젝트가 지연되거나 예산을 초과하면 상대 팀을 대놓고 비난했다. 대표인 달라를 찾아가 상대방을 욕하고 헐뜯는 일도 다반사였다.

지난 몇 달간 달라는 둘을 화해시키기 위해 나름대로 노력했다. 둘을 불러 전화 회의와 대면 회의를 자주 가졌고, 저녁 식사에 초대해 화해 분위기를 만들려고도 해 봤다. 하지만 별 소용이 없었다. 앙숙이 된 둘의 관계가 이제는 회사 전체 분위기에까지 악영향을 미칠 정도였다.

조코와 나는 모회사와 자회사 임원들을 대상으로 리더십과 팀워크에 관한 강연과 세미나를 했다. 세미나 중에도 두 선임 엔지니어는 서로 으르렁대며 충돌 직전까지 갔다. 그 와중에 달라는 에두아르도에게서 이메일 한 통을 받았다. 나이절과는 더 이상 같이 일할 수 없으니 그를 해고해 달라는 내용이었다. 나이절이 경쟁사의 채용 담당자를 만났고, 곧 회사를 떠나려 한다는 소문도 있다고 일러바쳤다. 곧이어 나이절에게서도 이메일이 왔다. 에두아르도가 팀원들을 데리고 회사를 떠나려는 움직임이 있다는 내용이었다. 나이절 역시 에두아르도와 같이 일할 수 없으니 그를 해고해야 한다고 주장했다.

쉬는 시간에 달라는 모회사 대표 이사인 짐에게 이메일을 보여 주었다. 그 후 그들은 우리를 찾아와 두 선임 엔지니어를 어떻게 하면 좋겠느냐고 물었다. 달라는 이 상황을 어떻게 처리해야 할지 몰라 신경이 잔뜩 곤두서 있었다. 만약 직원들의 대량 이탈 사태가 생기면 회사의 기밀과 기술력이 경쟁사로 유출될 우려가 있었다. 그렇게 되면 이미 수주한 계약의 납기를 맞추지 못할 뿐 아니라 서비스와 품질도 떨어질 게 뻔했다. 앞으로 다른 계약을 따내는 데도 큰 지장이 생길 것이었다. 조코가 두 사람 중 누구 말을 믿느냐고 묻자, 달라가 입을 열었다.

"누구 말이 맞는지 저도 모르겠어요. 확실한 건 상황이 아주 안 좋다는 거예요. 둘 중 한 사람이라도 잃으면 회사에는 큰 손실이거든요. 둘 다 그리고 그 밑의 핵심 팀원들까지 다 잃으면 완전히 망하는 거예요."

"지금 회사가 불리한 처지죠."

짐이 거들었다. 그러자 조코가 물었다.

"회사를 떠나면 안 된다거나 팀원들을 데려갈 수 없다는 계약 조항이 있습니까?"

짐이 대답했다.

"없어요. 이 업계가 요즘 워낙 호황이라 직원들이 경쟁사 이직 금지 조항에는 사인을 안 하거든요. 아무도 얽매이는 걸 좋아하지 않아요."

"이 팀들은 얼마나 뛰어난가요?"

달라가 대답했다.

"최고죠. 분위기는 엉망이지만요."

"팀원들이 에두아르도와 나이절을 잘 따르나요?"

달라가 답했다.

"잘 모르겠어요. 마음으로 따르는 사람은 없는 것 같아요. 제가 보기에는요."

휴식 시간이 끝나고 세미나가 재개됐다. 전략 토론 시간이었지만 달라는 불참했다. 그녀는 회사에서 벌어지고 있는 세력 다툼에 신물이 난 것 같았다. 그리고 당장 많은 것이 걸려 있는 이번 일을 어떻게 처리해야 좋을지 고민이 깊은 듯 보였다. 다음 휴식 시간에 우리는 또다시 모였다. 먼저 침묵을 깨트린 건 달라였다.

"그냥 내버려 두는 게 좋을 것 같아요."

결정을 안 하기로 결정한 것이다. 내가 물었다.

"왜 그런 생각을 하셨죠?"

네이비씰에 복무할 때 조코는 나에게 수동적인 자세보다는 능동적으로 행동하는 게 옳다고 가르쳤다. 기본적으로 저돌적이어야 한다는 것이다. 그리고 나는 부하들에게 혼돈 속에서도 결단력 있게 행동하라고 가르쳤다. 그것이 우리 팀 성공의 결정적인 요인이었다. 상황이 우리를 좌우하는 게 아니라 우리가 상황을 좌우해야 한다.

하지만 그런 마음가짐이 저절로 생기는 건 아니다. 대부분의 리더는 곤란한 상황이 닥치면 '좀 더 지켜보자'는 식으로 대응하며 해결을 뒤로 미룬다. 내 경험상 미룬다고 리스크가 사라지지는 않는다. 100퍼센트 옳은 해결책은 없고, 어떤 결정이든 리스크는 있기 마련이다. 달라가 내 질문에 대답했다.

"음, 지금 상황이 어떻게 돌아가는지 정확히 모르니까요. 에두아르도와 나이절 둘 다 거짓말을 하는 것일 수도 있고, 둘 다 진실을 말하는 걸 수도 있어요. 지금은 알 도리가 없죠. 현재로서는 정보가 충분치 않으니까 그냥 좀 지켜보는 게 낫겠다고 판단한 겁니다."

"그럼 앞으로 어떻게 될 것 같으세요?"

"시간이 말해 주겠죠. 하지만 둘 다 같이 일하기는 싫다니까 내가 가만히 있으면 누군가는 떠나겠죠. 떠나기로 마음먹으면 금방 경쟁사에서 제안이 올 거예요. 그럼 자기 팀원들을 데리고 나가겠죠."

"다른 선택 사항은 없습니까?"

"둘 중 하나를 해고할 수 있겠죠. 하지만 누굴 잘라요? 제가 잘못된 선택을 하면 어쩌죠? 지금은 결정을 내릴 만큼 충분한 정보가 없어요."

달라는 이 사태가 어떻게 흘러갈지 이미 알고 있었다. 그렇다는 건 결정을 내릴 만큼 충분한 정보를 이미 가지고 있다는 의미이기도 했다.

모두의 운명이 걸린 결단

그런데 조코는 달라의 말에 다른 선택 사항이 있다고 말했다. 달라가 미심쩍다는 듯 물었다.

"그게 뭐죠?"

"둘 다 해고하는 겁니다."

달라와 짐이 당황한 듯 서로를 쳐다보고 있는 사이 조코가 말을 이어갔다.

"레이프와 내가 이라크에서 근무할 때 옆 기동대에 비슷한 이슈가 있었어요. 기동대장과 소대장 사이에 말이죠. 둘 다 기동대 핵심 리더였는데, 사이가 몹시 나빴어요. 서로를 싫어했죠. 사령부에 상대방을 깎아내리는 메일도 보냈어요. 사령관이 보다 못해 둘 다 그만하고 주말 동안 서로 화해할 방법을 찾아오라고 했죠. 하지만 월요일 아침에도 두 사람은 같이 일을 못 하겠다면서 상대를 해고하라고 난리를 쳤어요. 사령관이 어떻게 했는지 아세요? 두 사람 다 잘랐습니다."

달라는 놀란 표정을 지었다. 그런 선택은 상상도 못 한 그녀는 잠시 생각에 잠겼다가 말했다.

"저는 둘 다 잃고 싶지 않아요. 그런데 둘 다 내보내라고요?"

"이렇게 물어보죠. 두 사람이 리더로서도 뛰어난가요?"

"좋은 리더는 아니죠."

"그들은 함께 사이좋게 일할 방법을 못 찾았어요. 둘 다 경쟁사 면접을 볼 가능성이 있습니다. 그리고 상대를 향해 음모를 꾸미고 있어요. 이런 모든 행동이 회사에 해가 됩니다."

"만약 둘 다 해고하면 팀은 어쩌고요?"

그녀는 두 사람을 해고했을 때 일어날 당장의 손실을 걱정하고 있었다. 다른 팀원들과 회사에 어떤 영향을 미칠지 모른다는 생각 때문이었다.

"팀원들이 팀장을 마음으로 따르는 것 같지는 않다고 하셨죠? 설령 충성파가 한두 사람 있다 해도 그런 리더에게 충성하는 직원들이 꼭 필요할까요? 이런 질문을 해 볼게요. 팀장 자리를 대신할 수 있는 능력 있는 팀원이 있습니까? 만약 있다면 지금이 그 사람을 승진시킬 절호의 기회일지도 모릅니다. 냉정하게 따졌을 때 실제 일을 하는 데 필요한 고급 기술과 지식을 가진 건 팀원들일 확률이 높으니까요. 에두아르도나 나이절이 아니라요."

"그럴 수도 있겠네요."

달라는 물론이고 짐도 그 말에 동의하는 듯 고개를 끄덕였다. 나는 달라에게 물었다.

"어떤 사람으로 보이길 원하세요? 인질범의 요구에 휘둘리는 우유부단한 사람으로 보이고 싶으세요?"

"아뇨."

"리더는 반드시 결단력을 지녀야 합니다. 어려운 결정도 기꺼이 할 줄 알아야 해요. 물론 결과는 불확실하죠. 하지만 결정을 내리는 데 필요한 정보를 당신은 이미 다 갖고 있어요."

조코가 덧붙였다.

"지금이 그런 순간입니다. 현장에 있는 팀원들은 분명 이런 역학 관계를 잘 알고 있을 겁니다. 지금 상황이 어떻게 돌아가는지도 잘 알고요. 그들은 당신의 결정을 존중할 겁니다. 당신과 회사에 대한 충성심도 더 높아질 테고요."

"일리가 있네요."

달라가 동의하자 나는 말을 이었다.

"이 말씀을 드려야겠네요. 그 친구들은 회사의 암적인 존재들이에요. 그들의 부정적인 태도가 다른 직원들에게까지 전이될 겁니다. 빨리 잘라낼수록 피해가 줄고, 그들을 따라 나가는 직원 숫자도 적을 겁니다."

그러자 달라가 짐에게 어떻게 생각하느냐고 물었다. 그는 단호하게 답했다.

"말이 되네요. 적을 상대로 우위를 점하려면 저돌적이고 교활해져야 한다고 조코와 레이프가 우리에게 가르쳤잖아요. 불확실성 속에서도 결단력 있게 행동하라고요. 지금이 그걸 실행해야 할 때인 것 같네요."

달라는 다음 세미나 시간에 참석하지 않고 작전을 짰다. 수석 개발자를 불러 계획을 알리자, 수석 개발자는 신이 나서 곧바로 새 팀장이 될 만한 능력과 열의가 있는 후보 두 사람을 추천했다. 두 후보는 전에 함께 일한 경험이 있고, 관계도 원만했다. 수석 개발자는 그들을 불러 의향을 확인한 뒤 곧바로 그들이 승진할 준비가 돼 있다고 달라에게 보고했다. 알고 보니 두 사람은 현재 진행 중인 프로젝트도 빠삭하게 꿰고 있었다.

달라는 짐에게 이런 계획을 보고한 뒤 곧바로 실행에 옮겼다. 인사팀에 지시해 에두아르도와 나이절 모두에게 보낼 해고 통지서를 작성케 했다. 인사팀은 곧바로 둘에게 통지서를 전달했고, 경비팀은 그들을 회사 건물 밖으로 쫓아냈다. IT팀은 두 사람의 이메일과 전화, 내부 전산망 접속을 차단했다. 그걸로 나이절과 에두아르도의 게임은 끝이 났다. 그리고 달라와 새 팀장들에게는 새로운 게임이 시작되었다.

CHAPTER 12

엄격한 규율이 곧 자유다

— 조코 윌링크 —

"목표물 확보."

소대 무선 통신으로 보고가 들어왔다. 방금 전 우리는 고성능 폭탄으로 대문을 날린 뒤 목표 건물에 진입해 모든 방을 점검하고 위험 요소를 제거했다. 이제 우리가 체포 또는 사살한 인물들의 신원을 파악하고 정보를 수집할 차례였다.

증거 수집에서 나타난 치명적인 문제점

이곳은 이라크 바그다드. 이라크에 처음 파병되어 네이비씰 소대장으로 복무할 때였다. 우리 임무는 주로 요인 체포와 사살, 목표물 습격이었다.

브루저 기동대가 라마디의 반군 점령지를 순찰하고 있다. 겉으로는 평화로워 보이지만, 곳
곳에 위험이 도사리고 있다. 쓰레기 더미 속에는 사제 폭탄이 숨겨져 있을 수 있고, 창문과
문, 발코니, 옥상 등 어디서 총알이 날아들지 모른다.

작전은 대부분 밤에 이뤄졌으며, 대개 비슷한 순서로 진행됐다.

이전 작전에서 수집한 정보와 상부에서 내려온 정보를 바탕으로 테러리스트의 위치를 확정한다. 이어 네이비씰 소대가 주택이나 상가 건물, 안가 등 목표 건물 습격 계획을 짠다. 테러리스트를 생포하고 정보를 수집하는 것이 목표다. 건물에 진입하면 네이비씰 대원들은 재빨리 모든 방을 수색하고 건물 안에 있는 사람들을 제압한다. 이어 군인 연령대의 남자들을 심문해 테러리스트나 반군 혐의점이 있으면 체포한다. 기지로 돌아와 그들을 구치소로 넘기면 그곳에서 추가 심문이나 구류 여부를 결정한다. 목표 건물을 떠나기 전에는 건물을 뒤져 각종 정보와 증거를 수집한다. 폭탄 재료나 무기 등 나중에 이라크 법정에서 증거로 쓰일 만한 물건은 무엇이든 찾아야 한다.

우리는 도시를 순찰하고, 문을 폭파하고, 건물을 정리하고, 적을 사살하거나 체포하는 일에 대해서는 많은 훈련을 받았다. 하지만 우리는 경찰이 아니었다. 건물을 수색하고 정보와 증거를 수집하는 요령에 대해서는 거의 훈련을 받은 적이 없었다. 하지만 별로 걱정이 되지는 않았다. 무작정 뒤집어엎으면 되는 줄 알았다. 테러리스트들이 무기를 숨기는 데 도 사였다면 네이비씰 대원들은 물건을 박살 내는 데 도가 텄다. 우리는 바닥에 있는 가구와 책상, 서랍 등을 모조리 뒤집고, 커튼이나 그림 등 벽에 달린 것은 죄다 떼어 냈다. TV, 캐비닛, 라디오 등 수상한 물건이 숨겨져 있을 법한 물건들은 다 때려 부쉈다.

가끔은 예상치 못한 곳에서 증거를 발견할 때도 있었다. 하지만 그런 난장판이 연출되는 주된 이유는 이미 한 번 수색한 곳을 이중 삼중으로 점검하기 때문이었다. 문제는 바닥에 수북이 쌓인 물건들을 다시 옮겨야 한다는 점이었다. 반군이 숨어 있을지도 모르는 비밀 통로나 카펫 밑을 수색하기 위해서 말이다. 그러다 보니 증거나 정보 수집에 성공할 때도 있지만 결정적인 증거를 놓치거나 놔두고 오는 경우가 자주 발생했다. 증거물 수집품을 전담하는 대원이 따로 없었기 때문이다.

이런 수색 작업에는 시간도 상당히 소요됐다. 작업을 마치는 데 통상 45분 정도 걸렸다. 문을 열면서 큰 폭발음으로 주위에 우리의 존재를 알렸기 때문에 그처럼 오랜 시간 머무는 것은 상당히 위험한 일이었다.

우리가 그런 식으로 작전을 벌이고 있을 즈음, 이라크 판사와 미국인 자문관으로 구성된 새로운 이라크 법원은 증거 수집 요건을 크게 강화했다. 증거물의 연속성을 증명하는 문서와 각 증거물이 정확히 어느 건물, 어느 방에서 발견됐는지 설명하는 서류를 첨부하도록 한 것이다. 증거물의 신뢰성을 높이기 위한 조치였지만 그로 인해 초보적이고 뒤죽박죽인 우리 부대의 수색 방법은 난관에 봉착했다.

그래서 나는 이라크 법원의 새 규정에 부합하면서도 좀 더 효율적인 증거 수집 방법을 고안해 보라고 부소대장에게 지시했다. 그는 곧바로 일에 뛰어들었다.

표준 절차가 꼭 필요한 이유

이틀 뒤 그가 새롭게 만든 방법을 들고 왔다. 처음에는 너무 복잡해서 '최대한 단순하게'라는 원칙에 배치되는 것처럼 보였다. 하지만 그의 설명을 듣고 보니 각 대원이 해야 할 임무는 매우 단순했고, 나머지 대원들은 동시에 다른 임무를 수행할 수 있다는 장점이 있었다. 한마디로 증거 수

집 작업을 효율화할 수 있는, 단순하면서도 체계적인 방법이었다. 계획의 골자는 증거수집팀을 따로 편성하고 각 팀원에게 특정한 업무를 부여하는 것이었다.

집 배치도를 스케치하는 사람, 방마다 번호를 붙이는 사람, 비디오와 사진 촬영을 하는 사람을 각각 지정한다. 또 방마다 '방장'을 정해 방 안에서 벌어지는 모든 일을 그가 책임지도록 한다. 수색은 바닥에서 시작해서 위쪽으로 진행하도록 순서를 정해 쓰레기 더미 아래를 뒤지는 일이 없도록 한다.

방에서 증거품이 발견되면 방장은 그것을 갖고 있던 비닐 백에 집어넣는다. 누가 어디에서 발견했는지 쉽게 알 수 있도록 백에 라벨을 붙인다. 수색이 완료된 방에는 방장이 'X'자를 표시해 중복으로 수색하는 일이 없게 한다. 마지막으로, 방장은 비닐 백을 기지로 가져가 정보분석팀에 전달한다. 그리고 현장에서 그린 스케치에 따라 테이프로 현장의 레이아웃을 재현한 다음 출처에 맞게 증거물 가방을 배치한다. 그러면 정보분석팀이 일을 시작할 때 증거품이 어느 건물, 어느 방에서 나왔는지 곧바로 파악할 수 있다. 또 누가 해당 증거를 수집했는지 알기에 궁금한 게 있으면 당사자에게 물으면 된다.

이 계획은 처음엔 복잡해 보였지만 각각의 역할을 따져 보니 오히려 전보다 단순했다. 게다가 여러 방의 작업을 동시다발로 진행할 수 있어 수색을 마치는 데까지 10여 분이면 충분할 것 같았다. 이처럼 엄격한 절차를 따를 경우 작업을 훨씬 꼼꼼하게 할 수 있을 뿐만 아니라 마구잡이로 할 때보다 속도도 빨라질 것으로 기대됐다.

이제는 부소대장이 만들어 온 멋진 계획을 팀원들에게 소개할 차례였다. 나는 부소대장에게 계획을 파워포인트 자료로 만들라고 지시했다. 각자의 역할과 책임, 작업 순서 등을 설명하는 간단한 자료였다. 그런 다음 소대원들을 모아 계획을 들려줬다.

인간은 태생적으로 변화를 꺼리는 법이다. 소대원들에게서 즉각적인 불만이 터져 나왔다.

"시간이 더 걸릴 것 같습니다."

"왜 지금 방식을 굳이 바꿉니까? 고장 나기 전에는 수리하지 말라는 말도 있잖습니까."

한 고참 대원은 강하게 반발했다.

"이대로 했다가는 반군 총에 맞을 것 같습니다. 분명히 죽거나 다치는 사람이 나올 겁니다."

소대원들의 격렬한 저항에 부딪힌 나는 '왜'를 설명하기 시작했다.

"들어 봐라. 이미 수색한 방을 또 수색한 경험이 있는 사람?"

거의 모두가 손을 들었다.

"난장판이 된 방을 수색하면서 이 방이 수색이 된 건지 아닌지 궁금했던 사람?"

이번에도 다들 손을 들었다.

"지난번 작전 때 위층 화장실 수색한 사람?"

이번 질문에는 아무도 손을 들지 않고 다들 나를 빤히 바라보기만 했다. 그럴 수밖에 없는 것이 아무도 위층 화장실을 수색하지 않았기 때문이다. 우리는 기지로 복귀하고 나서야 화장실을 빼먹었다는 사실을 알았다.

"지금 우리가 해 온 방식이 최선이 아니라는 것은 부정할 수 없는 사실이다. 또 증거물 규정은 갈수록 빡빡해지고 있다. 우리가 좀 더 잘해야 한다는 의미다. 지금 설명한 계획은 잘 활용하면 훌륭한 표준 절차가 될 수 있다. 훈련해서 숙달하면 이전보다 훨씬 더 효율적으로 수색할 수 있게 된다. 그러니까 이 계획을 일단 테스트해 보도록 하자."

대원들은 투덜거리면서 마지못해 따라왔다. 우리는 장비를 착용한 뒤 작전 예행연습 장소로 쓰는 빈 건물로 갔다. 거기서 다시 한번 계획을 설명한 뒤 실제 상황을 가정하고 움직이도록 했다.

첫 번째 테스트는 30분이 걸렸다. 상당한 시간이었지만 보통 45분 걸리던 것에 비하면 괜찮은 결과였다. 우리는 다른 건물로 옮겨 가 다시 테스트했다. 대원들이 각자의 역할과 작업 흐름에 익숙해져서인지 이번에는 20분으로 단축됐다. 우리는 또 다른 건물로 옮겨 세 번째 실험을 했다. 이번엔 10분밖에 안 걸렸다. 그러자 마지못해 참가한 대원들도 새로운 절차에 수긍했다. 엄격한 절차를 채택하자 작업의 효과와 효율성이 극적으로 높아졌다. 속도도 훨씬 빨라져 목표물에 머물러야 하는 시간도 줄었다. 적의 반격에 노출될 위험이 줄어든 셈이었다.

그날 밤 우리는 바그다드 시내에서 벌인 실제 작전에서 새로운 수색법을 활용했다. 마치 잘 설계된 기계 장치처럼 우리는 침투, 정리, 수색 작업을 절도 있게 실행했다. 작전은 20분도 되지 않아 끝났다. 기지로 돌아온 후에는 수집한 증거들을 출처별로 깔끔하게 분류했다. 시간이 흐르면서 우리는 새로운 절차를 더욱 효율적으로 만들 수 있게 몇 가지를 보완했다. 가령 체포한 사람에게서 나온 증거는 지퍼 백에 담은 다음 그의 목에 걸어 두기로 했다. 탄탄하고 엄격한 절차를 바탕으로 조금씩 손을 보니 점점 효율적으로 일할 수 있었다.

새로운 절차 덕분에 수색 작업의 속도뿐 아니라 증거 수집의 질도 놀랍도록 향상됐다. 전에 무작정 뒤집어엎는 방법을 썼을 때는 시간 낭비 때문에 하룻밤에 여러 목표물을 타격하는 게 불가능했다. 하지만 엄격한 절차대로 하자 오히려 수색 시간이 줄어서 하룻밤에 두세 건의 작전 수행이 가능해졌다. 증거물은 모두 기준에 따라 분류하고 정돈된 상태를 유지했다. 엄격한 절차 덕분에 우리는 작전에서 훨씬 더 많은 자유를 갖게 됐다. 규율 덕분에 자유를 얻은 것이다.

자유를 얻고 싶다면 먼저 엄격한 규율을 만들어라

규율은 매일 아침 '첫' 자명종 소리와 함께 시작된다. 나는 네이비씰 훈련소에서 가장 엄했지만 존경을 받던 한 교관의 가르침에 따라 자명종을 3개 가지고 있었다. 전기 코드식, 배터리 충전식, 태엽식이 하나씩 있었다. 그러면 잠에서 깨지 않을 도리가 없었다.

이렇게까지 한 것은 아침 기상 순간이야말로 그날 하루의 모든 것을 좌우하는 '결정적 순간'이기 때문이다. 알람이 울리는 순간 첫 번째 시험대에 든다. 복잡하지는 않지만 강력한 시험이다. 침대에서 일어날 것인가, 아니면 그냥 누워 다시 잠들 것인가를 선택해야 한다. 침대에서 일어날 만큼 규율이 잡혀 있다면 승리다. 시험을 통과한 것이다. 그 순간 의지 부족으로 그냥 침대에 누워 있다면 패배다. 아주 작은 일 같지만 나약함은 훨씬 더 중요한 순간에 똑같이 나타난다. 규율이 몸에 배어 있으면 인생의 많은 부분이 달라진다.

네이비씰 훈련생 시절 나는 추가 시간이 필요하면 그 시간을 '만들어야' 한다고 배웠다. 가령 수업 시간에 배운 내용을 복습하거나 방을 정리하거나 군복을 정비하거나 운동을 해야 할 짬이 필요한데, 그런 일을 할 시간은 시간표에 나오지 않는다. 내가 부대에 처음 배속됐을 때도 마찬가지였다. 장비와 무기를 정비하거나 새로운 전략 또는 기술을 연구할 시간이 필요하면 내가 그 시간을 만들어야 했다. 그러기 위해서는 일찍 일어나는 수밖에 없었다. 규율이 몸에 배어 있어야 했던 것이다.

나는 규율이 '그저 그런 것'과 '특별한 것'의 차이를 만든다는 사실을 노련하고 경험 많은 선배들을 보며 체득했다. 부대 내에서 가장 뛰어나다고 평가받는 선배들은 출근도 가장 먼저 했다. 그들은 가장 훌륭한 전투 기술, 가장 잘 정비된 장비, 가장 뛰어난 사격 솜씨를 가지고 있었다.

그리고 이 모든 것이 규율과 연결된다. 규율을 엄수하는 것은 의지의 문제다. 내가 군 복무 중 만난 최고의 네이비씰 대원은 언제나 예외 없이 스스로에게 가장 엄격한 이들이었다. 그들은 일찍 일어나고, 매일 체력을 단련했다. 알아서 전략을 연구하고, 전투 기술을 연마했다. 물론 그들도 가끔 시내에 나가 새벽까지 술을 마실 때도 있었다. 하지만 다음 날 그들은 아침 일찍 기상하며 규율을 지켰다.

네이비씰이 작전을 수행할 때도 규율은 무엇보다 중요한 요소다. 네이비씰 대원들은 행군할 때 25~50킬로그램 무게의 장비를 든다. 찌는 듯 무덥거나 살을 베는 듯 추워도 무게에 변화를 주지 않는다. 행군 중 쉬는 시간에도 네이비씰 대원은 그냥 군장을 내려놓고 쉴 수가 없다. 전략적으로 천천히 조용하게 움직여야 한다. 먹거나 마실 때도 아무렇게나 군장을 팽개쳐서는 안 된다. 안전한 장소가 확보될 때까지 기다려야 한다. 수면 부족으로 탈진 상태가 돼도 경계를 늦추어서는 안 된다. 언제나 적의 기습에 대비해야 하기 때문이다.

쉬운 일은 하나도 없다. 아침에 그냥 침대에 누워 있는 것처럼 편한 길로 가자는 유혹이 늘 따라붙는다. 하지만 이런 유혹을 극복하는 규율이야말로 궁극적으로 승리하는 데 결정적 요인이 된다. 어느 리더, 어느 팀에나 마찬가지다.

규율은 자기 통제와 금욕을 요하지만 결국 자유로 연결된다. 아침에 일찍 기상하는 규율이 몸에 배면 더 많은 자유 시간을 보상받는다. 전장에서 늘 헬멧과 방탄조끼를 착용하는 규율을 따르면 장비에 익숙해져 더 자유롭게 움직일 수 있다. 매일 체력을 단련하는 규율을 엄수하면 몸이 더 가볍게 느껴지고 더 빠르게 이동할 수 있다.

승진을 거듭하면서 나는 스스로 기강을 다잡고 규율을 지키려고 노력했다. 규율을 지키는 것은 개인뿐 아니라 팀에도 가장 중요한 자질이라는 사실을 빨리 깨달았기 때문이다. 가장 엄격한 표준 작전 절차를 운용하는 팀은 챕터 8에서 설명한 '지휘권 분산'을 더 자유롭게 실행할 수 있다. 그럼으로써 더 빠르고, 더 날카롭고, 더 효율적으로 작전을 수행하게 된다. 스스로에게 엄격한 사람이 남보다 더 뛰어나듯, 더 엄격한 절차와 군기를 가진 부대가 적을 압도하고 승리한다.

나는 엄격한 표준 작전 절차 개념을 브루저 기동대에 주입했다. 적과 마주쳤을 때 행동 지침을 담은 '즉각 조치 훈련'이나 부대마다 조금씩 다른 표준 정찰법 등 기존에도 다양한 종류의 표준 작전 절차가 있었지만 브루저 기동대에서는 이를 심화시켰다. 우리는 차량 탑승 방법, 목표 건물 내 병력 집결 방법, 인원 파악 방법 등을 표준화했다. 건물에서 빠져나오는 방법도 표준화해 규정으로 만들었다. 심지어 무선 보고 시 목소리까지도 통일했다. 중요한 정보를 착오 없이 전 대원에게 빠르고 명확하게 전달하기 위해서였다. 우리가 하는 모든 일에 엄격한 규정과 절차를 확립한 것이다.

엄격한 규율에는 두 가지 얼굴이 있다. 그러나 우리가 확립한 엄격한 규율은 조직을 경직시키지 않았고 즉흥적인 대응을 어렵게 만들지도 않았다. 오히려 조직을 더 유연하고 효율적이고 적응력 있게 만들었다. 또한 엄격한 규율은 창의력을 발휘할 수 있는 바탕이 됐다. 어떤 작전 수행 중 계획 수정이 필요할 때 우리는 전체 계획을 다시 짤 필요가 없었다. 우리가 만든 엄격한 절차 내에서 계획을 수정할 자유가 있었기 때문이다. 그래서 계획이 바뀌더라도 전 대원에게 바뀐 부분만 알리면 됐다. 브루저 기동대 내 여러 공격대나 분대, 소대가 함께 협동 작전을 펼치는 것도 쉬웠다. 대원들이 같은 절차에 따라 작전을 수행했기 때문이다. 마지막으로 가장 중요한 것은 일이 잘못되거나 혼란스러운 상황에서도 엄격한 절차에 의지할 수 있었다는 점이다. 그러면 엄격한 규율과 절차가 우리를 바른길로 인도했다.

규율의 확립은 더 많은 자유로 연결될 때가 많지만, 어떤 팀에는 오히려 독으로 작용하기도 한다. 지나친 규율을 강요한 나머지, 팀이나 리더가 자유롭게 생각하고 결정할 자유를 제약하는 것이다. 임무를 직접 수행하는 일선 지휘관이나 부대가 상황에 맞게 적응하는 능력이 부족하면 이는 팀 전체의 성과를 저해하는 결과를 초래한다. 그러므로 규율과 자유 사이에서 균형점을 찾아 유지하는 것이 중요하다. 물론 쉬운 일은 아니다. 언뜻 보면 규율(엄격한 지시, 제도, 통제)은 완전한 자유(아무 제한 없이 행동하고 말하고 생각할 권리)와 상반되는 것처럼 보인다. 그러나 사실 규율은 자유로 향하는 통로다.

승리의 원칙
좋은 리더는 항상 경계선 위를 걷는다

모든 리더는 경계선 위를 걸어야 한다. 리더십은 그래서 어렵다. 서로 대척되는 규율과 자유 사이에서 밸런스를 찾아야 하는 것과 마찬가지로, 리더는 서로 모순돼 보이는 여러 요소 안에서 균형점을 찾아야 한다. 이것을 깨닫는 것만으로도 훌륭한 리더가 될 수 있는 길이 열린다. 이 점을 염두에 두면 리더는 대립되는 요소 속에서 더욱 쉽게 균형을 잡고 효율적으로 조직을 이끌 수 있다.

리더는 이끌면서도 따라야 한다. 때때로 계획을 세우고, 결정을 내리고, 특정한 상황을 주도하는 데 리더보다 부관이나 직속 부하 등이 더 적합한 경우가 있다. 어떤 특정한 분야에서는 신참이 가장 풍부한 경험과 전문성을 가지고 있을 수도 있다. 또는 목표를 달성하는 데 가장 좋은 방법을 신참이 생각해 낼 수도 있다. 훌륭한 리더는 이런 상황을 기꺼이 받아들여야 한다. 자존심이나 개인의 영달을 잠시 미뤄 두고 팀이 전략적 목표를 달성할 최선의 방법을 찾아야 한다. 진정한 리더는 다른 사람이 책임을 맡겠다고 나서는 것에 위축되지 않는다. 자신에 대한 믿음이 부족한 리더는 남이 나보다 더 빛날까 두려워한다. 그러나 팀이 성공을 거두면 그 일을 책임진 사람이 인정받아야 하며, 리더가 그걸 가로채려 해서는 안 된다. 필요한 상황이라면 기꺼이 남을 따를 수 있는 자신감을 가져야 하는 것이다.

한편 리더는 저돌적이되 고압적이어서는 안 된다. 네이비씰은 불가능해 보이는 임무를 맡아 완수하는 부대로 유명하다. 어떤 사람은 나를 지나치게 저돌적이라고 비난할지도 모른다. 하지만 나는 부하들이 아이디어나 걱정, 불만 등을 언제든 이야기할 수 있게 최선을 다했다. 계급과 상관없이 마음에 안 드는 일이 있거나 좋은 생각이 있으면 누구든 나를 찾아올 것을 권장했다. 나는 부하들의 말을 경청하고 함께 논의해 결론을 내렸다. 말이 된다고 판단되면 부하들의 아이디어를 전부든 일부든 기꺼이 받아들였다. 말이 되지 않을 때는 왜 그런지 상의했다. 그러면 헤어질 무렵에는 서로에 대한 이해가 더 깊어졌다. 그럼에도 내가 시킨 일이 너무 많고 힘들다며 다른 곳에서 불만을 토로하는 부하들도 있었다.

리더는 조용하되 로봇 같아서는 안 된다. 감정을 드러내는 것은 자연스러우면서도 필요한 행동이다. 리더는 팀원들을 챙기고 걱정하는 모습을 보여 줘야 한다. 그러면서도 자신의 감정을 통제할 줄 알아야 한다. 자기 감정도 통제하지 못하는 사람이 무엇을 통제할 수 있겠는가. 화가 날 때 이성을 잃는 사람은 존경도 잃는다. 하지만 분노나 슬픔, 좌절 등을 전혀 보이지 않으면 아예 감정 없는 로봇으로 보일 수도 있다. 사람들은 로봇을 따르지 않는다.

리더는 자신감을 가지되 자만해서는 안 된다. 자신감은 전염성이 있어서 팀의 성공에 지대한 영향을 미칠 수 있다. 하지만 자만은 안주와 오만을 부르고 결국 팀을 실패로 인도한다.

리더는 용감하되 무모해서는 안 된다. 리스크를 기꺼이 감수하고 용맹하게 행동해야 하지만, 그렇다고 앞뒤 안 재고 무조건 돌격해서는 안 된다. 통제할 수 있는 리스크를 최소한으로 줄이고 팀원의 희생이나 자원의 낭비를 막아야 한다.

리더는 경쟁심을 가져야 하지만 경우에 따라서는 품위 있는 패자가 돼야 한다. 경쟁심을 발휘해 자신과 팀이 최고의 성과를 내도록 몰아붙여야 하지만, 절대 자신의 성공을 조직 전체의 성공보다 앞세워서는 안 된다. 리더는 프로답게 행동하고, 다른 사람의 기여를 인정해야 한다.

또한 리더는 디테일에 신경 쓰되 거기에 매몰돼서는 안 된다. 좋은 리더는 자질구레한 전술적 문제의 수렁에 빠져 전략적 성공을 간과하는 우를 범하지 않는다. 리더는 늘 핵심 과업의 진행 상황을 파악하고 점검해야 한다. 그러나 디테일에 사로잡혀 큰 그림을 놓쳐서는 안 된다.

리더는 강하면서도 끈기가 있어야 한다. 육체적으로나 정신적으로나 마찬가지다. 최고의 성과를 낼 수 있는 수준을 장기간 유지해야 한다. 리더는 늘 팀과 자신이 가진 한계와 속도를 인식하고 있어야 한다. 그래야 탄탄한 성과를 꾸준히 유지할 수 있다.

리더는 겸손하되 수동적이어서는 안 된다. 자아를 통제하고 남의 말을 경청할 수 있는 겸허함을 가져야 한다. 실패와 실수를 인정하고, 이에 대한 책임을 지며 재발을 막을 방도를 찾아야 한다. 하지만 필요할 때는 제 목소리를 낼 줄 알아야 한다. 조직의 전략적 성공을 가로막는 결정이나 명령, 지시에 대해서는 팀을 대표해 반대 의사를 표할 줄 알아야 한다.

리더는 후배들과 가깝게 지내야 하지만 그렇다고 너무 가까워서도 안 된다. 최고의 리더는 후배 각자의 삶에 대해 관심을 가지고, 각각에게 동기를 부여하는 방법도 알아야 한다. 그러나 특정인과 너무 친해져 팀원 간에 차별을 두는 일이 있어서는 안 되며, 개인적 친분을 조직의 목표보다 우선시해서도 안 된다. 후배들과 너무 친해져 누가 대장인지 팀원들이 망각하는 일이 있어서도 안 된다.

리더는 극한의 오너십을 발휘해야 한다. 동시에 리더는 하급자에게 통제권을 나눠줘 지휘권을 분산하는 법도 알아야 한다.

마지막으로 리더는 아무것도 증명할 필요가 없는 동시에 모든 것을 증명해야 한다. 계급과 직책은 누가 책임자인지를 저절로 드러낸다. 그러므로 굳이 리더가 나서서 자기 직책을 과시하거나 우쭐댈 필요가 없다. 리더의 권위를 보여 주겠다며 사소한 디테일로 트집 잡는 것은 자신감 없는 미숙한 리더임을 자인하는 것밖에 안 된다. 리더는 아무것도 증명할 필요가 없는 것이다.

하지만 다른 측면에서 보면 리더는 모든 것을 증명해야 한다. 꼭 필요할 때 리더가 훌륭한 판단력과 침착함으로 올바른 결정을 내린다는 믿음을 팀원들에게 심어 줘야 한다. 또한 리더는 팀원들을 보살피고 팀의 장기적인 이익을 추구하는 쓸모 있는 사람이라는 것을 행동을 통해 보여 줘야 한다. 그런 점에서 리더는 매일 모든 것을 증명해야 하는 사람이다.

이외에도 섬세하게 균형을 잡아야 할 리더십 요소는 수없이 많다. 일반적으로 리더가 고전하는 이유는 한쪽으로 너무 치우쳐 있거나 궤도를 벗어나 있기 때문이다. 리더십의 이분법을 이해하고 있으면 그런 잘못을 바로잡고 회복하는 데 도움이 된다.

리더십의 이분법에 따르자면 좋은 리더의 덕목은 다음과 같다.

- 자신감이 있지만 자만하지 않는다.
- 용감하되 무모해서는 안 된다.
- 경쟁심을 가지고 있되 품위 있는 패자가 될 줄도 알아야 한다.
- 디테일에 주의하되 매몰돼서는 안 된다.
- 강하면서도 끈기 있어야 한다.

- 리더이자 팔로어여야 한다.

- 겸손하되 수동적이어서는 안 된다.

- 저돌적이되 막 나가서는 안 된다.

- 과묵하되 침묵해서는 안 된다.

- 침착하고 논리적이되 로봇처럼 감정이 없어서는 안 된다.

- 팀원들과 친하게 지내되 팀원 간에 차별을 두거나 친분을 팀에 앞세워서는 안 된다. 누가 대장인지 팀원들이 망각하게 해서도 안 된다.

- 극한의 오너십을 발휘하면서도 권한을 넘겨주어야 한다.

훌륭한 리더는 아무것도 증명할 필요가 없는 동시에 모든 것을 증명해야 한다.

원칙 활용법
"어떻게 친구를 자를 수 있겠습니까"

재무팀 팀장이 쉬는 시간에 나를 붙잡더니 단도직입적으로 말했다. 회사 전자 사업부가 돈을 까먹고 있는데도 그대로 두겠다는 대표 이사 앤디의 결정을 납득할 수 없다는 이야기였다. 언젠가는 전자 사업부가 흑자로 전환할지도 모른다. 하지만 그러려면 최소 5년은 걸릴 것이다. 회사의 주력 사업인 건설업에서 5년은 아주 긴 시간이며 그사이 시장 환경, 날씨, 경쟁사, 계약, 인건비 등이 급변할 수 있다는 게 그의 설명이었다.

"전자 사업부가 이익을 내게 하려면 납품가를 시장가보다 30~40퍼센트는 높게 쳐 줘야 합니다. 그러면 회사 전체로는 당연히 큰 손해예요."

나는 호기심에 물었다.

"앤디가 왜 전자 사업부를 못 버리는 건가요? 똑똑한 분이잖아요. 지금 상황을 분명 알고 있을 텐데요."

고개를 숙이고 있던 재무팀 팀장이 주위를 둘러보고 속삭이듯 말했다.

"마이크 때문이에요."

"전자 사업부 본부장 말씀인가요?"

"네. 대표님하고 친구거든요. 옛날부터 친한 사이였나 봐요."

"그렇군요."

무슨 말인지 이해가 됐다. 앤디가 친구를 봐주고 있었던 것이다. 내가 다시 물었다.

"전자 사업부를 그대로 두면 어떤 결과가 벌어질까요?"

"그대로 두면 적자가 계속되겠죠. 그 자체로 회사가 망하지는 않을 거예요. 하지만 현금 흐름이 나빠지면 예상치 못한 비용이 발생했을 때 감당 못 할 수도 있어요. 저도 리스크를 무조건 싫어하는 사람은 아니에요. 하지만 이건 말이 안 됩니다."

다음 날 나는 대표 이사 앤디와 마주 앉았다. 나는 지난 1년간 중간 관리자들을 대상으로 컨설팅을 진행해 왔고, 마지막 이틀은 임원급 관리자들과 워크숍이 예정돼 있었다. 앤디는 자기 회사의 중간급 리더들을 위해 나를 초빙했는데, 앤디 역시 조언이 좀 필요한 것 같았다.

나는 앤디와 마주 앉아 각 부서 리더들의 장점과 약점을 논의했다. 마침내 마이크에 관한 이야기를 꺼내야 할 차례가 됐다. 먼저 앤디가 말했다.

"마이크는 훌륭한 친구예요. 오랫동안 알고 지냈는데 사업을 아주 잘 알고 있어요."

"잘됐네요. 그럼 그 사업부가 돈을 아주 잘 벌겠군요."

"음, 저는 전자 쪽에 좋은 기회가 올 거라고 봐요. 마이크는 경험이 풍부하니까 결국 좋은 성과를 낼 거라고 믿어요."

그렇게 말하는 앤디의 말투에 불편한 기색이 묻어났다.

"그래서 그 부서는 이익이 납니까?"

"아직은요. 하지만 그렇게 될 겁니다."

"언제쯤 그렇게 될까요?"

"솔직히 말하자면 3~4년은 걸릴 겁니다."

"이쪽 분야에서는 상당히 긴 시간 아닌가요?"

"긴 시간이죠. 솔직히 말씀드리자면 전자 사업부에 매달 돈을 쏟아붓고 있지만 아직 계약을 한 건도 못 했어요."

내가 직설적으로 물었다.

"문 닫을 생각을 해 본 적은 없습니까?"

"있죠. 하지만 몇 년 지나면 이익이 날 수도 있어요."

"궁금한 게 있는데요. 만약 회사에 갑자기 무슨 일이 닥치면 어떻게 될까요? 예상치 못한 비용이 발생한다거나, 큰 사고, 대형 계약 파기 같은 것들요. 일이 잘못됐을 때 이런 적자를 감당할 수 있나요?"

"아마 못 하겠죠."

"그런데도 전자 사업부를 존속시키는 게 최선인가요?"

"그렇게 단순한 문제가 아닙니다. 저는 마이크랑 오래 알아 왔어요. 아주 오래요. 제가 어려울 때 많이 도와주기도 했고. 그런 사람의 사업부를 폐쇄할 순 없습니다."

앤디의 의리가 잘못된 방향으로 나아가고 있었다. 그가 이를 인정하고 현실을 직시하게 만들 필요가 있었다. 나는 '리더십 이분법' 강의 때 한 말을 다시 꺼냈다. 앤디도 참여한 강의였다.

"그럼 부하 한 사람이 회사 전체보다 중요하다는 뜻인가요?"

그는 즉시 반발했다.

"그렇게 말한 적 없는데요."

"리더로서 당신은 부하들과 친하게 지내야 해요. 하지만 제가 강의 때 말한 것처럼 밸런스가 중요합니다. 어느 한 사람과 너무 친해져서 조직의 목표나 팀의 운명을 친분과 맞바꿔서는 안 됩니다. 솔직히 말하면 저에게는 회사의 성공이나 재정적 안정보다 마이크가 더 중요하다는 얘기로 들리는데요."

앤디 역시 자신이 한쪽으로 너무 치우쳤다는 걸 알고 있었다. 리더의 최대 강점이 최대 약점으로 변하는 경우가 종종 있다. 리더십의 이분법에서 균형을 찾지 못할 때다. 저돌성이 최대 장점인 리더가 무모함으로 치닫고, 자신감이 최대 장점인 리더가 자만심으로 남의 말을 듣지 않게 되는 것이다. 앤디는 매우 의리 있는 리더였다. 그는 자기 밑에서 일하는 임직원들을 섬세하게 챙겼다. 하지만 마이크에 대한 의리가 회사 전체의 재무적 안정을 위태롭게 만들고 있었다. 의리가 도를 넘은 것이다. 문제는 돈뿐만이 아니었다. 회사의 다른 모든 임원이 이 사태를 주의 깊게 지켜보고 있었다. 대표 이사로서 앤디의 리더십에 조금씩 금이 가고 있었던 것이다. 앤디도 결국 수긍했다.

"압니다, 알아요. 전자 사업부 문을 닫고 손실을 줄여야 한다는 것을요. 하지만 그게 참 쉽지 않아요."

내가 말했다.

"물론 그렇죠. 리더가 되는 건 절대 쉬운 일이 아닙니다. 제2차 세계 대전 때 해군 수병들을 생각해 보세요. 배가 심하게 손상돼 배 안에 물이 차서 가라앉고 있어요. 물이 들어오는 칸 안에 친한 동료들이 남아 있는데도 배를 구하려면 어쩔 수 없이 해치를 닫아야 하는 상황이에요. 정말 잔인한 결정이죠. 하지만 해치를 닫지 않으면 전부 죽어요. 엄격한 기강이 없으면 그렇게 힘든 결정을 내릴 수 없죠. 이 얘기가 대표님에게도 시사하는 바가 있을 겁니다. 해치를 닫는 것처럼 전자 사업부를 폐쇄하는 결단이 필요한 때인 것 같아요. 당신 회사에서 일하는 다른 직원들의 안전을 도모하려면 말입니다."

앤디도 내 말뜻을 알아들었다. 이틀 후 그는 전자 사업부를 폐쇄해 손실을 줄이기로 결정했다고 전화로 알려 왔다. 이제 그는 자신이 옳은 결정을 했다는 믿음을 갖게 됐다. 폐쇄 방침을 알렸을 때 마이크가 앤디의 결정을 충분히 이해하며 이런 날이 올 것을 이미 각오하고 있었다고 말했기 때문이다. 그들의 우정에는 아무 영향이 없었다. 앤디는 마이크가 풍부한 경험과 전문성을 발휘할 수 있도록 다른 자리를 마련해 줬다. 그것은 회사의 이익에도 보탬이 될 터였다. 또한 회사는 비용을 절감함으로써 다른 유망한 분야에 투자할 수 있는 자유를 얻게 됐다.

리더십에 대한 가장 오래된 질문에 답하다

아주 오래된 질문이 하나 있다. 리더는 타고나는가, 아니면 만들어지는가. 리더가 될 자질을 타고나는 사람이 분명히 있다. 카리스마, 달변, 날카로운 재치, 결단력, 남들이 꺼리는 리스크를 기꺼이 감수하는 용기, 혼란 속에서도 침착함을 유지하는 능력 등이 기본적으로 남다른 사람들이 있다.

반면 그런 자질을 타고나지 못한 이들도 있다. 하지만 이들도 배우려는 열의, 건설적인 비판을 받아들이는 겸손한 태도, 그리고 꾸준한 훈련과 연습 등을 통해 뛰어난 리더로 발전할 수 있다.

그러나 실수를 책임지고, 혼자서 모든 걸 해결할 수 없음을 인정하고, 배우고, 조언을 받아들이고, 계속 성장하려는 겸허함이 없다면, 제아무리 좋은 자질을 타고난 사람이라도 결국 실패한 리더가 되고 만다.

극한의 오너십으로 무장하면 누구든 뼈어난 리더로 성장할 수 있다. 이 책에 서술된 원칙을 마음에 담고 꾸준히 갈고닦으면 된다. 그러면 최고의 성과를 내는 리더와 팀이 될 수 있다. 리더십의 기초를 닦고 소통과 지휘 능력을 키우는 데 훈련은 매우 중요한 요소다.

제2차 세계 대전 승리의 주역이자 TV 미니시리즈 〈밴드 오브 브라더스〉로 유명한 전설적인
미 육군 101 공수사단 506 낙하산 보병연대 중대장과 조코 소령이 라마디에서 벌어진 대규
모 합동 작전에서 작전을 논의하고 있다.

리더라고 해서 팀을 승리로 이끄는 전술이나 전략, 지침 등을 매번 직접 만들 수는 없다. 그러나 극한의 오너십을 가진 리더는 승리할 방도를 찾아낼 권한을 아랫사람에게 위임할 줄 안다. 역사상 가장 대담하고 성공적인 계획들은 고위 지휘관이 아니라 일선 지휘관에게서 나왔다. 고위 지휘관들은 이를 수용하고 실행할 용기를 지녔을 뿐이다.

극한의 오너십은 마음가짐이자 태도이다. 리더가 극한의 오너십을 체화하고 조직 내에 그 문화를 전파하면 나머지는 알아서 돌아간다. 리더는 더 이상 사소한 세부 사항에 관여하지 않아도 된다. 팀이 세부 사항을 처리하는 동안 리더는 고개를 들어 전략적 목표에 집중하면 된다.

모든 리더는 자기 없이도 조직이 돌아가는 것을 목표로 삼아야 한다. 리더는 후배들이 언제라도 승진해 더 큰 권한을 가질 수 있도록 훈련시키고 지도하는 데 온 힘을 쏟아야 한다. 제대로 훈련받고 가르침을 받은 후배는 언젠가 선배의 자리를 차지하게 될 것이다. 그래야 선배도 다음 단계로 올라갈 수 있다.

이 책에 담긴 내용은 대부분 오래전부터 자주 거론된 것들이다. 우리는 리더십의 새로운 패러다임을 제시하는 창조자가 될 생각은 없다. 우리가 군에서 배운 많은 리더십 원칙은 이미 수백 년 혹은 수천 년 동안 전해 내려온 교훈들이다. 이런 원칙들은 쉽고 간단하지만 실생활에 적용하기는 어렵다. 그래서 이런 말이 있다.

'리더십은 간단하다. 하지만 쉽지는 않다.'

리더십은 예술인 동시에 과학이다. 모든 경우에 정확히 들어맞는 정답이란 건 없다. 어떤 상황에서든 검지도, 희지도 않은 회색 지대가 상당 부분 존재한다. 위기에 빠졌을 때 리더가 고를 수 있는 선택 사항은 무한하다고 해도 과언이 아니다. 어떤 선택은 완전히 잘못돼 문제를 더 악화시킬 수 있고, 어떤 선택은 문제를 해결해 반전을 이뤄 낼 수도 있다. 그래서 리더가 내리는 결정은 본질적으로 어렵고 실증적일 수밖에 없다.

모든 결정이 좋은 결정일 수는 없다. 리더는 누구나 실수를 한다. 아무리 출중하고 경험 많은 리더라 할지라도 완전무결하지는 않다. 그리고 부하들은 자신들의 리더가 완벽할 것이라고 기대하지 않는다. 그래서 리더가 실수를 자기 책임이라고 말하면 그를 향한 팀원들의 존경심이 커진다. 리더가 실수를 인정하고 실수로부터 배우려는 겸허함을 가졌음을 몸소 증명했기 때문이다.

어떤 책도 리더에게 이런 상황에는 이렇게 대처하라고 일일이 말해 줄 수 없다. 하지만 이 책에는 리더가 어려운 딜레마에 빠졌을 때 지침으로 삼을 만한 사례와 원칙이 담겨 있다. 각자 처한 상황이 조금씩 다르고 이를 활용하는 사람들의 성격에도 차이가 있겠지만, 이 원칙들은 누가 어떤 상황에 처해 있든 똑같이 적용할 수 있다. 위기가 닥쳤을 때 이 원칙들이 직간접적으로 도움이 될 것이다.

리더십에는 무조건 성공을 보장하는 황금률 같은 게 없다. 그러나 확실한 것이 하나 있다. 다른 사람을 이끈다는 것은 무척 어렵기 때문에 그 어떤 일보다 보람 있는 일이라는 것이다. 그러니 저 멀리서 가물거리는 작은 보상을 향해 지휘라는 무거운 짐을 이고 전장으로 나아가라. 그 전장이 어디이든, 극한의 오너십을 발휘하겠다는 단호한 결의로 이끌어 승리하라.

이 책을 출간한 직후 조코 윌링크는 '조코 팟캐스트'를 시작했다. 이 방송은 경영 부문 팟캐스트 중 청취 시간 1위를 기록하며 애플 아이튠즈가 선정하는 '2016 베스트 팟캐스트'로 뽑혔다. 조코는 공동 진행자이자 프로듀서인 에코 찰스와 함께 다양한 분야의 인사들을 방송에 초대해 전쟁, 리더십, 경영, 주짓수, 격투, 운동, 인생 등 많은 주제를 깊이 있게 다루고 있다. 레이프 바빈은 '조코 팟캐스트'에 고정 출연자로 참여한다.

'조코 팟캐스트'는 궁극적으로 전쟁, 분쟁, 그리고 집단적·개인적 갈등을 통해 드러나는 인간의 본성에 관해 논한다. 인간의 추악한 단면을 드러내는 일화를 자주 다루지만, 어둠 속에서도 아직 세상에 남아 있는 선함을 찾으려는 노력도 게을리하지 않는다.

방송에서 조코는 이메일이나 소셜 미디어 등을 통해 접수된 청취자들의 질문에 답변하는 시간을 갖는다. 에코 찰스가 질문을 읽고 조코가 답을 하는데, 질문의 범위는 체력 단련법, 개인적 성취, 규율을 지키는 법,

악을 극복하는 법, 리더십 등 다양하다. 리더십에 대한 답변 중에는 이 책의 독자들에게도 도움이 될 만한 내용이 많다고 판단해 이 책에 싣기로 했다.

다음의 내용은 방송에서 주고받은 질문과 답변을 글로 옮긴 것이다. 방송의 생생함을 살리기 위해 대부분은 그대로 실었지만, 독자의 이해를 돕기 위해 일부 내용은 수정했다. 질의응답은 독자의 질문을 에코 찰스가 읽은 뒤 조코와 레이프가 대답하는 형식으로 구성됐다.

조코 팟캐스트 1 ┃ **좋은 리더가 되기 위해 필요한 것들**

에코 찰스 ┃ 특수 부대에 입대하는 장교 또는 저처럼 엘리트 리더를 꿈꾸는 이들에게 어떤 충고를 해 주시겠습니까?

<u>조코 윌링크</u> 처음으로 리더로 승진하는 사람들에게 그 질문을 많이 받습니다. 가령 군대나 기업에서 처음으로 책임자급으로 승진한 사람들 말이죠. 특수 부대 군인이든 직장인이든 같은 얘기를 해 주고 싶습니다. 기업이든 전쟁터든 리더십의 원칙은 똑같다고 말이죠.

자, 당신이 처음 리더가 됐다면 어떻게 해야 할까요?

첫째, '겸손하게 행동하라'입니다. 제가 매일 이 말을 하니까 고장 난 레코드 같다고 하실 분들도 계실 거예요. 하지만 잘난 척하는 사람이 리더가 돼서 제멋대로 설치는 꼴을 여러분 모두 본 적이 있을 겁니다. 한마디로 '아니꼬우면 나가든가' 하는 식으로 구는 사람들이죠. 이런 사람들이 팀원들에게 존경받을 수는 없습니다. 그럼 어떻게 해야 할까요?

겸손해져야 합니다. 남을 존중해야 합니다. 계급이나 직책은 상관없습니다. 당신이 그 사람보다 돈을 수백 배 더 벌어도 마찬가지입니다. 그건 전혀 중요하지 않아요. 모든 사람을 존중해야 합니다. 당신이 남을 존중해야 남도 당신을 존중합니다.

남의 말을 들어야 합니다. 후배가 얘기하고 싶다고 찾아오면 같이 마주앉아서 '좋아, 자네가 하는 말을 좀 적을게'라고 해야 합니다. 그건 후배에게 큰 의미가 있어요. 후배가 찾아왔을 때 '지금 바빠서 시간이 없는데'라고 퇴짜를 놓는 건 아주 끔찍한 일이에요. 그런데 그걸 잘못하는 사람이 너무 많아요.

반드시 남의 말에 귀를 기울여야 합니다. 남의 말을 들으면 그 사람과 당신이 연결됩니다. 그게 리더인 당신이 해야 하는 일이에요. 관계를 형성하는 것, 그게 사업이에요. 그게 리더십이고, 그게 인생이에요.

그렇게 사람들을 이끄는 겁니다. 남들과 관계를 맺는 것 말이죠. 레이프와 제가 늘 하는 얘기예요. 물론 아랫사람한테 그냥 명령을 내릴 수도 있어요. 명령을 이행할 때도 있겠죠. 하지만 사람들은 자기한테 명령만 하는 사람을 절대 따르지 않아요. 자신과 진정한 관계를 맺고 있는 사람만 따릅니다. 그런 사람을 위해서는 뭐든지 할 겁니다.

저와 같이 일했거나 제 밑에서 일한 사람들은 저를 위해 뭐든지 할 겁니다. 그리고 저도 그들을 위해 뭐든지 할 겁니다. 뭐든지요. 제가 브루저 기동대에서 데리고 있던 친구들은 정말 대단했어요. 저는 그 친구들을 위해 뭐든지 할 거예요. 그들이 원하는 건 뭐든지 줄 거고, 그들도 저한테 그럴 거예요.

왜냐? 제가 명령을 해서가 아니에요. 그렇겐 안 돼요. 반드시 관계를 형성해야 합니다.

그럼 어떻게 관계를 형성하느냐? 사람들을 존중함으로써 관계를 형성하는 겁니다. 겸손함으로써, 들음으로써, 진실을 말함으로써 말이죠.

진정성 있게 진실을 말해야 합니다. 남에게 거짓말해서는 안 돼요. 거짓말이라는 건 센 표현인데, 왜냐하면 사람들이 평상시에는 별로 거짓말을 안 한다고 생각해요. 하지만 리더들은 진실을 감추기 위해 가끔 절반의 진실만 말합니다. 그래선 안 됩니다. 남들이 뻔히 알기 때문이죠. 사람들은 심지어 뭐가 진실인지 잘 모를 때도 뭐가 진실이 아닌지는 확실히 압니다.

그래서 저는 항상 제 부하들에게 솔직했어요.

'좋아, 지금 상황은 이래. 문제는 이거야. 이건 우리가 망쳤어. 이건 우리가 분발해야 해. 지금 나는 상부로부터 이러이러한 문제로 스트레스를 받고 있어.'

이렇게 말이죠.

저는 감언이설 하지 않습니다. 진실을 위장하려 하지 않는다는 말이죠. 저는 제가 동의하지 못하는 일을 지시받았을 때 부하들에게 절대로 '이봐, 나는 이거 동의 못 하는데 아무튼 우리가 해야 해'라고 말하지 않습니다. 절대요. 동의를 못 하면 왜 우리가 이걸 해야 하는지 알아냅니다. 상관한테 가서 이렇게 묻습니다.

'우리가 왜 이걸 해야 하는지 이해를 못 하겠습니다. 이게 전쟁에서 승리하는 데 어떻게 도움이 되는지 납득이 안 됩니다. 부하들에게 설명할 수 있게 저한테 설명을 좀 해 주시겠어요?'

그러면 상관은 대답을 할 겁니다.

왜일까요? 우리 모두 전쟁에서 승리하려고 뛰고 있는 사람들이기 때문이죠. 상관도 전쟁에서 승리하려고 노력하고 있습니다. 저도 전쟁에서 승리하려고 노력 중입니다. 제 부하들도 전쟁에서 승리하려고 노력합니다. 상관이 말이 안 되거나 승리에 도움 안 되는 일을 저에게 시킬 리가 없습니다. 그러므로 지시받은 일에 신념을 가져야 합니다. 믿지 못하겠으면 상관에게 질문해야 합니다.

이런 일들은 관계 형성에도 도움이 됩니다. 열린 대화 말이죠. 오너십도 마찬가집니다. 문제가 있을 때 오너십을 가져야 합니다. 그리고 그 문제를 풀어야죠. 그렇게 해서 일이 잘 풀리면 보상과 공은 팀원들에게 돌립니다. 그것도 관계 형성에 도움이 됩니다.

이게 제가 전쟁터나 기업의 신참 리더에게 가장 하고 싶은 말입니다.

또 하나 있습니다. 열심히 일하세요. 이걸 먼저 말했어야 하는데, 열심히 하세요. 그게 기본입니다.

또 말씀드리고 싶은 건 균형을 잡아야 한다는 겁니다. 리더는 모든 것에서 균형을 잡아야 합니다. 가령 진실을 말할 때도 요령 있게 해야 합니다. 진실한 사람이 되라는 건 생각나는 대로 말하라는 얘기가 아닙니다. 부하들이 일을 망쳤을 때 '자네가 나를 실망시켰어'라는 식으로 말하면 안 됩니다. 오너십을 갖고 이렇게 말하는 겁니다.

'내가 자네에게 충분하게 지시를 못 내린 것 같아.'

그러고 나서 뭐가 잘못됐는지 상의하는 겁니다. 제가 말하려는 건 이겁니다. 리더 중에는 솔직하고 둔한 사람들이 있어요. 팀원들은 그런 리더를 미워합니다. 요령이 없기 때문이죠. 이런 사람들은 사람 다루는 법을 몰라요. 정신적 주짓수를 할 줄 모르는 거죠. 여러분은 바둑을 둬야 합니다. '알까기'가 아니라요. 사람들에게 영향을 미쳐야 합니다.

그러니 정직한 것과 둔하고 요령 없는 바보를 혼동하지 마세요. 주짓수를 해야 합니다. 주짓수를 잘 모르시는 분들을 위해 설명드리면, 주짓수는 매우 미묘한 게임입니다. 끊임없이 함정을 파고 상황을 내 쪽으로 유리하게 만들어야 합니다.

복싱하고는 달라요. 복싱은 직설적인 싸움이죠. 나는 상대를 때리려 하고, 상대는 나를 때리려 하는 싸움이죠. 주짓수는 상대를 교란해서 우위를 점하는 게임입니다. 측면을 노리고 상대가 예상치 못한 방향에서 공격하는 거죠. 리더십의 기술도 이와 비슷해요.

'이봐, 자네들이 일을 망쳤네. 아주 형편없었어. 바로잡아.'

이런 얘기는 누구나 할 수 있어요. 이런 리더는 존경받지 못해요. 이런 사람은 설령 진실하고 정직하고 직설적이어도 원하는 걸 이룰 수 없어요.

그러니까 다른 게임을 해야 합니다. 이건 사람들의 자존심과 개성을 다루는 일이에요. 사람들은 다 개성이 달라요. 리더는 목수가 되어야 합니다. 목재 종류마다 어떤 연장을 써야 하는지 배워야 합니다. 그게 리더예요.

'리더가 되기 위한 일곱 가지 방법' 같은 것을 읽으면 누구나 좋은 리더가 될 수 있다면 제가 리더십 책을 쓰거나 리더십 컨설팅 회사를 차리는 일도 없었겠죠. 누구나 금방 훌륭한 리더가 될 수 있을 테니까요. 리더십은 예술입니다. 또한 리더십은 매우 어려운 일이에요.

단순하지만 쉽지는 않습니다. 하지만 단순한 방법들은 있어요. 정직해지세요. 진정성을 보이세요. 오너십을 가지세요. 아주 단순한 방법들입니다. 하지만 몹시 미묘하기 때문에 어려운 거죠. 또 그렇기 때문에 훌륭한 리더가 되면 많은 보상이 따르는 것이고요.

저는 비슷한 질문을 많이 받습니다. 경험이 없는 분야에서 어떻게 사람들을 잘 이끌 수 있나요? 저보다 나이 많은 사람들을 어떻게 이끌어야 하나요? 저보다 어린 사람들을 어떻게 이끌어야 하나요? 새로운 업종으로 이직하는데 어떡하죠? 여자 직원들을 어떻게 이끌어야 하나요? 남자 직원들을 어떻게 이끌어야 하나요? 회사에서 잘린 사람 대신 일을 해야 하는데 어떡하죠? 동기 중에서 저만 승진했는데 어떡하죠?

이런 모든 질문에 대한 답은 같습니다. 그리고 상당히 간단해요. 겸손하세요. 잘 들으세요. 윗사람과 아랫사람 모두 존중하세요. 남의 의견을 듣되 결단력을 가지세요. 정직하되 요령 있게 대처하세요. 균형을 잡으세요. 윗사람과 아랫사람의 관점을 모두 이해하세요. 실수와 문제에 대한 오너십을 가지세요. 공은 팀으로 돌리세요. 마지막으로, 관계를 형성하세요. 팀원들과 탄탄하고 전문가적이면서 좋은 관계를 형성하세요.

<u>에코 찰스</u> 새로 관리자가 됐는데 마치 사기꾼이 된 기분이에요. 이제 갓 승진해서 뭘 어떻게 해야 할지 도무지 감이 안 와요. 팀원들이 금방 알아챌 것 같아요. 어떻게 하면 팀에 효율적인 리더가 될 수 있나요?

<u>조코 윌링크</u> 리더가 되신 걸 환영합니다. 당신이 진짜로 두려워하는 게 뭘까요? 당신이 모든 걸 알지 못한다는 걸 직원들이 알게 될까 봐 두려운 겁니다.

그런 감정은 아무 문제가 없다는 걸 알아야 합니다. 모든 걸 다 알지 못해도 괜찮아요. 새로 리더가 된 사람에게 그런 기분은 완전히 정상적인 거예요. 세상만사를 어떻게 다 알겠습니까. 당신이 하게 될 일을 하나부터 열까지 다 알 필요는 없습니다. 모든 걸 다 알 필요가 없어요.

당신에게 필요한 건 직원들을 찾아가서 질문하는 거예요. 좋은 질문을요. 그리고 귀를 기울이는 겁니다. 직원들에게 가서 이렇게 물어보세요. '이런 일은 한 번도 안 해 봤는데요', 또는 '이 장비는 처음 다뤄 보는데, 어떻게 쓰는지 좀 알려 줄래요? 확실히 이해하고 싶어서요'라고요. 그러면 직원들은 당신이 좋은 질문을 하고, 배울 의지가 있다는 점을 존중할 겁니다.

하지만 아무것도 모르는 건 변명이 안 됩니다. 새로운 리더가 됐으니 공부하고, 읽고, 배워야 합니다. 그래서 새로운 직책에 대해 전반적으로 이해해야 합니다. 매뉴얼, 규정, 절차 등을 공부하세요. 그렇다고 무턱대고 공부하라는 얘긴 아니에요. 리더가 되면 기본적으로 빨리 습득해야 하는 지식이 있어요. 그 외에는 상식을 적용하면 됩니다.

저는 이런 질문을 자주 받습니다. 이러저러한 상황에서 어떻게 이끌어야 하죠? 신참들을 어떻게 이끌어야 할까요? 고참들을 어떻게 이끄나요? 답은 항상 같습니다. 겸손해지세요. 남의 말에 귀 기울이세요. 마감 시간을 엄수하세요. 열심히 일하세요. 남들을 존중하세요. 일의 경중을 신중히 따지세요. 사람들과 대화를 나눈 다음 결정을 내리세요. 부하 직원들에게 권한을 주세요. 사소한 일까지 일일이 통제하려 하지 말고, 명확한 가이드라인을 제시하세요.

리더십이란 그런 겁니다. 새 리더가 됐다고 모든 걸 다 알 필요는 없어요. 남들도 당신이 모든 걸 다 알 거라고 기대하지 않아요. 그 점을 인정한다고 해서 당신의 평판에 금이 가지는 않습니다. 오히려 평판에 도움이 됩니다.

그러니 자신감을 가지세요. 겸손하세요. 질문을 던지세요. 최대한 빨리 배우세요. 그러면 됩니다.

1980년대부터 1990년대 초까지 머리가 빠지는 남자들 사이에 대머리를 감추는 헤어스타일이 유행한 적이 있어요. 한쪽 머리카락을 길게 길러서 머리가 없는 부분 쪽으로 넘겨 대머리를 감추는 거죠. 제가 하고 싶은 말은 리더십에 대해서는 대머리 감추기를 하지 말라는 겁니다. 요즘에는 남자들이 그냥 머리를 밀어 버려요. 그리고 이렇게 말하는 거죠.

'이봐, 나는 정수리 쪽 머리가 빠졌어. 그래도 괜찮아. 그냥 다 밀어 버리면 되지, 뭐.'

리더도 똑같습니다.

'내가 여러분의 새 리더입니다. 모든 걸 다 알지는 못해요. 내가 약한 부

분은 이거예요. 좀 도와줄래요?'

이렇게 말하는 겁니다.

대단한 일이 아녜요. 모르는 걸 아는 척하지 마세요. 숨기지도 마세요. 빈약한 리더십을 감추지 마세요. 안 됩니다. 모든 일에 나서서 '내가 이 전부를 해결할 거야. 나는 모든 걸 다 알아. 나만큼 많이 아는 사람은 없어'라고 말하는 사람이 되지 마세요.

그런 사람은 존경받을 수 없습니다. 겸손해지고, 모든 걸 다 알아야 한다는 강박에 사로잡히지 마세요.

조코 팟캐스트 34 곤란한 상황에서 어려운 상대와 대화하는 법 – 레이프 바빈 출연

에코 찰스 어려운 대화에 익숙해지는 방법이 따로 있나요? 섬세하게 대화하는 방법을 모르겠어요.

레이프 바빈 음, 섬세하게 대화하는 법을 모르신다니 기쁩니다. 왜냐하면 저도 그렇거든요. 저는 꽤 직설적인 사람이고, 천성적으로 저돌적인 리더 타입입니다. 하지만 제가 조코에게서 배운 게 하나 있습니다. 조코는 직설적인 접근법이 잘 통하지 않는다는 것을 설명할 때 주짓수 비유를 많이 하는데요. 주짓수 초보자들은 보통 세 가지 기술 가운데 하나로 공격하게 됩니다. 그럼 상대방은 내가 어떤 동작을 쓸지 미리 알고 쉽게 방어할 수 있습니다.

하지만 이 동작을 하는 척하다가 갑자기 다른 동작을 취하면 공격이 먹

혀들 가능성이 커집니다. 즉 간접적 접근법이 일반적으로 더 효과적인 거죠. 리더십에서도 마찬가지입니다. '내가 말한 대로 해'라는 식의 직설적인 접근법으로는 뜻한 바를 이루지 못하는 경우가 많습니다.

다시 질문으로 돌아가 볼까요? 어려운 대화에 익숙해지는 방법이 있을까요? 네, 물론입니다. 바로 리허설이죠. 대화에 리허설이 필요 없다고 생각하는 사람이 많습니다. 리허설은 네이비씰이 전투를 수행할 때 결정적으로 중요한 부분입니다. 우리가 매번 작전을 수행하기 전에 얼마나 많은 예행연습을 하는지 일반인들은 아마 잘 모를 겁니다. 우리는 리허설을 할 때 현장을 최대한 똑같이 만들기 위해 바윗돌을 갖다 놓고 바닥에 테이프를 붙여 구조도를 그립니다. 전원이 모여 헬리콥터나 차량에 탑승하고 하차하는 순서까지 연습합니다.

이런 리허설을 하면 아무리 깜깜한 밤이라도, 또 아무리 혼란스러운 상황이라도 대원들이 각자 위치를 지키며 주어진 임무를 수행할 수 있습니다. 우리는 차량 탑승처럼 아주 간단해 보이는 일조차 연습을 했습니다. 가령 5톤 차량에는 20명이 탈 수 있는데, 네이비씰 대원뿐 아니라 이라크군이나 작전에 참가하는 다른 인원들까지 동승하는 경우가 많습니다. 차량에서 내리려면 육중한 철제문을 열어젖히고 사다리를 내린 다음 군장을 착용한 전원이 차례로 하차해야 합니다. 시간이 꽤 걸리죠.

<u>조코 윌링크</u> 그러다가 서로 밟히고 넘어질 수도 있겠군요.

<u>레이프 바빈</u> 물론입니다. 차에서 떨어져 다칠 수도 있어요. 실제로 트럭에서 떨어져 어깨가 탈구된 병사들도 있었고요. 더 중요한 건 한 팀이 하차하

는 데 3~4분이 걸린다면 아주 위험하다는 겁니다. 어디에서 공격이 들어올지 모르는 상황에서 사주 경계를 하지 못한 채로 3~4분을 보낸다고 생각해 보세요. 그래서 우리는 30초 안에 하차를 마칠 수 있을 때까지 연습하고, 연습하고, 또 연습합니다. 그리고 타격대가 두 조가 있다면 한 조는 도로의 왼쪽에, 다른 한 조는 도로의 오른쪽에 정렬하는 것이 원칙입니다. 이런 일들은 어쩌면 유치하고 아주 초보적으로 보일 수 있겠죠. 하지만 급변하는 환경에서는 단순한 일들도 매우 복잡해집니다. 그래서 시간을 들여 연습하는 거죠. 훨씬 나아지니까요. 아무리 깜깜한 밤이라도, 적이 어디 있는지 모르는 혼란스러운 상황이라도 말이죠. 좋은 성과는 리허설에서 나옵니다.

어려운 대화에 익숙해지는 것도 이와 마찬가지입니다. 연습을 하셔야 해요. 다른 사람과 마주 앉아서 대화를 미리 연습해 보세요. 역할극 같은 거죠. 시나리오도 여러 가지로 연습하시고요. 쉬운 시나리오부터 시작해서 어려운 시나리오, 마지막에는 최악의 시나리오로 점차 난도를 높이는 겁니다.

연습을 많이 할수록 더 익숙해질 겁니다. 저와 조코도 기업들을 상대할 때 이런 역할극을 했어요. 예를 들어 누군가를 상담한다고 할 때 '당신이 일을 망쳤고, 책임은 당신에게 있어요'라고 말하는 건 쉽죠. 하지만 이 사람은 원래 좋은 사람인데 본의 아니게 실수를 저질렀을지도 몰라요. 그렇다면 대화를 통해 다시는 실수를 저지르지 않게 해야죠. 그런데 이때 너무 부정적으로 말했다간 자신감에 상처를 줄 수 있어요. 그가 어떤 반응을 보일지도 100퍼센트 장담할 수 없죠. 어려운 대화예요. 리허설과 역할극으로 이런 대화를 준비하면 아주 큰 도움이 됩니다. 연습하세요. 그럼 훨씬 나아질 겁니다.

조코 윌링크 맞습니다. 서너 가지 시나리오로 연습하다 보면 눈에 띄게 좋아
집니다. 횟수를 반복할수록 좋아지는 게 눈에 보이죠.

레이프 바빈 네. 연습하고, 연습하고, 또 연습하세요. 기업의 세계에서, 특히
리더십과 관련된 대인 관계에서는 역할극이 아주 중요합니다. 준비와 연
습이 아주 중요합니다. 이를 통해 당신은 가장 효율적으로 업무를 수행
하는 리더가 될 겁니다.

조코 팟캐스트 47 멍청하고 실력 없는 리더를 대하는 법

에코 찰스 나약하고 형편없고 비효율적인 리더를 모시고 있는 사람들에게
어떤 충고를 해 주시겠습니까? 그런 상황을 어떻게 타개하시겠어요?

조코 윌링크 당신이 그런 상황에 처해 있다면, 즉 나약하거나 비효율적인 리
더를 모시고 있다면 제 대답은 간단합니다. 당신이 할 일은 그를 이끄는
것입니다. 당신이 이끌어야 해요. 이 방송을 자주 듣는 청취자들은 제가
무슨 말을 할지 이미 알고 계시리라 믿습니다만, 다른 사람이 당신을 이
끌지 못한다면 당신이 그들을 이끌어야 합니다. 당신이 나서서 그들의
약점을 메워야 합니다.

상사가 계획을 내놓지 않는다? 괜찮습니다. 제가 할게요.

상사가 설명을 안 해 준다? 좋습니다. 제가 할게요.

상사가 젊은 직원들의 멘토가 되려 하지 않는다? 괜찮아요. 제가 하면 됩니다.

상사가 잘못된 일에 대한 책임을 회피한다? 괜찮습니다. 제가 책임을 질게요.

물론 쉽지 않은 일입니다. 아마 '내가 책임을 떠안으면 체면이 깎이지 않을까? 팀원들과 사장이 나를 어떻게 볼까?' 걱정이 될 겁니다.

하지만 사장의 입장에서 생각해 보세요. 임무는 실패했고, 사장은 경위를 파악하려 합니다. 제가 그 임무를 책임진 부서장이에요. 제가 이렇게 말하는 거예요.

'죄송합니다, 사장님. 우리는 실패했어요. 하지만 제 잘못은 아닙니다. 저 사람 잘못이에요.'

그리고 다른 누군가를 손가락질하는 거죠. 이번엔 손가락질을 받은 사람이 이렇게 말하는 장면을 상상해 보세요.

'네, 제 잘못입니다. 경위는 이러이러합니다. 제가 이런 실수를 했습니다. 그리고 저는 다음에 같은 실수를 반복하지 않기 위해 이러이러한 일들을 하겠습니다.'

사장이 누구를 더 존중할 것 같습니까? 남 탓하는 사람일까요, 아니면 책임지는 사람일까요? 당연히 문제에 대한 오너 노릇을 하는 사람이겠죠. 그런 사람은 존중받습니다. 그리고 책임을 떠넘기는 사람은 사장이 자르려고 할 겁니다.

항상 그 점을 기억하세요. 체면이 깎일까 봐, 해고당할까 봐 책임지는 것을 두려워하지 말고 최상급자가 보기에 어떨지 생각해 보세요. 책임을 떠안는 편이 거의 늘 유리합니다.

자, 그럼 제가 방금 말한 내용이 언제 어느 상황에서나 100퍼센트 들어맞을까요? 그렇진 않습니다. 상사가 저지른 실수를 당신이 떠안아서는 안 되는 경우도 있습니다. 가령 어떤 기밀 정보가 상사의 잘못으로 새 나갔다고 해 봅시다. 그럴 때 당신이 잘못을 떠안아서는 안 되죠. 첫째 이유는 거짓말이기 때문입니다. 둘째는 상사가 용납할 수 없는 실수를 저질렀기 때문입니다. 그러므로 이런 경우는 당신이 나설 상황이 아닙니다. 그러므로 만약 상사가 겁을 내고 당신에게 뒤집어씌우려고 한다면 용납해서는 안 됩니다.

하지만 작전이나 프로젝트 진행 중에 실수가 발생했고, 상사가 책임을 지는 데 겁을 낸다면 당신이 책임을 지세요. 장기적으로는 당신이 승리합니다.

그런데 여기 몹시 어렵고도 미묘한 지점이 있습니다. 책임을 지겠다고 나설 때 상사를 밟고 올라서려는 마음을 가져서는 안 된다는 것입니다. 남들의 관심을 받으려고 해서도 안 됩니다. 상사의 자리를 탐내는 것도 안 됩니다. 상사에게 모든 공을 돌려야 합니다. 당신의 행동에 상사가 겁을 먹게 해서도 안 됩니다. 이게 참 어려운 부분이죠.

당신이 책임을 지겠다고 나섰다는 사실에 상사는 위축될 수 있습니다. 이렇게 생각할 수 있겠죠.

'이것 봐라, 저 녀석 대담한데? 스스로 나서서 책임을 떠안다니.'

그러면서 당신에게 위협을 느끼는 거죠. 그러니 조심해야 합니다.

따라서 일종의 우회 전략이 필요합니다. 정신적 주짓수 같은 거죠. 가령 상사가 계획을 내놓지 않을 때 이렇게 말하는 겁니다.

'부장님, 제가 계획을 좀 세워 봤는데 이거 어떻게 생각하세요? 괜찮을까요?'

계획은 당신이 냈지만, 상사의 지시나 승인을 구하는 것처럼 보이면 상사는 그 계획이 자신의 것인 양 생각하게 되죠.

상사가 젊은 친구들을 제대로 지도하지 못할 때는 다음과 같이 말하는 겁니다.

'부장님, 일 끝나고 젊은 친구들이랑 시간을 좀 보내고 싶습니다. 지난번 업무를 검토할 수 있게 작은 모임을 한번 가져도 될까요?'

이렇게 허락을 구하는 거죠. 마음대로 행동하는 게 아니라요.

이런 식으로 말할 수도 있을 거예요. '이렇게 하면 우리 팀이 정말 멋져 보일 것 같습니다'라고요. 팀이 멋져 보이면 리더도 멋져 보이잖아요. 내 상사가 멋져 보이면 좋겠다는 마음을 가지셔야 합니다. 진심으로요.

상사의 발을 밟지 않고 당신이 앞으로 나서서 이끌 방법은 이외에도 아주 많습니다. 상사의 발을 밟으면 결국 상사는 당신에게 위협을 느낄 겁니다. 그러면 상사와 싸움이 벌어지거나 당신이 해고 또는 강등되는 파국을 맞을 수 있습니다. 그러니 조심하세요.

본인 스스로는 저돌적이지 않지만, 아랫사람이 저돌성을 보이면 좋아하는 리더도 많습니다. 제가 모신 상관 중에도 제가 앞장서서 문제를 해결하는 걸 아주 좋아하시는 분이 많았습니다. 그분들은 저돌적인 리더는 아니지만 선량하며 자신감이 있었습니다. 그래서 저 같은 부하들을 좋아했죠.

자신감 없는 상사들은 조심해야 합니다. 이런 부류는 체면 깎이는 걸 항상 걱정하니까요.

또 하나 중요한 게 있습니다. 당신의 부하가 앞장서서 책임지는 모습에 위축된다면 이렇게 자문해 보세요.

'내가 왜 위축감을 갖는 거지?'

아마도 자존심 때문일 겁니다. 당신이 나약한 리더라는 뜻입니다. 그래서 부하에게 위축되는 것이죠.

부하가 자발적으로 나서서 당신의 일을 당신보다 더 잘해 낸다고 화내지 마세요. 그 대신 당신도 어떻게 하면 지금보다 나아질까 궁리해 보세요. 어떻게 하면 집중할 수 있을까요? 당신 부하가 맡아서 잘하고 있는 일 말고 무엇을 할 수 있을까요? 사실 이건 리더인 당신이 응당 환영할 만한 상황입니다. 팀이 자발적으로 나서는 거잖아요. 이건 아주 좋은 일이에요. 이게 바로 지휘권 분산입니다. 당신의 부하가 언젠가는 당신의 자리를 차지할 역량을 쌓아 가는 거죠. 진정한 리더라면 그것을 목표로 삼아야 합니다.

마지막으로, '제 상관은 너무 나약해요'라고 말하는 사람에게 저는 늘 '운이 좋군요!'라고 말합니다.

그걸 기회로 삼으세요. 이끄세요! 하고 싶은 걸 하세요. 상관이 나약하다는 것은 당신에게 아주 좋은 기회입니다. 상관이 당신에게 동기 부여를 못 해 준다고 좌절하지 마세요. 스스로 동기를 부여하세요! 책임지고 일을 하세요. 기회로 삼으세요. 일을 되게 만드세요. 나약한 상관을 두고 있다는 건 좋은 일입니다. 저는 아주 좋아요. 저도 그랬으면 좋겠어요. 제 활동 폭이 더 넓어지니까요. 제 상사가 강인한 사람이라면, 당연히 그것 역시 멋진 일입니다. 상사가 나약하다는 것이 변수는 되지 못해요. 앞장서서 그것을 기회로 삼으세요. 앞으로 나서서 이끄세요.

에코 찰스 관리자가 세부 사항까지 감시하고 참견하는 마이크로매니지먼트가 도움이 됩니까?

조코 윌링크 음, 놀랄 분들도 있겠지만, 도움이 됩니다. 그리고 더 중요한 것은 마이크로매니지먼트를 해야 할 때도 있다는 겁니다. 가령 부하가 일에 능숙하지 않거나, 자기 일을 잘 못하거나, 상습적으로 지각을 한다고 해 보세요. 어떻게 고칠 겁니까? 직접 팔을 걷어붙이고 마이크로매니지먼트를 해야 해요. 임무에 실패해서는 안 되니까요. 하지만 일단 탄력이 붙으면 마이크로매니지먼트를 중단해야 합니다.

네이비씰에 있을 때 제 밑에서 일한 레이프나 다른 간부들에게 물어보면 아마 초창기에는 제가 마이크로매니지먼트 광신도였다고 말할 거예요. 저는 부하들을 들들 볶았어요.

'이걸 해. 아니야, 저쪽으로 조금만 이동해. 아냐, 이거 수정해.'

저는 부하들을 한시도 가만 안 뒀어요.

하지만 부하들이 자기 일을 알아서 처리하게 되면서부터는 '좋아, 자네가 이제 맡아'라고 말했어요. 그리고 모든 권한을 넘겨주고 알아서 하도록 했죠. 그러자 일을 끝내 주게 잘하더군요.

처음에는 마이크로매니지먼트로 시작해서 지휘권 분산으로 변화하는 거죠. 마이크로매니지먼트가 절대적으로 필요한 경우가 있습니다. 하지만 그게 일상적인 것, 당연한 것이 되어서는 안 됩니다.

반대로 말해, 당신이 상관에게 시시콜콜 참견을 받고 있다면 그건 위험

신호일 수 있습니다. 물론 당신 상관이 통제광이자 강박적인 참견꾼일 수도 있겠죠. 하지만 상관이 아직 당신을 신뢰하지 못한다는 뜻일 수도 있어요. 그렇다면 어떻게 신뢰를 쌓을까요? 상관의 마이크로매니지먼트를 멈추게 하려면 어떻게 해야 할까요?

숨긴다고 될까요? 아니죠. 공개로부터 출발해야 합니다. '팀장님, 제가 이런 일을 구체적으로 이렇게 하려고 합니다'라고 말하세요. 상사가 원하는 것보다 더 많은 정보를 보고하세요. 당신이 얼마나 책임감 있는 사람인지 보여 주세요. 상황을 얼마나 잘 통제하고 있는지 보여 주세요. 그렇게 하면 시시콜콜한 참견이 줄어들 겁니다. 마음을 놓게 만드는 거죠.

마이크로매니지먼트를 해야 하는 경우는 또 있습니다. 부하를 가르칠 때죠. 부하를 옆에 끼고 앉아 사사건건 지켜보고 감시하는 것은 마이크로매니지먼트로 비칠 수 있죠. 하지만 가끔은 그래야 할 때가 있습니다. 부하가 해야 할 일을 안 하거나, 잘 못하거나, 당신을 실망시킬 때는 당장 달려가 들들 볶으며 참견해야 합니다. 부하가 요령을 모르면 직접 가르쳐 줘야 해요. 그러자면 옆에 앉아 확실히 알 때까지 가르치는 수밖에 없죠. 직장에서 다른 사람을 가르치는 것은 마이크로매니지먼트로 보일 수 있어요. 실제로도 그렇고요. 왜냐하면 '이건 이렇게 하고, 저건 저렇게 하라'고 일일이 지시하는 것이기 때문이죠. 부하를 지도할 때는 이렇게 말하세요.

'아냐. 자네는 아직 이 일을 어떻게 하는지 잘 모르는 것 같아. 내가 보여 줄게. 어떻게 하는지 가르쳐 줄게. 하지만 자네 스스로 할 수 있게 되면 자네가 알아서 해야 하네.'

때로는 말로만 하지 말고 직접 보여 줘야 해요. 군에 있을 때 소대장 하나가 제게 와서 부하들을 이끄는 게 어렵다고 말한 적이 있어요. 그래서 제가 말했죠.

'여기 앉아서 지켜보게. 내가 시범을 보일 테니.'

그래서 소대장이 지켜보는 가운데 제가 소대원들을 이끌고 이리 가고 저리 움직이라고 일일이 지시했어요. 시범이 끝나자 소대장이 저를 보며 말하더군요.

'오케이, 저도 할 수 있습니다.'

그리고 실제로 그도 할 수 있게 됐어요. 제가 하는 모습을 보면서 배우고 이해하게 된 거죠.

즉 마이크로매니지먼트도 가끔은 괜찮습니다. 중요한 건 마이크로매니지먼트의 덫에 빠져서는 안 된다는 사실입니다. 누군가를 지도하고, 가르치고, 시범을 보인다고 해서 언제까지고 시시콜콜 간섭해서는 안 됩니다. 왜냐. 마이크로매니지먼트를 한다는 것은 당신이 리더로서 할 일을 못하고 있다는 뜻이기 때문입니다.

현실적으로 리더는 모든 부하를 시시콜콜 챙길 여력이 없어요. 만약 그런 여력이 있다면, 자기 일을 제대로 안 하고 있다는 의미입니다. 그건 지휘 계통을 제대로 챙기지 못한다는 뜻이고, 멀리 내다보지 못한다는 뜻이고, 전략적으로 사고하지 못한다는 뜻입니다. 그럼 부하들이나 하급 지휘관들이 나서서 당신의 일을 대신 해야 합니다.

자존심 때문에 마이크로매니지먼트를 하는 사람들도 있습니다. 이런 부류는 둘 중의 하나입니다. 자기의 권력을 아랫사람에게 휘두르고 싶거나, 자신의 지식을 뽐내고 싶어 하는 거죠. 이런 상사들은 어떻게 대해야 할까요? 열심히 일하세요. 상사보다 앞서가세요. 상사가 원하는 모든 정보를 주고, 추가로 더 주세요. 당신의 일에 더 능숙해지면 신뢰를 받고 전진할 수 있습니다.

일정 기간 당신이 마이크로매니지먼트를 해야 하는 상황이라면, '하고 싶지 않지만 어쩔 수 없이 해야 하는 일'이라는 느낌을 가져야 합니다. 영원히 계속돼서는 안 된다는 생각을 마음속에 품고 있어야 합니다. 일정 기간 당신이 직접 뛰어들어 일일이 챙긴 뒤에는 이렇게 말해야 합니다.

'좋아, 자네도 능숙해졌군. 이제 나는 물러나겠어.'

그리고 물러나야 합니다. 시시콜콜 간섭받는 것을 좋아하는 사람은 아무도 없으니까요.

부하들이 탄력이 붙으면 뒤로 물러나세요. 부하들이 알아서 하게 두세요. 당신의 리더들이 이끌게끔 하세요.

조코 팟캐스트 12 실수를 저질렀을 때 대처하는 법

에코 찰스 실수에 관해서 물어볼게요. 당신, 그리고 당신이 존경하는 상사들은 어떤 실수를 저질렀나요? 리더는 실수를 어떻게 만회해야 하나요? 실수를 저지른 리더가 신뢰를 회복하는 게 가능한가요?

조코 윌링크 꽤 쉬운 질문이네요. 먼저, 제가 저지른 실수요? 책을 한번 읽어 보세요. 책 내용 대부분이 실수에 관한 것입니다. 저와 레이프가 저지른 실수들요.

실수를 어떻게 만회하느냐? 저는 실수를 저지르면, 제 실수라고 인정

합니다. 실수를 저질렀을 때 절대 하지 말아야 하는 것은 책임 회피입니다. 최악이죠. 당신 상사가 실수를 저지르고선 '아냐, 그건 내 잘못이 아냐'라고 말한다고 생각해 보세요. 존경심이 사라질 겁니다. 그러니 절대 그러지 마세요. 실수에 대해 오너십을 가지세요.

변명만 하는 상사를 다시 한번 떠올려 볼까요? 아무런 동정심도, 감싸 주고 싶은 마음도 생기지 않을 겁니다. 그러므로 첫 번째 원칙은 실수했을 때 책임을 지는 겁니다.

군에 있을 때 저도 마찬가지였습니다. 상관 중에 실수를 저지르고 책임을 지는 사람을 보면 이런 생각이 들었죠.

'괜찮아. 상관이 실수를 했고, 책임을 지는군. 그렇다면 우리가 도와 드려야지.'

하지만 상관이 책임을 남에게 돌리면 문제가 복잡해지죠. 존경심도 사라지고요.

사실은 제가 있던 부대에 반란 비슷한 사건이 벌어진 적이 있어요. 사병들이 부대장을 찾아가서 소대장하고 같이 일 못 하겠다고 했어요. 군인들은 원래 상관의 명령에 절대 복종해야 하잖아요. 그러니까 굉장히 이례적인 사건이 벌어진 거죠. 사병들의 얘기를 들은 부대장은 이렇게 말했어요.

'이봐, 이건 반란이야. 자네들은 반란을 일으킬 수 없어. 내가 지휘하는 부대에서는 더더욱 안 되지. 어떻게든 참으면서 방법을 찾아. 내가 지시한 대로 해. 당장 자리로 복귀해.'

<u>에코찰스</u> 그래서 반란은 진압됐나요?

__조코 윌링크__ 사실 일주일 뒤에 부대장이 소대장을 잘랐어요. 부대장은 소대장에게 '자네는 한 번의 기회가 있었지만 날려 버렸다'라고 분명하게 말했어요. 그러곤 잘라 버렸죠. 대단한 사건이었어요. 제가 늘 얘기하는 게 있는데, 소대장이 잘린 건 전술적 역량이나 신체적 능력이 부족해서가 아니었어요. 누구의 충고도 듣지 않았기 때문이죠. 그는 누구의 말도 듣지 않았어요. 실수를 하면 항상 자기방어를 했어요. 그게 효과가 없었다는 건 결과가 말해 주지요.

신뢰를 어떻게 회복하느냐고도 물으셨죠? 실수를 인정하면 신뢰는 자동적으로 회복됩니다. 신뢰 회복은 바로 거기에서 시작하는 거죠. 신뢰를 회복하는 또 다른 방법은 본인의 말에 책임을 지는 겁니다. 본인이 말한 대로 행동하고, 행동한 대로 말하세요. 그러면 신뢰가 회복되고, 관계가 새롭게 형성됩니다. 그런 관계를 형성하기 위해 노력해야 합니다. 당연한 소리지만, 남에게 거짓말을 하면서 어떻게 신뢰를 쌓을 수 있겠어요. 실수를 저지른 뒤 내 실수가 아니라고 오리발을 내밀어 봤자 남들은 다 알고 있습니다.

__에코 찰스__ 하지만 사람들은 '부하 직원들이 나를 무능력하다고 생각하지 않을까' 하는 두려움을 갖잖아요.

__조코 윌링크__ 그건 중요하지 않아요. 전혀요. 이렇게 말하는 게 훨씬 낫습니다. '이봐, 내가 이걸 어떻게 하는지 모르겠는데 좀 보여 주겠나?' 또는 '이 무기는 한 번도 써 본 적이 없는데 설명 좀 해 주겠나?'라고요.

써 본 적도 없고 어떻게 다루는지도 전혀 모르는 무기를 들고 사격장에 올라가면 어떻겠어요? 그게 최악의 행동이에요. 일단 완전히 바보 같아 보이겠죠. 또 도움 요청도 못 할 만큼 오만하고 불안한 사람으로 보일 거예요. 도움이 필요할 때 요청하지 못하는 건 자신감 없고 불안하다는 신호니까요. 부끄러워서 도움을 요청하지 못한다? 그건 누군가 당신 집 문을 두드리면서 이렇게 말하는 거나 마찬가지예요.

'이봐요, 당신 불안하군요!'

당신이 부하에게 '이봐, 내가 여기서 막혔는데'라거나 '내가 실수를 했는데 도움이 좀 필요해'라고 말한다고 해서 부하들이 당신을 바보라고 업신여기지는 않아요. 3초마다 그러는 게 아니라면 말이죠. 그건 당신이 공부를 안 한다는 뜻이니까요. 배워야 해요. 당신이 무슨 일을 하는지 알아야 해요. 잘 모르면 배워야죠. 그래도 잘 이해가 안 되는 게 있다? 그럼 어떻게 해야겠어요? 질문을 해야죠.

현장에서 일하는 직원들은 아마 당신보다 많이 알 거예요. 그게 당연하죠. 저는 네이비씰에서 8년간 통신 담당을 해 봤지만 네이비씰 기동대 부관으로 근무할 무렵에는 소대 통신 담당자만큼 통신을 잘 알지 못했어요. 그래서 질문을 했죠. 대단한 일이 아니에요. 본인이 리더십에 자신감이 있다면 남에게 묻는 게 부끄럽지 않을 겁니다. 대수로운 일이 아니니까요.

묻는 건 괜찮아요. 하지만 거짓말을 하면 안 됩니다. 변명하면 안 돼요. 원래 질문으로 돌아가 보죠. 부하들과 어떻게 신뢰를 회복하나요? 진실을 말하세요.

아주 간단합니다. 쉽지 않을 때도 있죠. 하지만 간단합니다. 그리고 효과적이고요.

<u>에코찰스</u>　지휘 외에 당신이 가장 선호하는 보직은 무엇인가요? 기관총, 폭파, 의료 등등 보직 종류가 많잖아요.

<u>조코윌링크</u>　저는 대원들에게 '자네가 우리 부대에서 제일 중요한 사람'이라고 얘기했어요. 통신병은 부대 내에서 제일 중요한 대원이에요. 병력 지원 요청을 하니까요. 의무병도 제일 중요한 대원이에요. 동료의 생명을 구하니까요. 저격수도 제일 중요한 대원이에요. 기관총 사수도 제일 중요한 대원이에요. 적에게 총을 갈겨 우리를 빼내니까요. 저는 모든 대원을 진심으로 아꼈어요. 그리고 모두 제게 필요한 대원이에요. 우리는 한 팀이니까요.

<u>레이프바빈</u>　'내 일이 제일 중요해', '내가 최고야'라고 하면 사람들은 흔히 영화 〈아메리칸 스나이퍼〉에 나오는 크리스 카일을 언급하죠. 크리스 카일이 최고였으니까요. 우리 팀에서도 최고였고 미군 역사를 봐도 크리스보다 큰 공을 세운 사람이 많지 않으니까요. 그런데 같이 일하려면 모든 대원이 필요해요. 기관총 사수도 있어야 하고, 의무병도 있어야 하며, 아군에게 우리 위치와 적의 위치를 알려 줄 통신병도 필요해요. 모든 보직이 절대적으로 중요합니다.

　가장 선호하는 보직이라면, 저는 개인적으로 총 쏘는 걸 좋아해요. 전투 소총이나 권총 사격이 제가 제일 좋아하는 일이었어요. 네이비씰에서는 사격에도 엄청난 훈련과 경쟁이 있어요. 움직이는 표적을 맞히거나 이동

하면서 철제 표적을 맞혀야 하죠. 사격장에 가면 너무너무 재밌어요.

하지만 그건 제 일이 아니에요. 리더라면 그걸 깨달아야 해요. 제가 할 일은 사격이 아니에요. 물론 총을 쏴야 할 때도 있죠. 그럴 땐 정확하게 적을 사살해야 하고요. 그러려면 다른 소대원과 마찬가지로 뛰어난 사격술을 보유하고 있어야 해요. 하지만 리더인 저의 본업은 아니죠.

저는 수중 폭파 훈련이 끝나고 심화 훈련 과정에서 그걸 배웠어요. '네이비씰 자격 훈련'이라고 부르는 추가 6개월짜리 코스죠. 조코와 제가 자주 하는 말이지만, 실패는 최고의 스승이에요. 제가 분대장이었는데, 훈련 중에 적의 공격을 받아 엎드려 총을 쏘고 있었어요. 동시에 주위를 둘러보려 했죠. 그러다 안전 규정 위반으로 벌점을 받았어요. 실탄을 쏘면서 주위를 두리번거리면 안 되거든요. 왜냐하면 동시에 둘 다 할 수는 없으니까요. 벌점을 받을 만했어요. 위험한 행동이었죠. 목표물을 정확히 보지 않고 무기를 완벽하게 통제하지 않은 상태에서는 절대 방아쇠를 당겨서는 안 됩니다. 그런데 제가 그런 일을 할 뻔한 거죠.

하지만 그 일로 배운 게 있어요. 내가 둘 다 할 수는 없다는 걸요. 제가 그때 꼭 사격을 해야 했을까요? 제 옆에는 엎드려서 사격하는 8명의 분대원이 있었어요. 하지만 주위를 둘러보는 대원은 없었죠. 그러니까 리더인 저는 '앞에 총' 그러니까 총구를 하늘로 향한 채 주위를 둘러봐야 했어요. 전선에서 한발 물러서야 했던 거죠. 조코는 늘 '분리'를 강조해요. 현장에서 나를 분리해서 주위를 둘러보라고 말이죠. 리더가 할 일은 팀을 통제하고 명령을 내리는 것이에요. 리더가 하지 않으면 아무도 할 사람이 없으니까요. 그러므로 리더는 분리하는 것이 자기 역할이라는 걸 늘 명심해야 합니다.

그리고 리더는 자기 팀 내 각 팀원, 부서, 자신의 능력과 한계를 이해하고 있어야 합니다. 하지만 그렇다고 디테일에 매몰돼서는 안 돼요. 디테일에서 한발 물러서서, '앞에 총'을 한 채로 팀을 지휘 통제해야 합니다. 큰 전략적 결정을 내려야 하는 것이죠.

에코찰스 나쁜 지시를 받았는데 그 지시를 이행하지 않으면 끔찍한 처벌이 기다리고 있다, 그런 상황이라면 어떻게 하시겠어요?

레이프 바빈 조코가 팟캐스트에서 나폴레옹 전쟁 명언을 소개한 책을 리뷰하면서 이 주제를 얘기한 적이 있죠. 그 책에 이런 말이 있어요.

'계획이 나쁜 것을 알면서도 실행하는 지휘관은 유죄다. 상관의 명령을 이행하면 패배할 것을 알면서도 전투를 개시하는 지휘관 역시 유죄다.'

이 격언은 이 책에서 말하고자 하는 주제와 밀접하게 연결되어 있어요. 무엇이든 당신이 책임을 진다는 것이죠. 당신에겐 불법적인 명령을 따르지 않을 의무가 있어요. 당신에게 달린 거죠. 당신이 결정하는 거예요. 명령이 정말 나쁘고 재앙적 결과를 초래한다면 명령 불이행에 따른 처벌을 감수해야 합니다. 이런 자세죠.

'저를 처벌하겠다고요? 좋습니다. 저를 자르시겠다고요? 그렇게 하세요. 저는 나쁜 명령을 실행하지 않을 거예요. 왜냐하면 저는 옳은 결정을 내렸다는 걸 알고, 따라서 밤에 편하게 잘 수 있으니까요. 저는 조직의 사명이나 팀을 망치는 명령을 따를 생각이 없어요.'

혼자 거울을 들여다보세요. 그게 제일 중요합니다. 옳은 일을 해서 잘린다면 괜찮아요.

하지만 일의 경중을 따질 줄 알아야 해요. 그렇게 극단적인 상황은 드물거든요. 간혹 보면 전략이나 전술이 변했을 때 사실 별것 아닌데도 마치 세상이 무너질 것처럼 호들갑 떠는 사람들이 있어요.

생각나는 사례가 하나 있는데, 요즘 현대전에서 서류 작업이 얼마나 많은지 사람들이 알면 아마 놀라실 거예요. 저랑 소대 간부들은 서류 작업이 너무 많다고 늘 투덜거렸어요. 사실 불만이 제일 많은 사람은 저였죠. 그런데 조코는 아무리 훈련이 고돼도 사령관이 요구한 보고서를 전부 제출하라고 지시했어요. 마감보다 일찍 제출하고, 누구보다도 성의 있게 보고서를 쓰라고도 했죠.

조코 윌링크 제가 왜 그랬는지 아세요? 사령관과 좋은 관계를 구축해 나가는 중이었거든요. '오, 행정 처리를 하셔야 한다고요? 문제없습니다'라는 식이었죠. 우리는 상부가 요구하는 사소한 지시들을 충실히 이행했어요. 그리고 드물게 상부에 이의를 제기해야 할 경우가 있으면 센스 있게 우리 주장을 펼쳤어요. 그럼 우리 주장이 받아들여질 가능성이 크죠.

레이프 바빈 진짜 중요한 일이 있을 때 위에서 이의 제기를 순순히 받아들여준 건 평소 사소한 지시들을 잘 이행한 덕분이에요. 다른 부대는 사령관이 서류 제출 같은 사소한 일을 지시했을 때 잘 안 하거나 대놓고 툴툴거렸어요. 하지만 우리는 다 했어요. 그런 사소한 일 덕분에 사령부와 신뢰가 쌓인 겁니다. 그 덕에 우리가 반대하는 얘기를 해도 들어주는 거죠. 우리는 진짜 중요한 일이 뭔지 경중을 가렸기에 상부의 승인을 뭐든지 받을 수 있었습니다.

조코 윌링크 저는 이런 얘기를 자주 합니다. 리더십과 현장은 하나가 돼야 한다고요. 특별히 잘못된 게 없다면 말이죠. 군에서 상관은 부하들이 무사히 적을 처치하고, 전쟁에서 승리하기를 원합니다. 기업에서 사장은 직원들이 행복하게 지내면서 이익을 잘 내고, 좋은 제품을 만들고, 고객에게 봉사하고, 윤리적이길 원합니다. 이런 당연한 것들에서 리더십과 현장이 다를 이유가 없죠. 그러니 좋은 아이디어가 있을 때 보고하거나, 회사 이익에 도움이 안 된다고 판단되는 지시를 따르지 않을 때 사장이 왜 이해하지 못하겠어요? 다만 '아니요'라고 말할 적절한 때를 아는 센스와 도덕적 용기만 있으면 됩니다.

조코 팟캐스트는 아이튠즈, 구글 플레이, 스티처 등 다양한 팟캐스트 플랫폼과 홈페이지(www.jockopodcast.com)에서 들을 수 있습니다. 유튜브 채널과 조코 팟캐스트에는 비디오 버전도 있습니다.

옮긴이 **최규민**

서울대 법학과를 졸업하고 조선일보 경제부 기자로 일하고 있다. 옮긴 책으로 《또라이들의 시대》,《중국이 뒤흔드는 세계》가 있다.

네이비씰 승리의 기술

초판 1쇄 발행 2019년 8월 12일
초판 16쇄 발행 2025년 1월 3일

지은이 조코 윌링크·레이프 바빈
옮긴이 최규민

발행인 강수진
편집인 성기훈
마케팅 이진희
디자인 석운디자인
교정 신윤덕
주소 (04044) 서울시 마포구 독막로92 공감빌딩 6층
전화 마케팅 02-332-4804 편집 02-332-4806
팩스 02-332-4807
이메일 mavenbook@naver.com
홈페이지 www.mavenbook.co.kr
발행처 메이븐
출판등록 2017년 2월 1일 제2017-000064

Korean translation copyright © 2019 Maven
ISBN 979-11-965094-6-0   03320